东南亚
新旅行指南
NEW TRAVEL GUIDE !

王红明 / 主编

龙门书局

图书在版编目（CIP）数据

东南亚新旅行指南 / 王红明主编.—北京：龙门书局，
2012.8

ISBN 978-7-5088-3852-6

Ⅰ. ①东… Ⅱ. ①王… Ⅲ. ①旅游指南－东南亚
Ⅳ. ①K933.09

中国版本图书馆 CIP 数据核字（2012）第 174234 号

责任编辑：周晓娟 王晓婷 马丹 / 责任校对：杨慧芳
责任印刷：华 程　　　　　　　 / 封面设计：彭 彭

龍門書局 出版

北京东黄城根北街 16 号
邮政编码：100717

http://www.sciencep.com

中国科技出版传媒集团新世纪书局策划
北京天颖印刷有限公司印刷
中国科技出版传媒集团新世纪书局发行　　各地新华书店经销

*

2012 年 9 月第一版　　　2012 年 9 月第一次印刷
开本：16 开　　　　　　　印张：22.5
字数：250 000

定价：59.80 元

（如有印装质量问题，我社负责调换）

前　言

东南亚是中国的南邻，是世界上华侨、华人最多的地区。东南亚的旅游业更是具有举足轻重的地位，拥有美丽海岛和奢华酒店的泰国；拥有原始森林的马来西亚；拥有世界级岛屿——巴厘岛的印度尼西亚；还有那街道干净整洁的繁华大都市——新加坡，这些都牵动着旅行者的好奇心，去一睹东南亚独特的文化、民族风情以及优美的景致。

《东南亚新旅行指南》是新旅游系列图书的一种，专为国人游览东南亚各国名胜而量身定做。本书由多位旅游从业者在实地考察，全方位收集资料基础上编撰而成，极力给广大游客展现一个真实的东南亚，其中挑选出了最具代表性的热门旅游城市，包括新加坡、吉隆坡、曼谷、普吉岛、巴厘岛、雅加达、马尼拉、金边、万象、仰光，详细介绍了每座城市的概况、著名景点，以及相关的旅行资讯。力求让每位读者了解东南亚历史，观赏东南亚风光，享受东南亚现代文明。

行前早知道：从东南亚概况到10大城市名片，从10大人气景点到畅游计划，面面俱到地带您了解东南亚，为您的旅行增添一种智慧。

出行必备功课：从如何办理护照和签证到通关入出境，从如何选择住宿到当地的美食特产，从货币兑换技巧到意外情况的应对，各种繁琐的旅行准备，各种必要的生活点滴，让您没有负担地轻松上路。

城市攻略：从城市地图到游玩穿衣指南，从市内著名景点到周边观光娱乐，从历史典故到玩家指南，让您拥有绝对的第一手资料。不仅如此，"旅行资讯"部分还逐步细致地教您如何抵达目的地，如何玩转当地的市内交通，并网罗了当地特色美食和人气餐厅，各级别的酒店旅馆，夜生活娱乐项目，以及最IN走街等，让您能够住得舒坦，吃得满足，玩得尽兴，逛得惬意。

东南亚国家都拥有漫长的海岸线，许多岛屿风景如画，名胜古迹众多，保留着独特的地方文化和风俗习惯。如果您想给自己一个轻松的假期，这里无疑是最好的选择。通过阅读本书，您会发现原来旅行也可以这么简单，赶紧边走边发现吧！

主编 王红明

2012年7月

东南亚

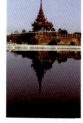

3 新加坡　49

4 吉隆坡 91

8　雅加达　　225

9 马尼拉   251

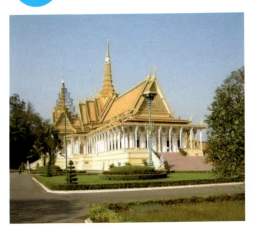

11　万象　305

万象印象零距离　306
万象知识知多少　306
万象城区地图　307

万象游玩前须知　307
什么时间旅游最适合　307
最IN风向标——旅游穿衣指南　308

不可不知的生活点滴　308
当地货币先了解　308
在万象如何付小费　309
当地电压及插头　309
当地风俗习惯全了解　309

实用信息一个都不能少　310
必须牢记的紧急联系方式　310
大使馆及领事馆　310
不可不知的实用网址　310
必须了解的医疗服务　311
当地物价先知道　311

市区景点　312

❶ 塔銮寺　312
❷ 玉佛寺　313
❸ 香昆寺　314
❹ 沙格庙　315
❺ 老挝国家历史博物馆　315
❻ 丹塔　316
❼ 凯旋门　317

周边景致　318

❶ 南鹅湖　318
❷ 万荣　319

万象旅行攻略　320
如何抵达　320
必须掌握的市内交通　321
到万象游玩必做的事　321
人气餐厅大搜罗　322
靠谱住宿推荐　322
小资情调初体验　325
购物狂想曲　327
不可不知的万象特产　327

目　录

1 行前早知道

东南亚是当今世界经济发展最具活力和潜力的地区之一，其旅游业在世界范围内具有举足轻重的地位，谈论起东南亚，人们会联想到风景如画的泰国普吉岛，神秘的马来西亚原始雨林，艺术氛围浓厚的印度尼西亚巴厘岛，"花园之城"新加坡，"佛塔之国"缅甸，"万象之邦"老挝……这些悠久的文化古迹，优美的自然风光，以及当地时尚的购物场所，刺激的娱乐活动，无不吸引着世界各地游客前来一探其魅力。

东南亚印象零距离

东南亚知识知多少

　　东南亚地区是中国的南邻，共由11个国家组成，分别为越南、老挝、柬埔寨、泰国、缅甸、马来西亚、新加坡、印度尼西亚、文莱、菲律宾和东帝汶。东南亚总面积为457万平方公里，人口约6.2亿（2009年），其中全区约有华侨、华人3000多万，是世界上海外华侨、华人最多的地区。在经济上除了新加坡是发达国家外，其他国家都属于发展中国家，但如今的东南亚是当今世界经济发展最有活力和潜力的地区之一，在未来新的世界政治和经济格局中，东南亚的作用和战略地位将更加重要。东南亚的旅游业更是具有举足轻重的地位，拥有美丽海岛、奢华酒店的泰国，拥有原始森林的马来西亚，拥有世界级的岛屿——巴厘岛的印度尼西亚，还有那街道干净整洁的繁华大都市——新加坡等都牵动着游客的好奇心，去一睹东南亚独特的文化和民族风情以及优美的景致。

东南亚地理先了解

　　东南亚位于东经93°～东经141.5°，北纬24°～南纬10°之间。北与中国接壤，南与澳大利亚大陆隔海相望，东濒浩瀚的太平洋，西临印度洋，与南亚次大陆上的孟加拉、印度接壤，由中南半岛和马来群岛两大部分组成。东南亚因位于亚洲大陆和大洋洲之间，又沟通太平洋和印度洋，作为联系两大洲的桥梁和连接两大洋的天然纽带，东南亚素有"十字路口"之称。

东南亚的主要语言和宗教

　　东南亚是世界上民族最复杂的地区之一，民族众多，语言多样。整个地区共有400多个民族，语言以越语、马来语、泰语、英语为主。

　　东南亚人主要信奉佛教、基督教和伊斯兰教。

多种多样的东南亚气候

东南亚包括中南半岛和马来群岛两部分。中南半岛主要属于热带季风气候，全年高温，分雨、旱两季，夏季雨水丰沛，冬季降水稀少；而马来群岛主要属于热带雨林气候，终年高温多雨，多对流雨。

总体来看常年气温在25~30℃之间，最冷月和最热月的温差很小，许多地区一年只分旱季和雨季两个季节：11月至次年5月为旱季，6月至10月为雨季。一般来说，旱季为最佳旅游季节，出行以着夏装为主。

东南亚与北京的时差

因为东南亚与中国毗邻，地理位置相近，所以一般城市与中国时差不超过1小时，或者无时差。

东南亚都有什么节日

东南亚地区的大部分都是多民族国家，所以各国的节日也是异彩纷呈，各国的文化节庆氛围也十分浓厚，如新年这一天，家家户户欢聚一堂，举行宴会或歌舞会，欢庆新一年的到来。除此之外，还有国庆节、泼水节，独立纪念日、开斋节、圣诞节等节庆活动，只是各国会有时间和礼俗上的差异，但是活动的举办形式都非常热烈、壮观。

1 行前早知道

2 出行必备功课

3 新加坡

4 吉隆坡

5 曼谷

6 普吉岛

7 巴厘岛

8 雅加达

10大人气HOT景点

TOP 1 巴厘岛

巴厘岛（Bali）是印尼最具知名度的岛屿度假胜地之一，以典型的海滨自然风光和独特的风土人情而闻名。岛上空气清新，一年四季鲜花盛开，除了拥有令人迷恋的椰林、沙滩、阳光这些热带岛屿必不可少的自然风光外，巴厘岛更是以奇特的宗教文化、丰富的民间艺术、热情洋溢的人民和恬淡的生活方式而独具魅力。此外，巴厘岛的人们显然很会享受生活，也特别有艺术的巧思，这里的绘画和手工艺品以精湛的技艺和独特的风格闻名于世。来到这里，可不要忘记享受一次巴厘岛著名的古式香薰按摩，再来一个花瓣浴，为行程留下一个芳香的记忆。

TOP 2 普吉岛

普吉岛（Phuket）是泰国最大的岛屿。魅力源自于令人神往的大海和美丽的沙滩，被称为印度洋安达曼海上的一颗"明珠"。这个岛屿拥有很多美丽的沙滩，如巴东海滩、卡塔海滩等，海滩上点缀着色彩缤纷的阳伞，光与影在此交错，海湾中常有游艇飞驰而过，岸上晒太阳或戏水的游客会不时传来欢笑声。游客无论单身前往，还是结伴而行，都能在普吉岛玩得尽兴。普吉岛的魅力除了迷人的海滩，还有绿树成荫的小山岗，椰林、橡胶树林点缀其间，风景名胜比比皆是，堪称东南亚最具代表性的海岛旅游度假胜地。

TOP **3** 金兰湾

　　金兰湾（Cam Ranh Bay）是越南的海军基地，海湾仅有一个大出口，像是一个堤坝，又像是一只胳膊拥抱着海湾。这里一年四季都洋溢着温暖的阳光，把蓝色的港湾变得更加迷人。游船在海湾里行驶就像在平地上滑行一样，风平浪静，没有一丝波澜。这里白、黄色细腻的沙滩一直延伸到远处，像从未有人行走过一样，海底还有珊瑚和鱼群以及奇形怪状的石山。金兰湾半岛还有一个最大的优点，在地下深处，淡水的储量相当大（尽管三面都是海），使得这里的土地肥沃，处处都被茂密的林木所覆盖，春天来临时，黄梅盛开，连绵一片，是个休闲疗养的好去处。

TOP **4** 吴哥古迹

　　吴哥古迹（Angkor）位于柬埔寨西北方的暹粒省，吴哥（Angkor）是高棉语"城市"的意思，与中国的长城、埃及的金字塔和印度尼西亚的婆罗浮屠并称为

"东方四大奇迹"。古迹群分布在400平方公里的范围内，包括高棉王国从9世纪到15世纪的都城和寺庙，如吴哥窟、吴哥城、巴戎寺、女王宫等遗迹。联合国教科文组织于1992年将吴哥古迹列为世界文化遗产。历代国王大兴土木，建造宫殿与寺庙，使吴哥逐渐成为整个高棉人的宗教以及精神中心。

TOP **5** 芭堤雅

　　芭堤雅（Pattaya）位于曼谷东南约154公里处，市区面积20多平方公里，风光旖旎，气候宜人。每年都有两三百次上百人参加的国际会议在此召开。每年接待游客100多万人次，收入外汇折合泰币70多亿铢，是泰国旅游业的重要支柱地之一。芭堤雅旅游区素以阳光、

1 行前早知道

2 出行必备功课

3 新加坡

4 吉隆坡

5 曼谷

6 普吉岛

7 巴厘岛

8 雅加达

沙滩、海鲜名扬天下，被誉为"东方夏威夷"，是世界著名的新兴海滨旅游度假胜地。芭堤雅海滩阳光明媚，蓝天碧水，沙白如银，椰林茅亭，小楼别墅掩映在绿叶红瓦之间，一派东方热带独特风光，令人心旷神怡。丰富的水上运动，如海上滑水、冲浪、滑降落伞等新奇而刺激，这些都会让你的芭堤雅之旅更为丰富。

TOP 6 克雷登

　　克雷登（Ko Kradan）位于泰国西南部的董里城，从董里乘船往东大约40分钟即可到达克雷登岛。整个小岛环抱于清澈透明的碧海之中，这里的海滩有董里的第一海滩

之称。海域晶莹澄澈，可以尽览水中美丽的鱼群和珊瑚，同时沿着拥有白沙滩和美丽风景的海岸线漫步也是不错的体验。克雷登岛是董里诸岛中最美丽的小岛之一，岛上大部分地区由朝迈国家公园管辖，岛中有众多的橡胶园、椰子园和林园。另外，在这里还经常举行董里水下婚礼，所以又被称为"爱的岛屿"。

TOP **7** 圣陶沙

圣淘沙（Sentosa）是新加坡的一个小岛，新加坡政府在收回并决定将它建成一个度假地时，给予了这么一个美丽的名字。圣淘沙距离新加坡本岛南部仅半公里，由一座堤道跨海大桥与本岛连接。这个长4.2公里、宽1公里，占地面积390公顷的度假小岛名不虚传，几乎每一寸土地都带着休闲的味道。小岛拥有新加坡"花园城市"的味道，放眼望去，一片青翠，郁郁葱葱。阳光沙滩等自然景观自不必多说，更有耐人寻味的人文景致。无论是白天还是黑夜，圣淘沙都会把自己所有的美丽与快乐时时刻刻地传递出来，到此的每一个人都不例外地陶醉在它的时光里。

TOP **8** 瑞光大金塔

金光灿烂的瑞光大金塔（Shwedagon Pagoda）位于仰光市北面茵雅湖畔的圣丁固达拉山上，是缅甸著名的佛教圣地，居仰光最高点，巍峨壮丽，金光闪烁，在40公里以外也能看到。它与柬埔寨的吴哥窟、印度尼西亚的婆罗浮屠一起被誉为"东南亚三大古迹"，再加上中国的万里长城和印度的泰姬陵，并称为"东方五大奇观"。大金塔始建于公元前585年，已有2500多年的历史。主塔四周环墙，开南北东西四处入口，基座内设有佛殿，供奉玉雕佛像，塔下四角为缅甸式狮身人面像。当微风袭来时，大金塔上的铃铛叮当作响，清脆悦耳，在阳光的照射下，反射出耀眼的光芒，令人肃然起敬。

1 行前早知道
2 出行必备功课
3 新加坡
4 吉隆坡
5 曼谷
6 普吉岛
7 巴厘岛
8 雅加达

TOP 9 玉佛寺

玉佛寺（Jade Buddha Temple）位于曼谷大王宫的东北角，是泰国最著名的佛寺，也是泰国三大国宝之一。玉佛寺建于1784年，是泰国王族供奉玉佛像和举行宗教仪式的场所，因寺内供奉着玉佛而得名。寺内有玉佛殿、先王殿、佛骨殿、藏经阁、钟楼和金塔。泰国是个全民信佛的国度，佛教寺庙遍布全国城乡。在数以万计的寺庙中，最受泰国人民景仰的当属玉佛寺。玉佛寺以尖顶装饰、建筑装饰、回廊壁画三大特色闻名于世。其院内更有矗立如林的佛塔，造型各异，色彩鲜艳，十分壮观。外层殿壁饰满了彩色玻璃片，近观工艺虽略显粗糙，但远观却别具一番风味，在阳光的照射下就像彩色的鳞片竞相闪耀，绚烂夺目。

TOP 10 拉玛皇朝大王宫

拉玛皇朝大王宫（Grand Palace of the Rama Dynasty）位于兼具古老气息和现代风情的东方大城——曼谷，又称曼谷大王宫。举世闻名的大王宫紧临湄南河，是曼谷市中心一处大规模的古建筑群，共有28座，占地总面积为218400平方米。大王宫是仿照故都大城的旧皇宫建造的，经历代君王不断扩建，终于形成现在的规模。大王宫是历代王宫保存最完美、规模最大、最有民族特色的王宫，汇集了泰国建筑、绘画、雕刻和装潢艺术的精粹，其风格具有鲜明的暹罗建筑特点，深受各国游客的赞赏，被称为"泰国艺术大全"。现在，大王宫除了用于举行加冕典礼、宫廷庆祝等仪式和活动外，平时对外开放则成为泰国著名的游览场所。

10大城市名片

TOP 1 新加坡

　　新加坡（Singapore City）是新加坡共和国的首都，位于新加坡主岛南岸中段。20世纪60年代，城市重建以后，市容变得干净整洁，被称为"花园城市"。市中央区有新加坡河、斯坦福沟和梧漕河流贯。市区高楼林立，呈现出一派现代化城市景观。由于经济发达，这里的旅游设施完善，服务水平很高，因此去新加坡旅游是一件非常愉快的事。新加坡市是著名的花园城市，干净整洁又充满都市气息。圣淘沙岛等就是本着度假胜地的宗旨发展起来的。新加坡的自然生态保护得非常好，很难相信一个现代都市能环抱着一个天然保护区，并拥有着世界上首个夜间动物园。因此，新加坡每天都吸引将近12万名来自世界各地的游客前来观光。

TOP 2 吉隆坡

　　吉隆坡（Kuala Lumpur）是马来西亚的首都，有"世界锡都、胶都"之称，在短短的一个多世纪里，昔日的矿业小镇变成高楼林立，交通四通八达，贸易鼎盛的现代化都市，并成为马来西亚政治、经济、文化、商业和社交中心，以及著名的观光城市。这个城市的建筑也独具特色，市内古老的、现代的、东方的、西方的各式建筑和谐并存，互相映衬，既彰显出现代化大都会的豪华气派，也不乏古色古香的迷人风韵。来这里旅游，你一定能体验到独特的风味。

TOP 3 曼谷

　　曼谷（Bangkok）为"黄袍佛国"——泰国的首都，是泰国政治、经济、文化和交通中心。曼谷的原意为"天使之城"，有"佛庙之都"之誉，位于湄南河畔，市内河道纵横，货运频繁，因而又有"东方威尼斯"之称。近几十年来，曼谷发展迅猛，日新月异。如今马路宽阔，高楼林立，车水马龙，异常繁华，一跃成为闻名于世的旅游城市，每年吸引着数以万计的游客前来观光。

1 行前早知道
2 出行必备功课
3 新加坡
4 吉隆坡
5 曼谷
6 普吉岛
7 巴厘岛
8 雅加达

TOP 4 普吉岛

普吉岛（Phuket）作为印度洋安达曼海上的一颗"明珠"，拥有宽阔美丽的海滩、纯净洁白的沙粒和绿如翡翠的海水。美丽的景色使普吉岛成为东南亚最具代表性的海岛旅游度假胜地之一。在普吉岛，一年到头人们似乎都在寻找着各种各样狂欢的理由，众多节日和丰富多彩的夜生活成为生活的一部分。参与其中，忘记自己旅行者的身份，享受海岛风情的愉悦和惬意吧。无论单身前往，还是结伴而行，都能在普吉玩得很尽兴。

TOP 5 金边

金边（Phnom Penh）是柬埔寨的首都，坐落在湄公河与洞里萨湖之间的三角洲地带，很多游客只是把金边作为一个旅行的中转地，稍作停留就匆匆赶往其他城市，但这座城市自有它的魅力，或许只有放慢脚步，耐心品味，才能真正体会得到。金边是一座文化古城，市

内名胜古迹众多，大多集中在老城区，有辉煌的旧王宫、秀丽的塔山、庄严的独立纪念碑以及富有民族色彩的寺庙和尖塔等。这里终年青翠，风光明媚，景色宜人，有"四臂湾美丽的宝石"之称。数年的战火后，平静下来的金边依旧掩藏不住她神秘而动人的风姿。所以，如果你路过金边，请一定要驻步，去欣赏这份独有的魅力。

TOP 6 雅加达

雅加达（Jakarta）是印度尼西亚的首都，又被称为"椰城"，位于爪哇岛西北部。如今的雅加达早已不是过去的小渔村，而是全国政治、经济、文化的中心，更是一座国际化的大都市。雅加达也是印尼三大旅游城市之一，市区分老城区和新城区两部分，北部的老区临近海湾，风光独特，其多数建筑物都有典型的欧洲古典风格，而南部的新区则充满现代感，是雅加达的政治、金融中心。该城值得一游的地方甚多，如雅加达市的象征民族纪念碑、绿意盎然的独立广场、被称为"象屋"的中央博物馆等。

TOP 7 巴厘岛

巴厘岛（Bali）是亚洲最漂亮、最有特色的观光胜地之一，以典型的海滨风光和独特的风土人情而闻名，每年吸引着成千上万的游客来访，素有"花之

1 行前早知道
2 出行必备功课
3 新加坡
4 吉隆坡
5 曼谷
6 普吉岛
7 巴厘岛
8 雅加达

岛"、"诗之岛"、"天堂岛"等美称。这里沙滩细腻、绿树成荫，岛上一年四季鲜花盛开，空气清新，犹如人间仙境。巴厘岛还是一座享乐之岛，传统矿物质温泉浴（SPA）令人身心愉悦，"巴厘岛式"的私人别墅服务意味着无可言喻的极致奢华。在这里所有与水有关的休闲活动都可以找到，如滑水、潜水、冲浪、水上摩托、快艇、漂流，还有当下最为流行的SPA，乘玻璃平底船巡游碧波荡漾的大海，观赏海底五彩缤纷的海洋生物和巨大的珊瑚礁也是不错的趣味体验。总之，当你感受到这个岛的魔力后，便会疯狂地迷上它。

TOP 8 仰光

仰光（Yangon）是缅甸最大城市，原为缅甸首都，地处缅甸最富饶的伊洛瓦底江三角洲，是缅甸的政治、经济、文化中心，也是一座具有热带风光的美丽海滨城市，有"和平城"的美称。城区三面环水，东面是勃固河，南面是仰光河，西面为莱河。沿东西两河之间向北扩展的是繁华的商业区，一条条笔直宽敞的大街上植满鲜花绿树。市内的建筑具有传统的缅甸风格，同时也有不少西式建筑。市区北边有茵雅湖，南边有干基道湖，湖水清澈，波光激滟，宛如两颗熠熠生辉的绿宝石，为仰光城平添了一份风情。

TOP 9 万象

万象（Vientiane）是老挝的首都，紧紧依傍在湄公河左岸，市区的背面是著名的老挝中寮万象平原，苍郁的森林构成了一道天然屏障。城内现代化建筑掩映在一片绿树和花卉之中，清新而整洁。郊区多是用几根长柱支撑起来的老龙族人传统木楼和竹楼，房前屋后常以树木或栅栏围成一个或大或小的庭院，在气候炎热的老

挝，住在这种房屋里，十分舒爽。游览这座袖珍之城，只需花很短的时间就能领略到它的独特风情，宏伟壮观的塔銮、金碧辉煌的西萨格寺和庄重典雅的玉佛寺都是值得一游的景点，不过千万别错过这里的早、晚市场，在那里不仅能淘到老挝的特色艺术品，还能尝到美味的当地小吃。

TOP 10 马尼拉

马尼拉（Manila）是菲律宾的首都，位于吕宋岛西岸的马尼拉湾，是一座历史悠久、东西文化交融的城市，亚洲最欧化的城市，因而常被称为"亚洲的纽约"。很多人一般对马尼拉的认识不多，以为它是一个落后的地方，其实近些年来马尼拉发展迅速，这一点可在林林总总的高楼大厦和随处可见的大型购物中心中得到体现。在马尼拉旅游，游客可以感受到这个海岛城市的悠闲气息以及五光十色的都市生活，令人流连忘返。

1 行前早知道
2 出行必备功课
3 新加坡
4 吉隆坡
5 曼谷
6 普吉岛
7 巴厘岛
8 雅加达

东南亚畅游计划书

Plan 1 东南亚7日精华游

DAY 1

北京—雅加达

乘坐国际航班前往雅加达，转机前往巴厘岛，抵达后入住酒店休息。

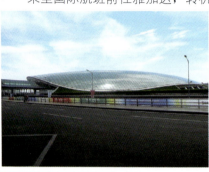

DAY 2

巴厘岛

早餐后，欣赏巴厘岛传统舞蹈——巴隆舞，之后参观京打马尼火山口的巴都尔湖风景区，然后前往圣泉庙游览，之后前往乌布皇宫参观，可以漫步乌布街头，体验巴厘岛村落之美。之后住宿巴厘岛。

DAY 3

巴厘岛—新加坡

早餐后，乘车前往新加坡。抵达后乘马车游览市容市貌，参观咖啡工厂，然后前往Kuta区逛街、购物，体验热闹的城市景象。之后住宿新加坡。

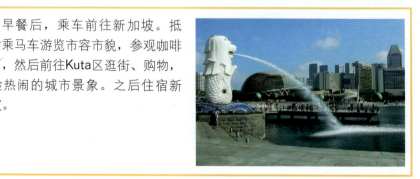

DAY 4 新加坡—吉隆坡

早餐后，前往吉隆坡市区观光：独立广场，水上清真寺，国家皇宫，英雄纪念碑。然后前往巧克力专卖店自由选购。随后前往云顶高原，抵达后乘坐世界上最长的缆车。住宿云顶高原。

DAY 5 吉隆坡—普吉岛

早餐后，前往泰国普吉岛北端的攀牙湾，观赏海上嶙峋的崖石，眺望闻名于世的007岛。之后乘小艇来到割喉岛欣赏由石灰岩组成的大小岛屿和岩洞，之后返回普吉享用泰国珍品燕窝，参观当地特产腰果店，随后观赏人妖秀表演。住宿普吉岛。

DAY 6 普吉岛—曼谷

早餐后，前往泰国曼谷，参观结合泰、中、西艺术风格的大王宫，以及供奉玉佛，为泰国镇国之宝的玉佛寺。随后前往桂河大桥，搭乘桂河地区特有的竹筏漂流屋展开浪漫唯美的桂河之旅。住宿曼谷。

DAY 7 泰国—北京

早餐后，乘车前往机场办理登机手续，返回北京，结束这次浪漫之旅。

Plan2 10日自然风情深度游

DAY 1
北京—曼谷

乘坐国际航班前往曼谷，抵达后入住酒店休息，开始愉快的旅程。

DAY 2
曼谷

早餐后，前往泰国曼谷的神殿寺进香祈福，之后开始沙法里（Safari）丛林之旅：体验趣味丛林骑大象，欣赏猕猴表演的各种逗趣场面。随后前往毒蛇研究中心，观赏最毒且濒临灭绝的金刚眼镜蛇。然后欣赏东方人妖歌舞表演，华丽的服饰、亮丽的布景，可自由和这些"佳丽"们拍照。住宿曼谷。

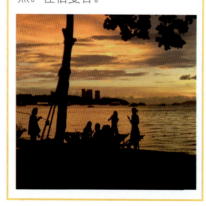

DAY 3
曼谷—芭堤雅

早餐后，乘快艇前往珊瑚岛，后乘玻璃平底小舟游览沿岛风光，欣赏海底奇景，如奇形怪状的珊瑚礁石及各种海产之类，随后前往白沙绵延、海水湛蓝的金沙岛，岛上活动有降落伞、水上摩托、香蕉船等，之后参观东芭文化村，观赏兰花园并欣赏精彩的泰国民俗表演及大象表演。住宿芭堤雅。

DAY 4 曼谷—普吉岛

早餐后，前往普吉岛的梦幻岛，感受南国魅力，清澈湛蓝的海洋、洁白如雪的沙滩，之后参加丰富多彩的水上或水下活动：如深海潜水、海底漫步、香蕉船、快艇等。随后返回市区前往参观珠宝展览中心，然后享受SPA。住宿普吉岛。

DAY 5 普吉岛—金边

早餐后，乘车前往国王的皇宫——金边皇宫，参观传统暹罗建筑风格的金银阁寺。随后乘车参观金边标志——独立纪念碑，之后去金边最热闹的中央市场购买纪念品。

DAY 6 金边—吉隆坡

早餐后，前往吉隆坡太子行政中心、水上清真寺、首相苏署、马来屋和双峰塔观光，然后前往巧克力专卖店自由选购。之后前往云顶高原，抵达后乘坐世界上最长的缆车。住宿云顶高原。

DAY 7 吉隆坡—新加坡

早餐后，飞往美丽的狮城——新加坡。抵达新加坡后，游览市区风光：国会大厦、高等法院和新加坡鱼尾狮公园。晚餐后欣赏喷泉表演——梦之湖呈献了多种结合灯光、激光、火焰、水雾以及多种绚丽特效的街头表演。住宿新加坡。

1 行前早知道
2 出行必备功课
3 新加坡
4 吉隆坡
5 曼谷
6 普吉岛
7 巴厘岛
8 雅加达

DAY 8

新加坡—巴厘岛

早餐后，前往巴厘岛南湾海滩度假区，乘坐玻璃平底船观赏海底的珊瑚，在岛上还可以欣赏各种奇珍异兽，如大嘴鸟、蝙蝠、海龟等。之后参观海神庙的优美风景，最后参观断崖，观赏悬崖绝壁的大自然奇景。住宿巴厘岛。

DAY 9

巴厘岛

早餐后，欣赏巴厘岛传统舞蹈巴隆舞，之后参观京打马尼火山口的巴都尔湖风景区，沿途参观木雕村，手工蜡染的制作工艺，金银雕刻中心，然后享用印尼自助午餐。随后前往游览圣泉庙、乌布皇宫，漫步于乌布街头，体验巴厘岛村落之美。住宿巴厘岛。

DAY 10

雅加达—北京

早餐后，乘车前往机场办理登机手续，返回北京，结束这次浪漫之旅。

Plan 3 深度14日文化之旅

DAY 1

北京—马尼拉

乘坐国际航班前往马尼拉，抵达后入住酒店休息，为愉快的旅程做准备。

DAY 2

马尼拉

早餐后，沿马尼拉湾游览国父梨刹公园、西班牙王城、大型商场。随后开始泛舟行程——百胜滩漂流，途中可欣赏到菲律宾的田园风光。之后抵达百胜滩河畔乘独木小舟，途中大小瀑布达19处，仿佛进入桃花源一般。住宿马尼拉。

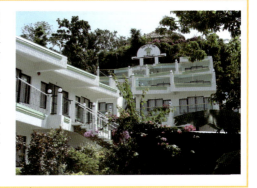

DAY 3

巴厘岛

早餐后，前往巴厘岛，欣赏巴厘岛传统舞蹈巴隆舞，之后参观京打马尼火山口的巴都尔湖风景区，沿途参观木雕村，手工蜡染的制作工艺，金银雕刻中心，之后享用印尼自助午餐。随后前往游览圣泉庙、乌布皇宫，漫步于乌布街头，体验巴厘岛村落之美。之后住宿巴厘岛。

1 行前早知道

2 出行必备功课

3 新加坡

4 吉隆坡

5 曼谷

6 普吉岛

7 巴厘岛

8 雅加达

DAY 4

巴厘岛

　　早餐后，前往巴厘岛著名的南湾海滩度假区，乘坐玻璃底船观赏海底的珊瑚，欣赏各种奇珍异兽，如大嘴鸟、蝙蝠、海龟等。之后前往参观海神庙的优美风景，随后前往参观断崖，观赏悬崖绝壁的大自然奇景和游览神鹰广场。住宿巴厘岛。

DAY 5

巴厘岛—吉隆坡

　　早餐后，前往吉隆坡，参观新行政中心太子城、首相府、水上清真寺。之后选购有"马来西亚人参"之称的东革阿里和著名的风湿药油等马来特产。随后前往东南亚最大的娱乐城，世界各地人度假胜地——云顶娱乐城，住宿云顶高原。

DAY 6

吉隆坡—新加坡

早餐后，前往新加坡，游览著名的鱼尾狮公园，公园周围地带有政府大厦、高等法院、维多利亚剧院、国会大厦、伊丽莎白公园等著名建筑。之后前往珠宝加工厂，了解新加坡珠宝加工过程，前往百货中心精心选购。住宿新加坡。

DAY 7

新加坡

早餐后，到新加坡最高的山——花芭山观赏新加坡市容全貌、南部岛屿及世界数一数二的海港美景。之后参观珠宝店，百货店，免税店。住宿新加坡。

DAY 8

新加坡—金边

早餐后，前往金边，参观金边皇宫，之后参观暹罗风格的金银阁寺。随后参观金边标志——独立纪念碑以及金边最热闹的、可购买纪念品的中央市场。住宿金边。

DAY 9

金边—曼谷

早餐后，前往曼谷，参观大王宫、玉佛寺、五世皇柚木行宫等曼谷特色建筑。之后参观马车博物馆，随后享用精心制作的日本料理和丰富多样的泰式美味。之后前往桂河大桥，观看奇神的尼姑浮水表演。住宿曼谷。

DAY 10

曼谷—普吉岛

早餐后，前往普吉岛，参观全球最大的珠宝中心，选购自己喜欢的优质且工艺精细的珠宝饰品，之后前往水果街，品尝著名的南洋水果，如榴莲、山竹、红毛丹等，随后漫步于树林、沼泽中感受泰国农家生活的乐趣。最后前往橡胶园观看割橡胶，享受悠闲度假时光。住宿普吉岛。

DAY 11

普吉岛

早餐后，前往普吉岛有"小桂林"美誉的攀牙湾，观赏海上嶙峋的崖石，眺望最著名的007岛。之后泛舟于碧波荡漾的割喉岛，乘船沿海欣赏由石灰岩组成的大小岛屿和岩洞，之后返回普吉市区享用泰国珍品燕窝和参观当地特产腰果店。住宿普吉岛。

DAY 12

普吉岛—万象

早餐后，前往万象，参观巴亭广场、独柱寺、还剑湖等景点。之后漫步万象街头，感受老挝文化。晚上住宿万象。

DAY 13

万象—仰光

早餐后，前往仰光，游览仰光市的地标——瑞光大金塔，大金塔通体以7吨黄金覆盖，顶上金质宝伞下有一颗直径为27厘米的黄金钻石球，球面镶有钻石和各色宝石多达7000余颗。之后前往卡勒威皇家船和南帝达码头。然后观赏缅甸民族歌舞表演。住宿仰光。

DAY 14

仰光—北京

早餐后，乘车前往机场办理登机手续，返回北京，结束这次浪漫之旅。

2 出行必备功课

完美的旅行，需要周到细致的计划与准备。只有充分了解旅行地的风土人情，才能避免一些意外事故打扰到欢快的游玩心情。出行准备犹如一门细致又繁琐的功课，行程规划、随身证件、气候温差、交通概况、应急求助……林林总总，不一而足。在放松心情，体验异域风情的同时，让充足的准备也为你的旅行增添一种智慧。

行前准备功课

行程规划有窍门

规划行程时可以从以下几个方面进行考虑

❯ **首先**，在时间方面，如果你只有一周左右的时间，可以到一个国家或该国周边地区游览。倘若有两周以上的时间，就可以选择到几个东南亚国家游览。

❯ **其次**，在费用方面，一般来说，每一次的旅行支出有两大部分：出发前的花费和旅途中的开销。出发前的花费包括长途机票、签证、疫苗注射、医药包、旅行保险和装备。旅途中的开销主要包括交通、住宿、饮食、景点门票、娱乐、购物六大项。各国和各地区的物价不同，所以预算也不同。

❯ **最后**，考虑最佳的旅游时间。不同的地方最佳旅游时间也不同，以新加坡为例，全年平均气温在23~31℃，雨量充足，温差很小。12月到次年1月是最冷的月份，5月到7月是最热月份，到新加坡旅游最好避开这两个时间段，选择其他月份去旅行最佳。

重要证件一个都不能少

一般出国旅游时，需要带护照、旅游地的签证。另外，如果准备在旅游目的地开车，还得带上驾驶证及驾驶证公证文件（须在国内的公证机关开具）。

轻松办理护照和签证

办理护照步骤流程

第一次出国，没有办理过护照或护照有效期已满6个月，需要更换护照。

行前早知道 1

出行必备功课 2

新加坡 3

吉隆坡 4

曼谷 5

普吉岛 6

巴厘岛 7

雅加达 8

↘ 需要准备的证件资料：

1. 办理护照需要准备户口本、身份证、2寸近期正面免冠彩色照片两张；

2. 对于未满16周岁的居民还需携带其监护人居民身份证原件以及能证明监护关系材料的原件（如户口簿、出生证等），并由其监护人陪同前往办理；

3. 部队院校在读无军籍学员还须提交所在院校出具的无军籍证明；

4. 军人携带军官证（或者离退休证）、部队《因私事出国（境）人员审查批件》原件，所在部队须在《中国公民因私出国申请审批表》上出具意见并盖章，负责人要亲笔签名确认。

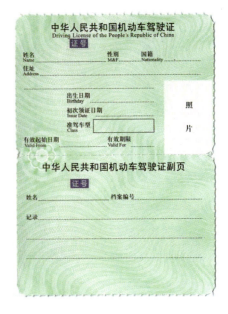

另外，下列人员须在《中国公民因私出国申请审批表》上出示单位意见：

✦ 各级党政机关、人大、政协、人民法院、人民检察院、人民团体、事业单位在职的县（处）级以上的领导干部，离（退）休的厅（局）级以上干部；

✦ 金融机构，国有企业的法人代表，金融机构分支行（分支公司）以上领导成员及其相应职级的领导干部，国有大中型企业中层以上管理人员，国有控股企业中的国有股权代表；

✦ 中国人民解放军军人、人民武装警察（含离退休人员）；

✦ 各部门、行业中涉及国家安全及国有资产安全、行业机密人员；

✦ 其他在公安机关出入境管理部门登记备案的人员。

↘ 填写并递交申请：携带上述材料去户籍所在地的公安局出入境管理处填写《中国公民因私出国申请审批表》、复印相关证明材料。将填写好的并贴好照片的申请表格和所需材料交给管理人员审核，通过后领取《因私出国（境）证件申请回执》单，并签字。

↘ 缴费：在递交完申请后，持《因私出国（境）证件申请回执》到收费处交费，200元/本。

↘ 领取护照：按照回执上注明的取证日期或出入境管理部门通知的取证日期，携带《因私出国（境）证件申请回执》、缴费收据、居民身份证或户口簿，到受理申请的出入境接待大厅领取证件。他人代领的，须代领人携带《因私出国（境）证件申请回执》、本人身份证、护照申请人身份证复印件领取护照。

办理签证所需材料

对一般游客来说，使用比较多的是"团体游"或"个人游"两种签证。目前，"个人游"签证对申请人有一定的资格要求，东南亚各国签证所需要的材料各不相同，具体情况可向申请国或相关旅行社咨询。

去东南亚联盟国家的游客只要持有有效的护照可以免签证。在马来西亚和泰国免签证可逗留14天，在菲律宾可以停留21天。印度尼西亚对持有回程机票和通过指定通道出入境的游客实行两个月免签证停留的优惠。目前东南亚联盟有10个成员国，包括文莱、柬埔寨、印度尼西亚、老挝、马来西亚、缅甸、菲律宾、新加坡、泰国、越南。

下面是东南亚几个国家签证所需的资料：

↘ 新加坡

1. 北京签发护照的公民须提供5000元／人的押金，北京以外地区签发护照的公民须提供10000元／人的押金；

2. 两张2寸白底、彩色照片；

3. 申请人因私护照原件（有效期6个月以上，有足够签证页）；

4. 身份证及户口本复印件；

5. 申请人本人加盖单位公章的在职证明原件，如果申请人为学生，则提供学生证复印件或学校证明原件，加盖学校公章；

6. 退休人员提供户口本复印件和存款证明。

持北京以外签发护照的不受理（特殊情况请咨询）。

签证办理时间为5个工作日，签证有效期限为35天，可停留7～14天，在此期间可多次入境。

↘ 马来西亚

1. 两张2寸彩色照片（无底色要求）；

2. 申请人因私护照原件（有效期6个月以上，有足够签证页）；

3. 18岁以下居民须提供本人及随行父母户口本复印件。

签证办理时间为5个工作日，签证有效期限为3个月，可停留30天，在此期间只许入境一次。

↘ 泰国

1. 两张2寸彩色照片（无底色要求）；

2. 申请人因私护照原件（有效期6个月以上，有足够签证页）。

签证办理时间为5个工作日，签证有效期限为3个月，可停留30天，只许一次入境。

↘ 越南

1. 两张2寸彩色照片（蓝底或白底均可）；

2. 申请人因私护照原件（有效期6个月以上，有足够签证页）。

签证办理时间为6个工作日，签证有效期限为1个月，可停留30天，只许一次入境。

↘ 印尼

1. 两张2寸彩色照片（蓝底或白底均可）；
2. 申请人因私护照原件及复印件一份；
3. 身份证复印件；
4. 公司英文担保函；
5. 18周岁以下居民提供全家户口本复印件。

签证办理时间为6个工作日，签证有效期限为3个月，可停留30天，只允许一次入境。

↘ 缅甸

1. 申请人因私护照原件（有效期6个月以上，有足够签证页）；
2. 4张2寸彩色照片（蓝底或白底均可）；
3. 在职证明原件；
4. 本人身份证复印件。

签证办理时间为6个工作日，签证有效期限为3个月，可停留30天，只允许一次入境。

↘ 菲律宾

1. 申请人因私护照原件（有效期6个月以上，有足够签证页）；
2. 两张2寸彩色照片（蓝底或白底均可）；
3. 存款证明原件，20000元以上；
4. 确认的往返机票原件和复印件；
5. 18岁以下居民提供亲属关系证明。

签证办理时间为5个工作日，签证有效期限为3个月，可停留15天，只允许一次入境。

↘ 柬埔寨

1. 申请人因私护照原件（有效期6个月以上，有足够签证页）；
2. 两张2寸彩色照片（无底色要求）。

签证办理时间为5个工作日，签证有效期限为1个月，可停留30天，只允许一次入境。

办理签证的步骤流程

1. 申请人根据户口或暂住证所在地，到申请国驻华大使馆办理，然后按照签证官要求填写《签证申请表》，并准备相应资料；
2. 面签（也就是面试）；
3. 等待签证发放。

1 行前早知道
2 出行必备功课
3 新加坡
4 吉隆坡
5 曼谷
6 普吉岛
7 巴厘岛
8 雅加达

带你在东南亚轻松入境通关

当进入东南亚目的地国家关口后，都要填写"入境卡"，进行入境审查，随后再通过海关检查，通关后方可入境。下面以泰国为例讲解，其他东南亚国家入境流程类似，按下面的步骤流程办理入境通关即可。

填写目的地国入境卡

一般在飞机上乘务员会提醒你是否需要目的地国的入境卡。如果是第一次到东南亚的话，需要填写这张卡。值得注意的是入境卡背面也有内容，注意不要忘记填写。

检疫

乘坐飞机抵达目的国需要检疫，其他方式抵达可以免除此项。

入境审查

抵达目的地国家的机场后，根据提示到达入境检查站，然后需要在入境审查处提交护照、入境卡、机

票等。入境审查的通道一般分为外国人用通道和本国人通道。选择外国人通道排队即可。

提取托运行李

在行李导向牌上确认自己的航班的行李在几号传送带上，然后到指定地点领取托运行李。

通关检查

领取完行李后，准备入境。一般在入境时不会一一检查行李，而是采取抽查制。如果携带的物品超过限额，请自觉到关税申报柜台进行申报，否则被检查到，会罚上大笔的税金。

行囊准备要妥当

航空公司一般规定随身携带物品的重量，每位旅客以5公斤为限。每件随身携带物品的体积均不得超过20厘米×40厘米×55厘米。超过上述重量、件数或体积限制，应作为托运行李托运。

每位旅客的免费行李额（包括托运和自理行李）为：持成人或儿童票的经济舱的旅客20~30公斤，限1件。在托运行李内不准夹带重要文件和资料、外交信袋、证券、现金、汇票、贵重物品、易碎易腐物品，以及其他需要专人照管的物品。承运人对托运行李内夹带上述物品的遗失或损坏按一般托运行李承担赔偿责任。另外，携带摄像机、便携式电脑、进口变焦照相机等，要在出境时向海关申报，否则回国时将征税。在托运的行李中不能有液体物品。

出国旅游，虽然说要轻装上阵，但是某些东西还是要带的，下面是建议必备物品清单，供出国旅行的人参考。

✦ 现金：东南亚不流通人民币，需要在出国前将人民币兑换为欧元或美元，可以拨打各大银行的客服电话咨询兑换汇率，随身携带适量货币及零钱以备不时之需。

✦ 信用卡：在东南亚购物，大商店多可刷MasterCard、Visa卡，建议将钱存入信用卡中。各个银行、各种卡情况不同，详细情况咨询发卡银行。

✦ 护照及签证：这是必备的证件。

✦ 机票：最好到航空公司确认回程日期。

✦ 旅游书及地图：可以随时查询旅游地的信息。

✦ 驾照：如果准备自驾游，需要在国内办理驾照公证。

✦ 照片：几张2寸的照片，以备急用。

✦ 服装：适合旅行地天气的服装。

✦ 常规药品：携带绷带、苏打水、止血棉塞、防晒霜、驱蚊剂等，治疗严重腹泻、炎症、上呼吸道疾病等的药品。

✦ 相机及摄像机：随时记录美好的风景。

✦ 电子词典及口语速成小手册：在紧急时备用。

✦ 电源转换插头及电压转换器：以备在旅行地为相机等设备充电使用。

✦ 国外旅行伤害保险：尽量购买国外旅行伤害保险。

✦ 其他：充气小靠枕，眼罩和小耳塞，也可带一些一次性内裤及一次性马桶垫，这样可以防止各种传染病。

旅行保险很重要

在海外旅行加入保险会在你遭遇事故或生病时起到很大作用，建议购买。保险的种类有很多，保险金额有高有低，可以根据自己的实际情况选择适合自己的保险。

1 行前早知道
2 出行必备功课
3 新加坡
4 吉隆坡
5 曼谷
6 普吉岛
7 巴厘岛
8 雅加达

应急求助锦囊

遗失东西别着急

遗失钱包、旅行支票、信用卡时

只带所需现金外出，其余放入饭店的保管箱。旅行支票方面，应将使用过的支票号码仔细记下，而需签名的两处中的一处，应预先签名，否则无法补发。如遗失旅行支票可向附近的分行申请补发（须携带护照和购物收据），只要知道支票号码，当天或隔两天就能拿到补发的支票。遗失信用卡后，应立即向附近的分行申报，办理所遗失信用卡的失效手续以及紧急补发手续。

遗失护照时

如果不把现金夹在护照里，遗失护照后失而复得的机会要大得多。当发现遗失护照时，请导游协助去当地警察局报失，然后可将号码、发照日期、户口本复印件和照片拿到大使馆申请补发，通常情况下一个星期便可领到新的护照。

遗失机票时

从警方取得"遗失申请证明书"，并告知购买机票的旅行社名称和联络处，才能向航空公司的柜台申请（不同航空公司规定不同）。

遗失行李时

托运的行李常有无法领到的情况，其中以装载在其他班机，误送至其他机场的情况为多。携带行李领取证和机票，向航空公司的职员申请（如果已经离开海关，对方概不负责）。

1 行前早知道

2 出行必备功课

3 新加坡

4 吉隆坡

5 曼谷

6 普吉岛

7 巴厘岛

8 雅加达

意外情况处理有办法

生病的时候

在国外应避免饮用生水和暴饮暴食，并力求睡眠充足，以维护身体健康。务必从国内携带常备药品。

如何避免遭到抢劫

在国外旅行时穿着和行为不要过分招摇，尽量使用旅行背包。

发生交通事故时

发生意外时，在事情的是非还没有分辨清楚时，不要随便向人道歉，这对往后的交涉十分不利。切勿自行贸然交涉，而应请保险公司、旅行社或租车公司代办交涉，同时，为请求保险金，需向警方取得事故证明。

迷路时

和团体在一起时，注意听导游安排，遵守时间，一般情况下不要脱离队伍，一旦和队伍走散，应立即与旅行组织单位联系。

和队伍走散时

和旅行团走散时关键是要有信心归队。如果你脱离队伍已有一段距离，而你知道他们要去哪一个车站时，可用车站里的电话联络，再乘计程车前往。倘若没有赶上飞机而剩下一个人时，可以告知航空公司的柜台，与预订前往的机场取得联系。

防止意外发生的安全常识

"黑车"横行的机场或汽车起止站是扒窃和掉包的集中地。尤其是在机场假装来接运你的黑车，常在你惊愕之际，一溜烟将你的行李偷运走了。

不能随便让外人进入饭店房间。假装走错房间的旅客或装扮成饭店服务生的窃贼越来越多，一旦发觉可疑之处，需尽快与柜台联络。

3 新加坡

有着"花园城市"称号的新加坡对世界各国的游客来说，有着莫大的吸引力。在这里，处处弥漫着花草的清香，宛如置身大自然的怀抱。你可以去克拉码头感受新加坡的气息，去环球影城享受畅快的体验；可登上新加坡的"最高峰"花芭山饱览狮城全貌，亦可漫步感受新加坡前卫的建筑创意，如鱼尾狮、国会大厦等的现代艺术气息。当然，你还可以利用新加坡作为免税港口的独特优势，在"购物天堂"奢侈一回！

新加坡印象零距离

新加坡知识知多少

　　新加坡是东南亚的一个岛国，也是一个城市国家。该国位于马来半岛南端，毗邻马六甲海峡南口，其南面有新加坡海峡与印尼相隔，北面有柔佛海峡与马来西亚相望，并以长堤相连于新马两岸。国土由新加坡本岛和63个小岛组成，面积仅有七百余平方公里，被分成四个地区——市中心地区、市中心周围地区、市郊区、外围地区。其官方语言有四种，分别是汉语、英语、马来语和泰米尔语。

　　快速发展至今，新加坡已成为一座高楼林立、绿意盎然的繁华国际大都会，并有"花园城市"的美称。因此，新加坡每天都吸引着将近12000名来自世界各国的游客前来观光。作为一个多种族的国度，除了众多的观光与活动，邂逅当地的文化风情更是极致的旅游体验。你可徜徉在华灯璀璨的大街上，看着熙来攘往的人群，感受动感之都多姿多彩的非凡活力，体验文化、美食、艺术与建筑的融合之美，只有当你真正融入这个昔日的渔村、今日的都会，你才能切切实实体验到这个地方的真正魅力。

新加坡城区地图

1 行前早知道

2 出行必备功课

3 新加坡

4 吉隆坡

5 曼谷

6 普吉岛

7 巴厘岛

8 雅加达

新加坡游玩前须知

什么时间旅游最适合

新加坡一年四季温差不大，但经常会有阵雨或雷阵雨，雨后清凉舒爽。春季和秋季新加坡会举办各种节日庆典：唐人街会举办新春亮灯节和"春到河畔"迎新年庆典，还会举办印度教的传统节日屠妖节和伊斯兰教开斋节。夏季是欣赏全岛自然美景的最佳季节，即使到了冬天新加坡也是温暖如春。

最IN风向标——旅游穿衣指南

新加坡全年气温在23～31℃之间，早晚温差不是很大。这里的人们服饰简单、随意，以轻便舒适的着装为主，但在出席婚宴、聚会等一些正式场合时，需要着正装，以表对这种场合的尊重。所以来新加坡旅游只需要带一些短袖、T恤等夏季服装即可，另外根据自己的出行安排决定是否带正装。新加坡一年的降雨量很多，但下雨时间短暂，雨后清凉舒爽，但还是要提醒大家出行时要带上雨具。

不可不知的生活点滴

当地货币先了解

新加坡元为新加坡的通用货币，目前新加坡流通的纸币有2元、5元、10元、50元、100元、1000元和10000元；硬币有1元、50分、20分、10分、5分。元和分的换算单位为1元＝100分。

目前与人民币的汇率为：1人民币元＝0.2015新元，1新加坡元＝4.9631人民币元。

2新元

5新元

10新元

50新元

100新元

1000新元

10 000新元

1元

50分

20分

10分

5分

在新加坡如何付小费

在新加坡，付小费是被禁止的，如若付小费，则会被认为服务质量差。所以建议前去的游客，一定不要表达错了好意哦。

当地电压及插头

新加坡的供电电压为220～250伏特的交流电，频率为50赫兹，可以与中国的通用，但是所用插头与国内不一样，为英式三孔插头，国内电器的插头不能直接使用，因此出行前需要准备一个插头转换器。一般插头转换器新加坡酒店前台都有提供，不过也可以提前在国内购买，国内大多数商店都能买到。

当地风俗习惯全了解

在新加坡，进清真寺要脱鞋。被邀请到当地人家里做客，进屋也要脱鞋。虽然过去受英国文化的影响，新加坡几乎西化，但当地人仍然保留了许多民族的传统习惯。所以，打招呼的方式各不相同，最通常的是人们见面时握手，对于东方人可以轻轻鞠一躬。

新加坡人接待客人一般是请客人吃午饭或晚饭。和新加坡的印度人或马来人吃

1 行前早知道

2 出行必备功课

3 新加坡

4 吉隆坡

5 曼谷

6 普吉岛

7 巴厘岛

8 雅加达

饭时，注意不要用左手。到新加坡人家里吃饭，可以带一束鲜花或一盒巧克力作为礼物。谈话时，避免谈论政治和宗教，可以谈谈旅行见闻，你所去过的国家或新加坡的经济成就。

由于新加坡居民中华侨很多，人们对色彩想象力很强，一般对红、绿、蓝色最为偏爱，视紫色、黑色为不吉利的颜色，黑、白、黄为禁忌色。在商业上反对使用如来佛的形态和侧面像。在标志上，禁止使用宗教词句和象征性标志。喜欢红双喜、大象、蝙蝠等图案。数字禁忌4、7、8、13、37和69。

实用信息一个都不能少

必须牢记的紧急联系方式

意外（普通）：999
意外（海事）：0065-6325 2488
火警、救护车：995
新加坡电信查号台：100
机场航班咨询：0065-6542 4422（自动），0065-6541 2302（人工）
天气预报查询台：0065-6542 7788
传染病通报：0065-6731 9757
交通事故报告：0065-6547 6242，0065-6547 6243
圣淘沙旅游咨询：0065-6736 0672

大使馆及领事馆

中国驻新加坡共和国大使馆

🏠 **地址：** 新加坡东陵路150号
☎ **电话：** （办公室）0065-6418 0252，（领事部）0065-6471 2117
📠 **传真：** （办公室）0065-6734 4737，（领事部）0065-6479 5345

不可不知的实用网址

新加坡狮城华人网（可查询美食、交通、理财、新闻等信息）http://www.sgchinese.com

新加坡交通运输网（可查询航空、铁路、公路以及市内交通等信息）http://app.mot.gov.sg

必须了解的医疗服务

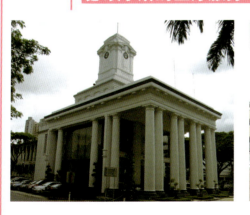

新加坡医疗机构包括公立医院、私立医院和专科中心等，拥有完善、细致的医疗服务。国家采取一系列措施优化人民的就医条件，让每个人都能享

行前早知道 1
出行必备功课 2
新加坡 3
吉隆坡 4
曼谷 5
普吉岛 6
巴厘岛 7
雅加达 8

受到优质但又能负担得起的医疗保健服务。

名　称	地　址	交　通
新加坡中央医院 Singapore General Hospital	Outram Road Singapore 169608	乘坐公交车61、124、143、166、167、196、197路即可到达
新加坡国立大学医院 National University Hospital	5 Lower Kent Ridge Road Singapore 119074	乘坐公交车95、97、197、963路即可到达
陈笃生医院 Tan Tock Seng Hospital	11 Jalan Tan Tock Seng.Singapore 308433	乘坐公交车21、124路即可到达

当地物价先知道

　　新加坡是世界生活水平最高的城市之一，尽管如此，由于特殊的经济制度，来新加坡旅游仍然可以享受支付得起的高品质生活。新加坡的超级市场有各种食物、饮料以及生活用品供你选择。由于新加坡的交通发达，公共交通设施完备，价格合理，可以为你省下不少费用。

　　↘ **交通类：**公交票价普通车0.5～1.5新元；地铁票价1～2新元。

　　↘ **餐饮类：**中档餐厅的三道菜价格约36.5新元，商务午餐套餐价格4～6新元。

　　↘ **食品类：**汉堡价格4～5新元；啤酒5新元；一瓶矿泉水1～2新元；牛奶（普通）1公升2.17新元；面包（500克）1.68新元；苹果2.29新元/公斤；橙子1.64新元/公斤。

市区景点

行前早知道 1

出行必备功课 2

新加坡 3

吉隆坡 4

曼谷 5

普吉岛 6

巴厘岛 7

雅加达 8

景点 **①**

滨海湾金沙

新加坡滨海湾金沙（Marina Bay Sands Singapore）是美国拉斯维加斯金沙集团在新加坡斥巨资打造而成的大型综合豪华娱乐城，整个工程历时四年才完工，是新加坡的地标性建筑之一。娱乐城中有三座55层高的酒店高楼，提供有2500多间豪华客房，一个大型商业中心、一个会议大厦、两个剧院、一个超现代主义的博物馆，同时还拥有多家餐厅和酒吧。三座主体建筑的顶端连为一体，构成长340米的露天平台，并覆盖大面积的绿色植被，可同时容纳游客3900名，可360度俯瞰新加坡的繁华全景，除此之外露天平台上还拥有一个广阔的泳池，这些使其成为名副其实的亚洲最大的"空中花园"。

典故解读

滨海湾金沙是由拉斯维加斯金沙集团的主席兼首席执行官——谢尔登·艾德森构想而生，由国际著名建筑大师萨夫迪设计而成，并于2006年5月获新加坡政府批准建设。滨海湾金沙位于新加坡中央商业区，占地15.5公顷，总面积581400平方米，是新加坡有史以来规模最庞大的项目，整座建筑使用了超过120万立方米的混凝土，其空中花园更是滨海湾金沙的一项工程奇迹，种植树木250棵，植物650株，想一想只是把这些植被用升降机运送到200米高的顶部都足以震撼世人了。

玩家指南

☉**地址：** 2 Bayfront Ave, Singapore 018972

交通： 1.步行：在海滨公园地铁站出口，通过行人小径旁的公共道路到海滨大道，大约步行10分钟即到

2.环线巴士：乘坐地铁在海滨公园出站后，到位于淡马锡道（Temasek Avenue）的巴士站可乘坐公交车SBS 133、SBS 97、 SBS 97e、SMRT 106到达

3.南北线：乘坐地铁在海滨湾出站，到巴士站乘坐公交车SBS 133、SBS 97、SBS 97e、SMRT 106到达

开放时间： 10:00～22:00

¥**门票：** 20新元/人

景点 ② 莱佛士大酒店

　　莱佛士大酒店（Raffles Hotel）于1887年由富豪薛克兹兄弟修建，这座代表新加坡殖民时期建筑风格的酒店是新加坡的又一地标性建筑，并在1987年被新加坡政府列为国家历史文物。后来在1991年斥资1600万新元翻新开业迎客。整个酒店高贵典雅，并加入了现代风格与配饰，再现了当时的富丽堂皇，仅是大堂部分就足有三层楼高，玻璃屋顶令大堂内阳光充沛。老式的前台，白色大理石地板上的落地大摆钟，柚木楼梯无一不显露出古老而迷人的魅力。其中朱比利厅是一座再现了维多利亚时代后期风格的剧场，每天会播放讲述莱佛士大酒店历史的录像，让游客从另一视角欣赏莱佛士大酒店的魅力，而且酒店的建筑群中还包括博物馆、剧院以及数十家高档精品店。

······典故解读

　　如今的莱佛士大酒店可以说是结合了观光和住宿两大功能。酒店是根据托马斯·斯坦福·莱佛士爵士来命名的，他来自英国，是对新加坡进行殖民开拓的先驱，也是让新加坡从简陋渔村发展到东西方沟通重要枢纽的关键性人物。1819

年，来自英属东印度公司的莱佛士从新加坡河岸登陆，与当地的苏丹王达成协议，取得了当地的建设权。他当时的工作对未来新加坡的事业影响深远，因此如今新加坡的许多地区、建筑、机构都以他的名字命名。莱佛士大酒店就是其中一例。

······玩家指南

🕐 地址：1 Beach Road, Singapore 189673
🚇 交通：可乘坐地铁EW13线或NS25线到市政厅（City Hall）站下车，然后向美芝路方向步行5分钟即可到达
⏰ 开放时间：全天
¥ 门票：免费

景点 **3**

新加坡摩天轮

行前早知道 1

出行必备功课 2

新加坡 3

吉隆坡 4

曼谷 5

普吉岛 6

巴厘岛 7

雅加达 8

新加坡摩天轮（Singapore Flyer）又名摩天观景轮，总共耗资2.4亿新元，历经4年打造完工。42层楼高的新加坡摩天轮的轮体直径达150米，安置在3层的休闲购物中心楼上，总高度达165米，这一高度超过了160米高的南昌之星和130米的伦敦眼。28个安装了空调的座舱可以分别容纳28名乘客。摩天轮旋转一周约用30分钟时间。从摩天轮上可以饱览整个新加坡的美景，以及远眺约45公里外的景色，给游客带来震撼的视觉冲击。摩天轮周边还有购物休闲中心，户外希腊剧院，湾畔餐饮长廊以及热带雨林庭园，为游客带来独特的全新体验。

·····典故解读·····

新加坡摩天轮的设想虽然产生于2000年，但正式计划开始于2002年，是由德国Melchers项目管理公司和太平洋管理公司合资成立的新加坡摩天轮有限公司担任该项目的开发商。后于2003年6月27日由新加坡旅游局批准并签订"谅解备忘录"，由竹中工程公司和三菱重工作为承建商，奥雅纳（Arup）负责结构工程研究和设计。但最初的设计被批评缺乏原创性，与伦敦眼类似，后来开发商很快对设计做出修改并成为现在的壮观景象。但在建造过程并没不顺利，由于资金问题，一度停建，之后项目得到荷兰银行的子公司提供1亿新元和裕宝联合银行提供1.4亿新元的投资后，项目由此得以复苏并顺利完工。

·····玩家指南·····

地址： 30 Raffles Avenue, Singapore 039803

交通： 乘坐地铁到达市政厅地铁站，出站后换乘公交车即可到达

开放时间： 每天8:30～22:30，周末及公共节假日前夕延长开放时间

门票： 成人29.5新元/人，儿童20.65新元/人，老年人23.6新元/人

景点 ④ 鱼尾狮像

鱼尾狮像（Merlion）是新加坡的标志和象征，像高8米，重40吨，由雕刻家林南先生和他的两个孩子共同雕塑，并于1972年5月完成。现如今经过翻新、搬迁的鱼尾狮像每年吸引着一百多万来自世界各地的游客。新的看台可同时承载300人观看露天演出，新鱼尾狮像已纳入鱼尾狮身后有古希腊列柱的浮尔顿酒店，与金融区摩天大楼所连成的背景达到完美的拍摄效果。鱼尾狮的底部也改由美丽的蓝色玻璃水波组合而成，在夜晚灯光的照射下，鱼尾狮即幻化为浮在蓝色海面上的景象，清晨时登上鱼尾狮看台欣赏海上日出美景，极为壮观。

····· **典故解读** ·····

顾名思义，鱼尾狮像的上半身是狮子，下半身是鱼。说起来还有一个典故，传说斯里佛室王国的王子有一天在岛上游玩，无意中看见一头形似狮子的小兽，于是把小岛重新命名为"新加坡城"，即"狮城"。后人便把它视为新加坡的标志和象征，塑其像与国民朝夕相伴。在鱼尾狮像后的四块石碑上，清晰记载了这段故事。

····· **玩家指南** ·····

🏠 **地址:** 1 Fullerton Square, Singapore 049178
🧭 **交通:** 可搭乘地铁NS线、EW线在市政厅站（City Hall）或莱佛士坊站（Raffles Place）下车，再步行约10分钟即可抵达鱼尾狮公园；也可选择新加坡河水上交通，享受新加坡河的沿途风光
🕐 **开放时间:** 全天
💴 **门票:** 免费

行前早知道 1

出行必备功课 2

新加坡 3

吉隆坡 4

曼谷 5

普吉岛 6

巴厘岛 7

雅加达 8

景点⑤ 新加坡夜间动物园

　　新加坡夜间动物园（Night Safari）创立于1994年，耗资6000万元，是世界首家于夜间供游客游览的野生动物园。这个动物园坐落于40公顷次生雨林中，园内草木丛生，目前拥有超过1200只夜间动物，这里的动物不是用围篱隔开，而是采用溪流、岩石、树干为天然屏障。夜间探访更有丛林的真实感，可以与独角犀做面对面的接触、倾听远处条纹土狼的嚎叫，或静观长颈鹿漫步于夜间宁静的旷野中。游客可在夜间于热带丛林中观赏野生动物，还有不可错过的精彩动物表演，从而获得独特的体验。

典故解读

　　由于20世纪80年代后期兴起了夜间旅游热潮，而且90%的热带动物在夜间活动，在黄昏后尤其活跃，因此夜间展出热带动物是较为适宜的。而且幸运的是，在新加坡日落时间常在19:30，夜晚凉爽宜人，雨量也较少。这些有利的自然条件使得夜间户外活动甚为理想，所以才建立了如今世界首个夜间观赏动物园。野生动物园分为东南亚雨林、非洲稀树大草原、尼泊尔河谷、南美洲彭巴斯草原、缅甸丛林等8个地理区域，有3条步行道和2条游览车环线供游人选择，但无论是选择哪条路线都会是一次充满刺激的"荒野"历险旅程。

玩家指南

⊙地址： 80 Mandai Lake Road，Singapore 729826

🚊交通： 可乘坐地铁NS线到蔡厝港站（Choa ChuKang）下车，转乘SMRT927号公交车到夜间动物园站下车；或乘坐地铁NS线到宏茂桥站（Ang MoKio）下车，车站编号为NS16，转SBS138号公交车到夜间动物园站下车

⊙开放时间： 每日19:30～00:00，23:00停止售票，晚间餐厅和零售商店每日18:00后开始营业

¥门票： 成人20新元/人，3～12岁儿童10新元/人

景点 **6** 新加坡植物园

新加坡植物园（Singapore Botanic Garden）是由农业园艺协会于1859年创立，占地52公顷并与市中心相邻，园内有20 000多种亚热带和热带的珍奇植物，其中包括许多濒临灭绝的品种。植物园的园区分为三个部分，分别是展示历史风貌的唐林区（Tanglin Core）、风景宜人的中心景区（The Central Core）和寓教于游的休闲区（Bukit Timah Core）。每个园区都能欣赏到一系列景色、小品和植物，感受文化熏陶和学习新鲜的知识。园中的一大亮点是国立兰花园，兰花品种超过1000种，其混合品种的兰花多达2000株，这将为你带来一场视觉的盛宴。整个植物园内绿意盎然，空气清新，让人心情为之舒畅，堪称新加坡这个热带岛屿繁茂的缩影，也是游客感受亚热带、认识热带植物的最佳之地。

····· 典故解读 ·····

新加坡植物园起初被规划成一个休闲观赏场所，所以主要是用来举办花展。直到1874年，由于农业园艺协会经济困难，把植物园移交给了政府。为了满足植物园发展的需要，殖民政府邀请了在邱园接受过培训的植物学家和园艺师来管理植物园。首任园长H. N. Ridley 于1888年来到植物园，在此孜孜不倦工作了23年。他大力倡导种植橡胶，为植物园带来大量的经济收入，也为东南亚橡胶产业奠定了基础。也正是他在任期间，新加坡国花卓锦万代兰（Vanda 'Miss Joaquim'）被发现和确认。

····· 玩家指南 ·····

⌂ **地址：** 1 Cluny Road, Singapore 259569

🚌 **交通：** 乘坐NS线地铁到乌节路站（Orchard）下车后在乌节大道（Orchard Boulevard）转乘7、105、106、123或174号公交车即到

🕐 **开放时间：** 植物园每日5:00～00:00，国立兰花园8:30～19:00

💰 **门票：** 植物园免费，国立兰花园门票为成人5新元/人，12岁以下儿童2新元/人

景点 **⑦** 新加坡动物园

新加坡动物园（Singapore Zoo）占地28公顷，被认为是世界上风景最美的动物园之一。园内利用热带森林与湖泊等天然屏障代替栅栏，使游客可以不受铁笼和铁柱的阻拦与300多种小动物亲密接触。你可以在隐藏于茂盛森林中的亚洲大象馆中观赏世界上最大的陆地哺乳动物，在全球首家开放式动物栖息地聆听附近红毛猩猩肆意咆哮，或者选择与野生动物们共享早餐，再或者在阴凉的木板路上漫步，观察周边繁茂树丛中嬉戏的动物，以及参加刺激的冒险活动，这一切必定让你不虚此行。

·······典故解读·······

　　新加坡动物园长久以来为所展示的动物提供了充足的生活空间和类似于野生栖息地的环境，这种开放式的理念为动物园赢得众多赞誉。如今，新加坡动物园正在为转型成一个知识型动物园而努力。游客不再是单纯的欣赏动物，而是通过更多的互动类项目学习到动物的知识和加强野生动物的保护意识。

·······玩家指南·······

🏠**地址：** 80 Mandai Lake Road，Singapore 729826
🚌**交通：** 乘地铁NS线至宏茂桥站（Ang Mo Kio），车站编号为NS16，然后转搭SBS 138号公交车；或乘地铁NS线至蔡厝港站（Choa Chu Kang），车站编号为NS4，然后转搭SBS 927号公交车到动物园下车即可
🕐**开放时间：** 每天8:30～18:00
💴**门票：** 成人15新元/人，儿童7.5新元/人

景点 **8** 裕廊飞禽公园

裕廊飞禽公园（Jurong Bird Park）位于市西裕廊镇贵宾山麓，是全球最大的鸟类动物园之一，是集教育性与娱乐性于一体的地方。这里汇聚了世界各地不同种类、不同生存环境的鸟类珍禽，公园特意为它们安置了适合它们生存的巢穴，如专门定制的鸟笼，嬉水的浅滩，仿照森林夜景为猫头鹰设计的家园，适宜企鹅生存的半水半山的居所等，每一处都感觉十分和谐，甚至还有些嫉妒这些小家伙生活的如此安逸呢。除此之外，动物们的表演也令人开怀大笑，还有处于园内山腰间世界上最大的人造瀑布，水流从30米高的断崖倾泻而下，直入山谷，声势雄壮，美不胜收。

典故解读

猫头鹰是一种夜间活动的动物。传说在很久以前，有一只掌管动物界的精灵，分别变成三种动物来向享受着美味的金鲤鱼的猫头鹰索要食物，但猫头鹰都以各种理由拒绝了。精灵为了惩罚猫头鹰，于是挥动手中的权力棒。顿时那只猫头鹰感觉自己的眼睛一下子瞎了似的，在日光下看不清东西，且对日光过敏，于是便跌跌撞撞飞回自己阴暗的洞里。从此，猫头鹰的世界里没有了阳光。

玩家指南

🏠 **地址：** 80 Mandai Lake Road，Singapore 729826

🚍 **交通：** 乘坐地铁EW线至文礼站（BoonLay）下车后换乘SBS194号公交车或SBS251号公交车到裕廊山下车即到

🕐 **开放时间：** 每天8:00～18:00

💴 **门票：** 成人票14新元/人，儿童（12岁以下）票7新元/人

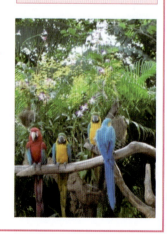

景点 **9** 新加坡河

新加坡河（Singpore River）是贯穿整个新加坡的生命之河，是浓缩的新加坡文化的长廊。河岸边的驳船码头、克拉码头和罗拔申码头是了解新加坡历史和享受美食夜市的胜地。驳船荡漾在新加坡河，你可以参观许多富有历史纪念性的标志和建筑，如鱼尾狮公园、莱佛士登岸遗址和旧国会大厦等。当然来到新加坡河，不去浏览一下这里的夜景一定会非常遗憾。晚上漫步在新加坡河边，或选一家富有情调的酒吧，吹着河风，看四周繁华的夜景，享受这热闹中流露出的安宁和温馨气氛，会让你忘记所有的烦恼。

典型的运输工具——驳船，已变成接载游客作"新加坡河之旅"的工具，更有不断美化的两岸，使本地人和游客流连忘返。

······ 典故解读 ·······

1819年，莱佛士把新加坡开设为自由港，由于豁免进口税，货物价格低廉，各地商人都乐意前来进行贸易活动。到了1823年，新加坡的贸易总额达到1300多万元，成了一个繁忙的港口。世界各地的商人来到新加坡河，在两岸建起很多房子，河的一边全是仓库，而另一边全是他们办公的地方，使得新加坡河成为万商云集的贸易大港。现今昔日新加坡河上

······ 玩家指南 ·······

📍 **地址：** Singapore River, Singapore

🕐 **开放时间：** 全天

¥ **门票：** 免费

1 行前早知道
2 出行必备功课
3 新加坡
4 吉隆坡
5 曼谷
6 普吉岛
7 巴厘岛
8 雅加达

景点 ⑩ 新加坡历史博物馆

新加坡历史博物馆（Singapore History Museum）始建于1887年，主要研究和展现新加坡的历史及民族文化。它有六个永久性陈列馆，全面介绍从十二三世纪到20世纪八九十年代新加坡的文化、社会、政治、经济的发展历程以及华人早期移民的生活。展馆入口处有专人为游客配发导览机，并配有多个语种可以选择，游客只需输入展品相对应的数字，按"OK"键，就可以播放。有的展品还配有现代化的液晶屏幕，游客可以通过耳机听到那段历史时期发出的声音，就像自己身临其境一样。另外介绍南洋香料的展柜全是由透明的玻璃制作，参观者只要拉动小环就可以闻到香料的气味。总之，博物馆的展览会调动参观者所有的视觉、听觉、嗅觉、触觉等感官，让参观者在这里不会觉得枯燥乏味。

典故解读

新加坡历史博物馆建筑物的前身是国家博物院。国家博物院成立于1887年10月12日，那时的国家博物院称为莱佛士博物院，莱佛士图书馆也同在一个屋檐下：楼下是图书馆，楼上是博物院。直到1960年博物院和图书馆才正式"分家"。而到了1969年，莱佛士博物院才改名为国家博物院。新加坡历史博物馆，于1993年从国家博物院分出。

玩家指南

🏠 **地址：** 93 Stamford Road, National Museum of Singapore，Singapore 178 897

🚌 **交通：** 乘坐7，14，16，36，64，65，77，97，103，106，111，124，131，139，166，167，171，174，190，501，543，546，549，555，556，602，603，605，607，625，634，700或865号公交车均可抵达；或乘坐地铁到达市政厅地铁站，C2口出站后步行10分钟左右可达或乘地铁N线到多美哥（Dhoby Ghaut）站，车站编号为N1，出站后沿斯坦福路步行即达

🕐 **开放时间：** 周二、周四至周日9:00～17:30，周三9:00～21:00，周一休息

💰 **门票：** 成人3新元/人，学生1.5新元/人，家庭票（最多5人）8新元/人

景点 ⑪ 乌节路

乌节路（Orchard Road）是新加坡当之无愧的百货集聚地，吃、穿、用等日常生活必需品乃至奢侈品，可谓应有尽有。而如今重新打造过后的乌节路不再只是购物天堂，它也将与世界级著名街道媲美，为人们提供一站式的休闲好去处。热闹非凡的乌节路上也建有若干设施完备、规模较大的会所为人们提供休闲、娱乐、健身、美容以及餐饮。夜晚的乌节路让所有的灯饰瞬间变成主角，绚烂耀眼的灯饰高高挂在两旁的路灯和树上，搭配一栋栋新颖华丽的商场大楼，装点出新加坡最奢华热闹的街道景象。

路则是以当年豆蔻园园主的大名而命名，如史各特路、卡佩芝路、经禧路、欧思礼路等。

······典故解读·······

乌节路与新加坡的中心商业区毗邻。街道的繁华已经从最初多美哥地区，发展到从唐林路一直延伸至Bras Basah路。但乌节路不像新加坡的其他街道，并不是因为某位特别的人物而命名的。相反，它的名字来自于19世纪40年代沿街道种植的肉豆蔻和辣椒。豆蔻曾是风靡一时的经济作物，西洋人把它用作食物的香料，马来人则用其入药。但与乌节路相交的几条支

······玩家指南······

⊙ **地址：**Orchard Road, Singapore

♪ **交通：**乘坐地铁N线到乌节站（Orchard，车站编号为N3）下车即到

⊙ **开放时间：**全天

¥ **门票：**免费

1 行前早知道
2 出行必备功课
3 新加坡
4 吉隆坡
5 曼谷
6 普吉岛
7 巴厘岛
8 雅加达

景点 ⑫ 克拉码头

克拉码头（Clarke Quay）是新加坡的一个休闲娱乐区，靠近繁华的市中心商业区，这里汇集了众多餐饮，娱乐和购物的时尚场所。白天的克拉码头是跳蚤市场，主要贩卖古董和艺术品。到了夜晚，克拉码头便是体验新加坡迷人夜生活的好地方。在这里除了喝酒、闲聊、听音乐外，还可驾船观赏沿河两岸的景色，感受夜色中克拉码头的致臻情调。

····· 典故解读 ·····

克拉码头是以新加坡第二任总督安德鲁·克拉爵士名字而命名。在百年前克拉码头是新加坡的贸易中心，拿着算盘的工家、忙于商谈生意的欧洲和本地商人和出卖劳力为生的中国和印度苦力在此往来穿梭，那里曾经是新加坡最繁忙的码头。后来由凯德置地耗资8500万新币重新开发，于2006年年底完工。现如今克拉码头成为新加坡首要的饮食及娱乐生活景点，也是东南亚国家在商业领域所呈现的与众不同的"热情"的最好体现。

····· 玩家指南 ·····

⌂ **地址：** 3 River Valley Road, Singapore

🚇 **交通：** 乘坐地铁NE线到克拉码头站（Clarke Quay，车站编号为NE5），出站后沿着新加坡河步行即到

⌚ **开放时间：** 全天

¥ **门票：** 免费

景点 ⑬ 牛车水唐人街

牛车水（China Town）有着上百年历史，是新加坡的唐人街。这里到处洋溢着传统的东方色彩，华人文化和传统被原汁原味地传承下来。两旁的古旧楼房、各式店铺、货摊和不同风味的餐馆以及喧嚣的叫卖声，无不渗透着南洋华人聚居地的民风民俗。漫步在唐人街，仿佛置身于中国广东或闽南某些地方，店铺有遮阳避雨的走廊，有的房屋为老式的木质结构，显得十分古朴。如今新加坡政府为了保留和弘扬中华文化，特地保留牛车水的中国古老建筑，把牛车水划为具有特殊风味的独立观光区，使这里不仅吸引华人，也吸引世界各国的游客前来。

典故解读

有人会觉得奇怪，为什么叫牛车水？其实，牛车水的命名是有其典故的，但众说纷纭。其一：据说，在一个世纪以前，河水暴涨，淹没了附近的大街小巷，居民们将水以牛车载走，所以就有人称这里为"牛车水"。其二：当年这一带的居民曾经以牛车载水清洗街道，因此就将这里称为牛车水。其三：1821年，从中国厦门南下的第一艘平底中国帆船抵达新加坡后便定居在新加坡河以南一带，也就是现在的直落亚逸街。当时，在那里的每家每户都得拉牛车到安祥山的史必灵路取水。久而久之，该地方就被称为牛车水了。

玩家指南

⊙ **地址**：New Bridge Road, Singapore

🚇 **交通**：可乘坐地铁NE线在牛车水站（Chinatown，车站编号为NE4）下车，或者乘坐地铁EW线在欧南园（Outram Park，车站编号EW16）下车，步行5分钟即达

⊙ **开放时间**：全天

¥ **门票**：免费

景点 ⑭ 小印度

小印度（Little India）是印度的缩影，来到新加坡，一定不要错过这里。在小印度里，不论两三层楼的矮店屋，还是有百年历史的教堂庙宇，都是弥足珍贵的文化遗产。适逢屠妖节，小印度的街道上张灯结彩，迎接购物过节的人群，热闹非凡。这里最大的特色是随处可见有浓厚地方色彩的餐饮店和杂货店，还有大街小巷那黄色和红色的花环和香飘五里的香料。而且小印度也算是购物者的天堂，实龙岗路（Serangoon）是小印度最热闹的一条街道，聚集了许多店铺，如服装店、金饰店、民族风情店、小吃店等，让人眼花缭乱。

···· 典故解读 ····

据记载，在1819年，莱佛士爵士航行至新加坡

时，随行带有几名印度助手和士兵。之后，更多的印度移民来到新加坡谋生，当时他们大多数居住在牛车水一带。后来梧槽河附近肥沃的土地被开发成养牛场和赛马场，才陆陆续续迁到这一带。但如今车水马龙的实龙岗路是1828年才出现在地图上的。起初是贯穿新加坡本岛的一条大马路，把实龙岗河、梧槽河与加冷河连接起来，是南下北上的必经之路。当时此处还是一大片森林，常有猛兽毒蛇出没，使用这条马路的人都会敲打铜锣来赶走野兽。这在马来语就是"diserangdengangong"，久而久之人们念成了今天的"Serangoon"。

···· 玩家指南 ····

🏠 **地址：** 48 Serangoon Road，Singapore

🚇 **交通：** 乘坐地铁NE线到小印度站（Little India）下车即到。也可在乌节路（Orchard Road）乘SBS 64、65号或111号公交车到实龙岗路下车即到

🕐 **开放时间：** 全天

🎫 **门票：** 免费

周边景致

景点 ## 圣淘沙岛

圣淘沙岛（Sentosa Island）占地面积390公顷，距新加坡本岛南部仅0.5公里，以前曾是英军的堡垒和基地，现在发展为亚洲的顶级一站式综合娱乐城，"圣淘沙"取自马来文"和平，安宁"的意思，被喻为是新加坡的"世外桃源"。

新加坡环球影城与6家豪华酒店、全球最大的海洋生物园、购物美食街、高档ESPA度假胜地、娱乐表演等众多娱乐休闲项目共同构成了圣淘沙。这个目前全球投资额最大，集大自然、历史、娱乐于一体的旅游目的地，绝对可令游客享受到无与伦比的度假体验。

在岛上你不仅可以乘坐环岛单轨列车行驶于海滩椰林之间，慢慢欣赏亚洲大陆最南端的美丽风景，还可以通过蜿蜒的亚热带雨林区，一睹长尾猕猴采椰子的场面。蝴蝶园内有50多种约2500只蝴蝶，世界昆虫馆中有千足虫、多毛毒蜘蛛、独角仙和许多其他昆虫。海底世界里还有亚洲最精彩的热带鱼水族馆。而入夜时分，一场集高科技和艺术为一体的音乐喷泉，将灯光、激光、色彩和音乐融合起来，所呈现出的那种绚烂而梦幻景象，肯定让你终生难忘。

····· **典故解读**

环球影城耗资43.2亿美元兴建，于2010年3月18日正式开放，它是圣淘沙名胜世界的皇牌项目之一，也是东南亚首个和唯一的环球影城主题公园。总共设有24个游乐设施和景点，其中有18个景点专门为新加坡量身定做，堪称环球影城的又一鸿篇巨制。整个影城由古埃及、失落的世界、好莱坞大道等七个主题区组成，重现电影世界的神奇，为游客掀开探险旅程的序幕。游乐设施包括世界最高的双轨过山车，坐上去体验一番吧，绝对刺激得让你惊声尖叫。

····· **玩家指南**

⌂ **地址：** Sentosa Island, South Singapore

🚌 **交通：** 1. 乘坐SBS30、65、80、97、100、131、145、166、855号公交车在直落布兰雅路（Telok Blangah Road）下车，再前往港湾巴士转换站，转乘橘色巴士即可到达圣淘沙岛；2. 乘坐地铁NE线，在港湾站（Harbour Front MRT Station）下车，再依照地铁站里的指示牌前往港湾巴士转换站，转乘橘色巴士即可到达圣淘沙

🕐 **开放时间：** 全天

💰 **门票：** 成人6新元/人，儿童4新元/人。也可购买套票，包括海底世界、海豚乐园、万象馆、鱼尾狮塔、世界昆虫馆、西乐索炮台。岛上部分场馆和设施单独收费

1 行前早知道
2 出行必备功课
3 新加坡
4 吉隆坡
5 曼谷
6 普吉岛
7 巴厘岛
8 雅加达

新加坡旅行资讯

如何抵达

新加坡是东南亚地区联系欧洲、美洲、大洋洲的航空中心，抵达新加坡可以通过飞机和火车两种方式。

航空

新加坡只有一个樟宜国际机场，承担着新加坡的航空交通，主要飞往附近国家的各大城市。

樟宜国际机场

樟宜国际机场位于新加坡岛的东端，距市区约20公里。机场内部有四个航站楼分别是：1号航站楼、2号航站楼、3号航站楼和廉价航站楼。在机场的入境大厅有旅游服务中心为游客提供观光手册、饭店、团队旅行预订等服务。在机场出境时，须付机场税，至马来西亚、文莱需6新元，至其他国家需15新元。

从机场前往市区

↘ **出租车**

在机场有出租车可以搭乘，到达新加坡市区需要15新元。

↘ **机场巴士**

机场巴士可以通往新加坡的大多数酒店，在入境大厅的接驳交通柜台可以选择乘坐巴士离开机场。SBS36号公交车可通往市区。首发车时间为6:00，末班车时间为午夜。单程票价不超过2新元，

全程约1小时。巴士站点位于1号、2号和3号航站楼的地下巴士停车场。车票费用：成人每位9新元，12周岁以下儿童每位6新元。

铁路

新加坡的铁路交通比较发达，到达马来西亚、泰国，可搭乘东方快车或KTM火车。其中，东方快车穿梭于新加坡、马来西亚和泰国之间，以向乘客提供豪华列车服务而著称。而KTM火车则主要为旅客入境马来西亚提供舒适、快捷的列车服务。

新加坡火车站位于凯贝尔路上，是连接新加坡、马来西亚和泰国的亚细亚国际列车的终点。有关火车时刻表及其他细节，可咨询新加坡火车站，电话：0065-222 5165。

必须掌握的市内交通

新加坡交通发达，设施先进，来新加坡游玩，无论乘坐公交车、地铁还是游船，都会让你旅行充满欢乐。

地铁

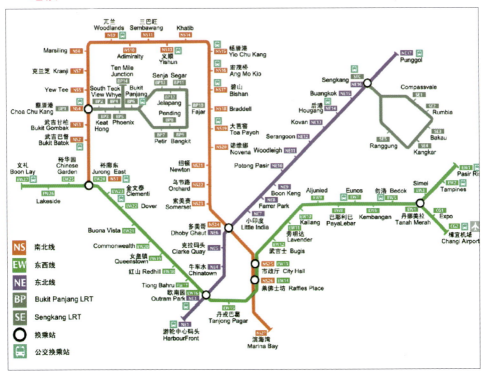

1 行前早知道

2 出行必备功课

3 新加坡

4 吉隆坡

5 曼谷

6 普吉岛

7 巴厘岛

8 雅加达

地铁是新加坡最为便捷的交通工具，分南北线和东西线，在市区有多个停靠站，通往许多观光景点，运营时间从早6:00到晚12点。地铁全长67公里设有42站，南北线，以"N"表示是从滨海湾通往义顺，黄色表示北行线，红色表示南行线；东西线，以"W"表示是从巴西立通（Pasir Ris）到文礼，绿色表示东行线，蓝色表示西行线；市中心区以"C"表示。每个地铁车站里都有标示清楚的路线图及使用说明，搭乘地铁前最好先确定车费及地点，要查看站名只要记住路线颜色及站点号码即可。

地铁车站的运作完全自动化，由电脑控制自动售票机、乘客出入闸口等。进站后到自动售票机前投入硬币，同时按下应付车费的按钮，机器会自动找余额并支付车票。购票后应尽快通过闸口，否则超过相应的时间车票便自动作废。

公交车

在新加坡境内穿梭往返最方便的是公交车，与其他东南亚国家不同的是新加坡大多是1人服务车，需自备零钱，车上不设找零。在众多的客运公司中，一般最常搭乘的是SBS（Singapore Bus Service）以及TIBS（Trans Island Bus Service）两种，其余的则鲜有机会搭乘。公交车的种类分为冷气车与普通车，冷气车车票略高于普通车。在乘坐时可按照站牌上标示的街名、停靠地点等详细查看，并对照自己的目的地。

租车

在新加坡租车环岛旅行非常便利。租车手续可以在各租车公司服务台办理，饭店、游客服务中心也可以代办。租车时要记得带上国际驾照。

游船

在游轮中心码头经常有各种乘坐小型舢板和帆船环绕港湾或周边小岛的观光旅行，可当场购票，环行时间为2～3小时。

1 行前早知道

2 出行必备功课

3 新加坡

4 吉隆坡

5 曼谷

6 普吉岛

7 巴厘岛

8 雅加达

小贴士　交通优待卡（Transilink Farecard）

交通优待卡又称蓝色车票，只要有这张卡，搭乘地铁或公交车时，可以避免找零的麻烦。若搭地铁，用此卡在自动检票口刷卡即可，搭公交车则有卡片专用机，直接按下到达目的地的金额即可，但别忘了取回卡片。

到新加坡游玩必做的事

新加坡是一个丰富多彩的城市，汇聚了中国、马来西亚和印度精粹的美食文化，还有让人迷醉的夜生活。来到新加坡，必定有几件事是值得你去体验的。

TOP1：在共济总会吃午餐

从1879年开始，新加坡的共济会大厅成为一个欢迎任何人的绝妙餐厅。这个餐厅经常座无虚席，并且每日的特价三道菜午餐仅要9.9新元。当你看到这个餐厅的漂亮装饰物时，你会乐意再多付一些钱的。

TOP 2：亲手做一道东方风味的菜

在新加坡餐饮学校（Singapore Culinary Academy）参加一个半日的烹饪课程，为你的朋友和家人学做一些地道的东方美食，让他们也感动一番。你可以学做泰国菜、马来菜、印度菜、新加坡菜或新式亚洲菜品等。

TOP 3：感觉你的"气"

新达城购物中心是严格遵照风水而建造的。五座塔楼的形状和左手（象征"财富"）的五指相似，一座"财富之泉"则在五座塔楼的中心，据《吉尼斯世界纪录》记载，这座喷泉是世界上最大的喷泉。如果你一边按照顺时针方向围绕该喷泉走三圈，一边把手放入喷泉中，你会从这座喷泉所散发的"气"（能量）中获益，将来会得到更多的财富。

TOP 4：来到"澳大利亚"

彩鹦谷是裕廊飞禽公园里一个观鸟的地方，这里有除澳大利亚本土以外最大的澳大利亚鹦鹉展览，偶尔你也能看到笑翠鸟。你可以近距离观看，也可以喂食。

人气餐厅大搜罗

新加坡的美食极为丰富，大街小巷汇聚了世界各地的风味美食，包括中国菜、马来菜、泰国菜、印尼菜、印度菜等。"娘惹菜"就是从多样化的美食衍生而来的，是新加坡最具代表性的菜肴。

顶级餐厅

无招牌海鲜酒家

无招牌海鲜酒家是新加坡最出名的海鲜酒家之一，在新加坡有多家分店，招牌菜是白胡椒炒蟹、奶沙鸡。来到这里可以品尝到各种新鲜的海产品，喜欢海鲜的朋友可以大饱口福了。

◯ 地址：#01-02 East Coast Seafood Centre
☎ 电话：0065-6448 9959
¥ 价格：20～30新元

珍宝海鲜楼

珍宝海鲜楼是新加坡比较受欢迎的餐馆，座位经常爆满。主打菜"辣椒蟹"最为出名，曾经获得过奖项。

◯ 地址：#01-07 / 08 East Coast Seafood Centre
☎ 电话：0065-6442 3435
¥ 价格：18～25新元

灵芝素食馆

灵芝素食馆的菜式选用各种菌类、蔬菜瓜果作为材料，深受素食者的喜爱。其中宫保猴头菇、香煎脆菌沙律等是灵芝素食馆的名菜，值得一尝。

- 🏠 地址：#03-09/10 Novena Square
- ☎ 电话：0065-6538 2992
- ¥ 价格：15～28新元

特色餐厅

亚华肉骨茶餐馆

亚华肉骨茶是新加坡比较有特色的餐馆，肉骨茶采用胡椒、大骨和龙骨慢慢熬制，很多名人来这里品尝。

- 🏠 地址：7 Kappel Road
- ☎ 电话：0065-6222 9610
- ¥ 价格：23～34新元

黄亚细肉骨茶餐室

黄亚细的肉骨茶很有特点，里面胡椒味道比较浓，配上功夫茶，吃完口中会存留胡椒味和茶香，别有一番滋味。

- 🏠 地址：208 Rangoon Road
- ☎ 电话：0065-6291 4537
- ¥ 价格：19～30新元

Blue Ginger餐馆

Blue Ginger是新加坡著名的娘惹菜馆，这里的娘惹菜非常正宗，招牌菜有杂菜什锦、烤鸡、鲜炸鱼饼、酸辣虾等。餐馆装修别致，让来这里用餐的人心情十分放松。

1 行前早知道
2 出行必备功课
3 新加坡
4 吉隆坡
5 曼谷
6 普吉岛
7 巴厘岛
8 雅加达

地址：97 Tanjong Pagar Road
电话：0065-6222 3928
价格：13～18新元

中餐厅

友记家传鸭饭

友记家传鸭饭采用独门药材秘方炮制，分店超过30家。友记家传鸭饭肉质嫩滑，带有药材香味。此外卤蛋、卤肉也很受食客欢迎。

地址：516 North Bridge Road
电话：0065-6337 7525
价格：20～30新元

Muthu's Curry餐厅

Muthu's Curry是一间咖啡店，其招牌菜"咖喱鱼头"采用家传秘方，被饮食权威选为"狮城最佳咖喱鱼头之一"，吸引了无数美食家前往品尝。

地址：138 Race Course Road
电话：0065-6392 1722
价格：25～30新元

四大海南鸡饭餐馆

这家经营将近40年的四大海南鸡饭餐馆，其海南鸡饭鸡肉嫩皮滑，米饭甘香，被称为新加坡的"国食"，由此可见海南鸡饭的魅力。很多港台明星每次来新加坡都会直奔海南鸡饭餐馆大快朵颐。

地址：38-39/F, Grand Tower, Meritus Mandarin, 33 Orchard Road
电话：0065-6831 6291
价格：18～33新元

靠谱住宿推荐

新加坡拥有各种不同类型酒店，既有价格高昂的高级酒店，又有几十新元的经济旅店和中式旅馆。在牛车水、小印度一带有许多具有民族风情的酒店可供游客选择。

星级酒店

Mandarin Orchard Singapore酒店

新加坡文华大酒店是繁华都市中的豪华休闲绿洲。为游客提供各式美味佳肴和带阳光甲板的室外游泳池。客房提供沏茶/咖啡设备和迷你吧，还配备有收音机、保险箱、浴袍和拖鞋。酒店位于高岛屋购物中心对面，距离新加坡摩天轮只有10分钟车程。

🏠 **地址:** 333 Orchard Road, Orchard, Singapore 238 867
📞 **电话:** 0065-6737 4411
¥ **价格:** 豪华双人或双床间440新元，尊贵双人或双床间350新元

Swissotel The Stamford 酒店

该酒店是东南亚最高的酒店之一，酒店设SPA、两个游泳池以及16个餐饮场所和一间屋顶酒吧。客房配备有平面电视和沏茶/咖啡设备，部分客房还配备有DVD光碟机、iPod 音乐基座或BOSE 娱乐系统。乘地铁10 分钟即可抵达乌节路购物区，15分钟即可抵达新加坡摩天轮。

🏠 **地址:** 2 Stamford Road, Marina Bay, Singapore 178 882
📞 **电话:** 0065-6837 3322
¥ **价格:** 经典双人或双床间380新元，高级套房700新元

Swissotel Merchant Court Singapore酒店

Swissotel Merchant Court酒店是5星级酒店，客房配有现代家具，沏茶/咖啡设备、大理石浴室等舒适设施。室外游泳池配有SPA浴池和滑梯，可以享受充足的阳光。距离克拉码头地铁站只有5分钟的步行路程，距离樟宜国际机场仅有25分钟车程。

🏠 **地址:** 20 Merchant Road, Singapore River，Singapore 058 281
📞 **电话:** 0065-6337 2288
¥ **价格:** 经典双人或双床间300新元，行政套房1200新元

1 行前早知道
2 出行必备功课
3 新加坡
4 吉隆坡
5 曼谷
6 普吉岛
7 巴厘岛
8 雅加达

家庭旅馆

Rucksack Inn @ Lavender 旅馆

Rucksack Inn @ Lavender旅馆为游客提供宿舍间或带免费无线网络连接的私人间。宿舍拥有一个公共客厅，可供客人免费使用的Xbox游戏机，房间设有空调、床头阅读灯和私人更衣室。私人间包括一个壁挂式平面电视和DVD播放机，所有的浴室和卫生间设施都是公用的。旅馆距离小印度街仅有10分钟的步行路程，距离阿拉伯街有15分钟车程。

🏠 **地址:** 280 Lavender Street, Singapore 338800
📞 **电话:** 0065-6295 2495
💴 **价格:** 标准双人间88新元，标准四人间136新元

Five Stones Hostel旅馆

Five Stones Hostel旅馆展示着新加坡当地的设计风格。提供免费无线网络连接和全天免费饮料，宿舍间设有单独的阅读灯、毯子和安全储物柜。私人客房设有平面电视、DVD播放机和毛巾，住客可使用的带卫浴用品和热水淋浴的共用浴室。酒店距离著名的克拉码头仅有3分钟的步行路程，距离莱佛士广场或唐人街地铁站有10分钟的步行路程。

🏠 **地址:** 61 South Bridge Road, Levels 2 and 3, Singapore River, Singapore 058 691
📞 **电话:** 0065-6535 5607
💴 **价格:** 14个床位的混合宿舍间35新元，8床混合宿舍间的38新元

Backpackers' Inn旅馆

Backpackers' Inn旅馆，房间提供空调客房，部分客房设有一台电视，热水淋浴的浴室和厕所是公用的。旅馆设有一个小厨房，可供客人简单烹饪，客人可以免费使用洗衣机、烘干机和洗衣液。旅馆距离新加坡的唐人街地铁站仅有5分钟步行路程，距离克拉码头和驳船码头只有10分钟步行路程。

🏠 **地址:** 30A Mosque Street, Chinatown, Singapore. 059508
📞 **电话:** 0065-6221 1239
💴 **价格:** 标准双人间60新元，混合宿舍单人床30新元，标准三人间85新元

青年旅舍

@ The Little Red Dot旅舍

@ The Little Red Dot旅舍位于劳明达街，客房都配有优质的木制双层床、私人储物柜和空调，浴室是公用的。在公共休息室，客人们可以玩游戏、看电影或使用无线网络连接。距离马来西亚巴士总站有1分钟的步行路程，距离劳明达地铁站有8分钟的步行路程。

- 地址: 125 Lavender Street, Singapore 338734
- 电话: 0065-6294 7098
- 价格: 8床混合宿舍间的床位29新元，8床女性宿舍间的床位30新元，6床位混合宿舍间的床32新元

Just Inn Singapore旅舍

Just Inn Singapore旅舍拥有家一般的舒适环境。客房提供空调宿舍、私人客房和洗衣设施，公用浴室设有热水淋浴和免费肥皂。旅舍距离大成（Tai Seng）地铁站仅有8分钟步行路程，乘坐地铁20分钟即可到达乌节路和牛车水。

- 地址: 181 Upper Paya Lebar Road, Singapore 534866
- 电话: 0065-6288 8275
- 价格: 双人间60新元，男性宿舍间的双层床30新元，双床间70新元

特色酒店

Resorts World Sentosa - Festive Hotel 酒店

行前早知道 1

出行必备功课 2

新加坡 3

吉隆坡 4

曼谷 5

普吉岛 6

巴厘岛 7

雅加达 8

Festive Hotel酒店是新加坡的第一个综合度假胜地和新加坡环球影城的所在地，坐落于圣淘沙名胜世界。酒店提供豪华的水疗中心、一个室外游泳池和3个餐饮场所，客房配备了平面电视和熨衣设备并设有独立的起居区。距离怡丰城购物中心仅有10分钟单轨车程，距离中央商务区有10分钟车程。

⌂ 地址：8 Sentosa Gateway, Sentosa Island, Singapore 098 269
☏ 电话：0065- 6577 8899
¥ 价格：豪华双人或双床间420新元，豪华家庭间396新元

Orchid Country Club 酒店

Celestial Resort Pulau Ubin 酒店

Orchid Country Club酒店为游客提供度假风格住宿、9洞高尔夫球场和一个室外游泳池。房间配备有一台平面电视、迷你吧和沏茶/咖啡设施，酒店设有健身中心、网球场和壁球场。酒店距离樟宜国际机场有30分钟车程，距离实里达水库仅有500米。

⌂ 地址：1 Orchid Club Road, Singapore 769 162
☏ 电话：0065-6755 9811
¥ 价格：豪华双床间230新元

Celestial Resort Pulau Ubin 度假酒店客房设有柚木家具，并拥有充足的自然光线。酒店为游客提供各种室内活动和徒步等户外活动项目，包括鱼吻足SPA、蟹捕捞、棋盘游戏、速滑降、骑自行车，以及小型高速滑艇、尾流滑水和徒手潜水等水上运动。酒店距离新加坡主岛有15分钟船程。

⌂ 地址：1000 Pulau Ubin, Pulau Ubin, Singapore 508 419
☏ 电话：0065-6542 6681
¥ 价格：标准双人间150新元，家庭间260新元

小资情调初体验

来到新加坡可以吹着海风在海边漫步，听着音乐喝杯啤酒，享受轻松惬意的时光。华灯初上的街道拉开了新加坡缤纷的夜生活序幕。所有的娱乐场所，包括酒吧、舞厅、卡拉OK厅和夜总会都会让你放松心情，玩得尽兴。

观光游览

热气球游览

乘坐世界上最大的系留氦气球——DHL热气球，可以升至 40 层楼高俯瞰都市全景。完美的摄影场面，让你留下美好的回忆。

乘坐巴士夜游

乘坐双层露天巴士游览乌节路、市政区、殖民区、滨海区、滨海艺术中心、政府广场、唐人街和河滨。也可以在老巴刹、克拉码头、唐人街下车享受美餐。你可以随时自由上下车，非常方便。

露天河马车游览

乘坐新加坡独特的顶层露天河马游览车可以游览新加坡美景，游览车设置了 22 个停靠站。

1 行前早知道
2 出行必备功课
3 新加坡
4 吉隆坡
5 曼谷
6 普吉岛
7 巴厘岛
8 雅加达

酒吧

Ku De Ta 酒吧

Loof 酒吧

Ku De Ta酒吧位于257米高的"空中花园"之中，这里的景色绝对会让你感受到"窒息之美"。在踏出电梯的那一刻，仿佛进入仙境一般。在这里不仅可以欣赏到美丽的景色，还可以在愉快的音乐中品尝美酒。

- 🏠 地址：10 Bayview Road Singapore
- ☎ 电话：0065-6688 7688
- ¥ 价格：8～15新元
- 🕐 营业时间：周一至周六6:00～次日4:00

这间酒吧是无数时尚潮人的最爱，曾经引领新加坡天台酒吧文化的潮流，为当地人所拥护。酒吧内采用木质地板，装修优雅别致，令人身心愉快。

- 🏠 地址：331 North Bridge Road Singapore
- ☎ 电话：0065-6338 8035
- ¥ 价格：13～20新元
- 🕐 营业时间：周一至周四和周日17:00～凌晨1:30，周五和周六17:00～凌晨3:00

Ying Yang酒吧

Ying Yang酒吧是无数年轻人的最爱，位于酒吧一条街，即安详路。每当夜幕降临，在这里总能带给人们轻松欢快的体验。无论是引吭高歌，还是静静地品尝美酒，总有适合你的消遣方式。

- 🏠 地址：Peacefully on the 28th, the Club Hotel Singapore
- ☎ 电话：0065-6808 2188
- 💰 价格：15～25新元
- 🕐 营业时间：工作日17:00～凌晨1:00，周末17:00～凌晨2:00

夜总会

新加坡的夜总会需要缴纳大约15新元到25新元的入场费，包括至少点一份饮料。夜总会以纯歌舞休闲为主，对违法行为的惩罚比较严厉。

Zouk 夜总会

Zouk 夜总会是新加坡经营时间比较早的夜总会，经常吸引顶级DJ来这里表演，如巴黎的Dimitri和Carl Cox。来这里不仅可以欣赏到精彩的表演，还可以喝一杯可口的饮料。

- 🏠 地址：17 Jiak Kim St
- ☎ 电话：0065-6738 2988
- 💰 价格：25～25新元
- 🕐 营业时间：周日至周五11:00次日3:00

Liquid Room夜总会

Liquid Room夜总会的空间不大，对面是一条河，风景不错。一些很棒的DJ引领大家狂欢。在充分享受娱乐的同时还可以喝一杯饮料。

- 🏠 地址：Gallery Hotel 76 Robertson Quay
- ☎ 电话：0065-6333 8117
- 💰 价格：30～40新元
- 🕐 营业时间：周日至周五11:00～次日3:00；周六11:00～次日4:00

行前早知道 1

出行必备功课 2

新加坡 3

吉隆坡 4

曼谷 5

普吉岛 6

巴厘岛 7

雅加达 8

Rouge夜总会

Rouge夜总会经常上演重拍乐、非洲拉丁节奏乐和电子乐，可以选择自己喜欢的音乐。每晚都会有不同风格的DJ演出，令人难以忘怀。

- ⌂ **地址:** 2F Peranakan Pl, 180 Orchard Rd.
- ☏ **电话:** 0065-6732 6966
- ¥ **价格:** 25～38新元
- ⌚ **营业时间:** 周三至周六19:00～凌晨3:00

购物狂想曲

新加坡享有"购物天堂"的美誉，在这个岛国的任何角落都能发现购物者的足迹。在牛车水和小印度购物更是别具一格的体验。这里除了拥有琳琅满目的物品外，同时也展现了丰富的历史遗产及多元文化的特征。几乎所有的地铁站附近都会有百货商场或购物街，商店里从日常生活用品到家居摆设一应俱全。大大小小的购物中心遍及全岛，除了百货商场也有专卖产品的集采中心，如IT产品大厦，家具大厦，电器广场等，购物中心集购物、饮食、娱乐、休闲甚至健身养生于一体。

购物区

新加坡最主要的购物区有乌节路，甘榜格南（即阿拉伯街），小印度和牛车水等，这将会是你的理想之选。在这里各式民族文化产品、珠宝、纺织品、古董及其他商品汇集一堂。

牛车水唐人街

牛车水是新加坡最大的历史街区，由具有中国特色的战前店屋组成，商人们多年来一直贩卖相同的商品，如绸缎、传统工艺品和金、玉珠宝首饰。在余东旋街（Eu Tong Sen Street）和克罗士街上段（Upper Cross Street）的十字路口，出售有各式各样的正宗中国商品，如茶叶、药材、食品、家庭用品、古董以及旗袍等中国传统服饰。每当农历春节期间，牛车水美食市场热闹非凡，从舞狮到中国戏曲表演，一定会让你大饱眼福。

小印度街

作为新加坡的印度社区之家，小印度街是一个充斥着汽车喇叭、自行车铃声和居民充满活力的吆喝声的闹市区，集声、色、香于一体的地方是这里的竹脚市场，距小印度地铁站不远，步行即可到达。竹脚市场内有众多出售印度、马来西亚和中国食品的摊位，经常吸引来自新加坡各地的人群前来大快朵颐。还有一个专门出售新鲜蔬菜、肉、鱼、香料和鲜花的湿货市场。你可以前来采购诸如黄铜油灯和壶罐这样的纪念品，或购买新鲜的茉莉花花环，还有小印度区特有的香薰味绝对让你印象深刻。

甘榜格南街

甘榜格南街与武吉士地铁站和许多购物中心仅一步之遥。可以在巴索拉街、巴格达街和坎大哈街找到鳞次栉比、涂以充满活力色彩和受到保护的店铺。其中许多店屋如今被公司、餐厅、艺廊、工艺和古董商店所租赁。

荷兰村

荷兰村（Holland Village）是外籍人士在新加坡最喜欢逗留的地方，因为这里散发着悠闲的气息，与朋友聚会或聆听音乐，这绝对是一个完美的好去处。荷兰村是新加坡的缩影，提供许多具有独特新加坡风情的购物和娱乐的场所。从乌节路乘坐出租车只需要10分钟便可到达。

购物中心

新达城购物中心

新达城购物中心（Setan Shopping Centre）是新加坡最大的购物中心，占地8.4万平方米，分走廊区、热带区、娱乐中心和喷泉平台区四个主题区。新达城还拥有一间Kinderworld Entertainment Complex、五家电影院和一座虚拟实境的主题公园。

荷兰路购物中心

荷兰路购物中心（Holland Road Shopping Centre）是一个具有民族风格的艺术和手工艺的宝库。Lim's Arts and Living 大型店铺拥有琳琅满目的古董和其他制品，如摩洛哥餐具、鸟笼、非洲雕像和 shisha 烟斗。除了家庭装饰用品，这里还有一两家出售二手服装的商店。

竹脚购物中心

竹脚购物中心是小印度的地标性建筑。从休闲服饰、五金工具、宗教器具到传统的印度流行服饰和手表，应有尽有。

1 行前早知道
2 出行必备功课
3 新加坡
4 吉隆坡
5 曼谷
6 普吉岛
7 巴厘岛
8 雅加达

特色店面

Jamal Kazura 香水店

Jamal Kazura香水店里有产自中东、法国、印度和世界各地的多种香水，店里的一大特色是不加酒精的纯天然阿拉伯香水，此外，还出售独特的按摩油、香皂和沐浴乳。

I wanna go home家居饰品店

这是一家与众不同的家居时尚潮店，I wanna go home总有源源不断的创意和概念扮亮你的家居环境。店内汇聚了世界各地知名品牌，在这里，你几乎可以买到家中需要的任何东西。

先得坊

先得坊（Centrepoint）购物选择繁多，这里有好几家古典乐器专卖店。在这里可以买到很多古典乐器。

不得不提的新加坡特产

新加坡简直可以称得上购物天堂，琳琅满目的商品应有尽有，以下商品是最受游客青睐的：成衣或定制衣服、手工艺品、皮革制品、特色食品（如巧克力、蜜饯）、香水和珠宝等。

特产1：香水

香水是送人悦己的最佳礼品，尤其是那些限量版的香水，除极具收藏价值外，美轮美奂的瓶子本身也让人爱不释手。Dior me not 全球限量发行香水、Burberry-Brit 香水等都是值得购买的品牌。

特产2：手表

新加坡的世界名表款式多得让人眼花缭乱，如Burberry 情侣对表、TAG 男装运动表、Omega、Longines、Vacheron-Constantin、Swatch等，价钱比中国国内便宜很多。一般人都认为在香港买世界名表合算，孰不知新加坡的表价比香港的还要便宜3%~5%。

特产3：鳄鱼皮制品

新加坡的皮革制品非常有名，由于从鳄鱼养殖到皮革加工都在新加坡国内进行，所以价格便宜，很具吸引力，来新加坡的游客都会购买。皮制品种类十分丰富，有皮包、鞋子、小饰品等。

特产4：鱼尾狮纪念品

鱼尾狮是新加坡的标志，所以以鱼尾狮为题材做成的纪念品有很多，如钥匙扣、摆设、闹钟、水果叉、打火机、茶叶筒、温度计等。其中以铅锡合金的纪念品最受欢迎，但价格要比普通质地的纪念品贵一些。对于外国游客来说，把当地标志性的纪念品赠送给亲朋好友再好不过了。

特产5：新加坡司令

世界著名的鸡尾酒——新加坡司令发源于新加坡，是调酒师Ngiam Tong Boon于1910年在莱佛士酒店的Long Bar酒吧调制发明的。你可以到Ture Heritage Brew现买到大小各异、精致瓶装的新加坡司令，还可以带一盒新加坡司令口味的巧克力送给朋友当礼物。

特产6：镀金胡姬花

胡姬花（兰花）是新加坡的国花，因为它在最恶劣的条件下也能争芳吐艳，象征着吃苦耐劳的民族精神。胡姬花经处理后镀上一层18K金，可制成各种装饰品，如耳环、胸针、头饰等，价格不贵，当然要看镀金的厚度，从十几新元到几百新元不等，深受爱美女士的喜爱。

1 行前早知道
2 出行必备功课
3 新加坡
4 吉隆坡
5 曼谷
6 普吉岛
7 巴厘岛
8 雅加达

4 吉隆坡

　　这是一座新旧辉映，东西方文化交融的新兴都市，在这里不但能感受到人文与自然的融合，还能体验到历史和现代的交错。狭窄的唐人街和小印度街挤满了各种小店铺，华人、印度人和马来人三大种族在不同工作岗位上相互合作，而在工作之余又保留了各自的文化空间。市内名胜古迹、地标建筑众多，独立广场、清真寺、中国城、国油双峰塔让人印象深刻，走在街上，就像进入一部讲述马来西亚历史的电影中一般。

吉隆坡印象零距离

吉隆坡知识知多少

吉隆坡是马来西亚的首都，位于马来西亚的西海岸，是马来西亚的政治、经济、文化中心。马来西亚全称马来西亚联邦或简称大马，被南中国海分为东马来西亚和西马来西亚两部分，其国土面积为33万平方公里，海岸线长4192公里。全国分13个行政州和两个联邦特别区，中部是热带雨林高原，其他沿海地区为平原。马来西亚位于亚洲东南的热带雨林地区，距离赤道较近，因此全年温度在22～32℃之间，没有明显的四季之分，气候炎热湿润，属于热带雨林气候。

马来西亚的国旗由红白相间的横条组成，左上方深蓝色的长方形里有一个黄色月亮和一颗14个尖角的黄色星。国歌为《我的国家》（Malaysia National Anthem），国花是扶桑花。

马来西亚不仅气候宜人、旅游资源也相当丰富，海滩、海岛、原始热带丛林等，吸引着世界各地的游客前来观光。

吉隆坡城区地图

Kelab Golf Sentul Raya

Taman Ayer Panas

Setapak Jaya

E33

Lebuhraya Duta - Ulu

Kelang Hwy

Bandar Baru Sentul

E33

Kompleks Kerajaan

Jalan Ipoh

Taman Tunku

Pekeliling

Titiwangsa

Pulapol

Kementah

Kiara

E1

E23

Jalan Duta

Bukit Tunku

Jalan Ipoh

Jalan Tun Razak

E12

Kampung Baru

Kampung Datuk Kerama

Sri nas

Taman Duta

Jalan Duta

Lebuhraya Mahameru

Jalan Kuching

Chow Kit

Jalan Sultan Ismail

Jalan Ampang

Klcc

Bukit Damansara

Sprint Hwy

Kuala Lumpur

Royal Selango Golf Club

kt a

Bukit Bandaraya

Jalan Maarof

Tasik Perdana

City Centre

吉隆坡
Kuala Lumpur

Bukit Bintang

E38

Sprint Hwy

Bangsar Baru

Jalan Bangsar

Kampung Attap

Pudu

E20

siti a

Taman Bukit Pantai

Brickfields

Jalan Istana

Bukit Seputeh

Chan Sow Lin

Jalan Loke Yew

Taman Pertama

Mid Valley City

2

Pantai Baru Hwy

Jalan Kerinci

Seputeh

Taman Bukit Desa

E38

Taman Ikan Emas

普吉岛

Petaling Lama

Taman Desa

E27

Salak Selatan

蕉赖
Cheras

Bukit Kerinchi

Bandar Sri Permaisuri

Tam Mid

Bukit Gasing

Lebuhraya Pantai Baru

E20

E10

E9

雅加达

Kampung Baru

Kuchai

吉隆坡游玩前须知

什么时间旅游最适合

吉隆坡属热带雨林性气候，全年炎热潮湿，但晚上有凉风吹拂。除了6～7月的台风季节外，任何时间到吉隆坡旅行都很适合。要提醒游客的是，吉隆坡雨水频繁，记得带雨具出行。

最IN风向标——旅游穿衣指南

吉隆坡全年高温多雨，温度介于21～32℃之间，因此旅游时穿轻薄的夏装即可。另外建议带上一件外套，避免早晚的温差以及冷气开放场所的不适，而且强光下还可以防晒。

不可不知的生活点滴

当地货币先了解

马来西亚的通用货币是马来西亚令吉或称马来西亚元（Malaysian Dollar），简称令吉，目前流通的纸币面额有100令吉、50令吉、20令吉、10令吉、5令吉、1令吉，另有1令吉、50仙、20仙、10仙、5仙、1仙硬币。1令吉等于100仙（Sen）。

人民币兑换马来西亚元：1人民币元＝0.4995令吉。

1令吉

5令吉

10令吉

20令吉

50令吉

100令吉

在吉隆坡如何付小费

吉隆坡不强行要求给小费，一般在酒店或餐馆的账单上已经包含10%的服务费，如果账单上注明需要另付小费，支付账单10%的小费即可。饭店服务员、行李搬运工，可酌情给一些小费，饭店门卫、计程车司机不必付小费。

当地电压及插头

马来西亚的电压是240伏特、50赫兹，和国内的不一样，需要带一个电压转换器。马来西亚的插头是两个平行平面、一个与地面垂直的三相插头，根据电器插头的不同形状，需要准备插头适配器。

当地风俗习惯全了解

马来西亚人十分讲究文明礼节，是一个文雅的民族。在马来人家中做客应注意举止得体，尊重长者。见到外国客人，以握手的方式表示问候，但握手的方式有些独特，伸出双手，轻轻触摸一下对方伸过来的手，然后收回双手，放在胸前，表示自己诚恳地问候。

马来西亚人习惯用手抓饭进食，每人面前放有两杯清水，一杯是饮用水，另一杯是用来清洁右手手指，只有在十分正式的宴会中，马来西亚人才以刀、叉、匙进餐，马来西亚人主食以米饭、糯米糕点、黄姜饭、榴莲饭为主，羊肉串、烤鸡是著名的风味菜肴。在用餐时，马来人习惯于将食物置于地毯或地面的席子上，然后环绕其而坐，在坐姿上，讲究男女有别：男子通常应当双脚交叉在前，盘腿而坐，女子则必须屈膝而坐，只有上年纪之后方可例外。吃饭时，客人要细心观察主人的动作，依照主人的方式做，避免做出主人忌讳的动作。马来西亚人平时很喜欢喝咖啡、红茶等饮品，也爱嚼槟榔，他们也喜欢用这些东西招待客人。

马来西亚人忌讳摸头，认为摸头是对人的一种侵犯和侮辱。同马来西亚人握手、打招呼或馈赠礼品，千万不可用左手。

1 行前早知道

2 出行必备功课

3 新加坡

4 吉隆坡

5 曼谷

6 普吉岛

7 巴厘岛

8 雅加达

实用信息一个都不能少

必须牢记的紧急联系方式

火警电话：994

急救和报警电话：999

电话查号：103

吉隆坡移民厅执法部：0060-3-2095 5077

吉隆坡警察局电话：0060-3-2146 0522

吉隆坡国际机场警察局：0060-3-8776 6614

大使馆及领事馆

中国驻马来西亚大使馆

⌂ 地址：马来西亚吉隆坡市安邦路229号

☎ 电话：0060-3-2142 8495

📠 传真：0060-3-2141 4552

领事部

⌂ 地址：2nd floor，Plaza OSK，25 Jalan Ampang，50450 Kuala Lumpur，Malaysia

☎ 电话：0060-3-2163 6815（分机号：102，103，104，105，106），0060-3-21636814

不可不知的实用网址

马来西亚旅游网（包含马来西亚景点，美食，住宿，签证，货币等信息）

www.tourismmalaysia.cn

马来西亚旅游中心（包含马来西亚的天气、节日、宗教活动、娱乐项目安排等信息）

www.mtc.gov.my

美妙的马来西亚（包含景点推荐、旅游指南等信息）

www.fantasticmalaysia.com

马来西亚观光网（包含购物、住宿、美食、行程规划等信息）

www.promotemalaysia.com.tw

马来西亚航空公司（包含中国以及其他国家抵达马来西亚的航班查询，机票预订等信息）

www.malaysiaairlines.com.my

马来西亚度假网站（包含旅游线路推荐、旅游景点介绍等信息）

www.cuti.com.my

全国性铁路公司（包含铁路运行时刻表、订票等信息）

www.ktmb.com.my

必须了解的医疗服务

吉隆坡有国营医院、专业中心和私人诊所提供医疗保健服务，其中有一些提供24小时全天服务。医疗人员服务热情，设备先进，可以满足广大患者就医需要。

1 行前早知道
2 出行必备功课
3 新加坡
4 吉隆坡
5 曼谷
6 普吉岛
7 巴厘岛
8 雅加达

在吉隆坡吃食物一不小心容易发生腹泻，建议游客自备腹泻药以及由腹泻引起的发烧、消炎的药物。山林多的地方蚊虫较多，游客需注意防止蚊虫叮咬。如果自己无法处理时，请及时就医。

名　　称	地　　址	电　话
吉隆坡中央医院 Hospital Kuala lumpur	Jalan pahang，50586 Kuala lumpur	0060-3-2615 5555
同善医院 Hospital Tung Shin	102Jalan Pudu，55100 Kuala lumpur	0060-3-2072 1655

当地物价先知道

总体来看，吉隆坡的日常消费和中国比，相对较高。

↳ **餐饮类**：汉堡价格2令吉/个，麦当劳套餐11.87令吉/份，肯德基套餐9.7令吉/份，豆浆0.99令吉/瓶。

↳ **食品类**：可口可乐1.19令吉/瓶，大米2.39令吉/公斤，豆腐0.99令吉/块，软糖2～3令吉/包，啤酒价格10令吉/瓶，矿泉水2～3令吉/瓶。

市区景点

行前早知道 1

出行必备功课 2

新加坡 3

吉隆坡 4

曼谷 5

普吉岛 6

巴厘岛 7

雅加达 8

景点 **1**

马来西亚皇宫

皇宫就会更换一次主人，所以每5年的元首诞辰日也会有所变更，届时，国家皇宫热闹非凡，还会有各种庆祝活动。人们也可以一览无余地欣赏到皇宫的华丽与庄严。

马来西亚皇宫（Istana Negara）坐落在吉隆坡的一座小山丘上，是马来西亚最高元首的府邸。皇宫内部有座美丽的花园和碧绿青葱的草地。但在平时，皇宫不对外开放，在特殊或重要的节假日里，民众才有机会一览宫殿周围盛开的娇艳花朵和宫殿内的奢华。皇宫门口是由一扇并不太宽的铁门与其旁的小岗亭和小门洞组成。皇宫的铁门是用黑色作底色，衬以金黄色为装饰，典雅大方，从严肃中透出一种高贵。铁栏杆上镶嵌有很大的马来西亚国徽，吸引了不少游客和国徽合影留念。门口共有四个守卫，两人一组，由一个骑马、一个站立组合而成，分立于大门的两边，士兵手握长枪，威武英猛。

...... 典故解读

马来西亚是一个联邦制国家，由9个苏丹州和4个普通州组成，象征国家最高权力的马来西亚国王是在9个世袭苏丹中轮流选举产生的，每届当选国王任期5年，所以每5年，国家

...... 玩家指南

⊙ **地址：** 50460，Kuala Lumpur，Malaysia

🚃 **交通：** 可从KL Sentral Station乘坐出租车抵达

⊙ **开放时间：** 元首换届和最高元首诞辰日时，会对外开放，平日不对外开放

¥ **门票：** 免费

景点 ② 国家清真寺

马来西亚国家清真寺（Masjid Negara）是世界著名的清真大寺，也是目前东南亚地区最大的清真寺，它是马来人举行国家宗教仪式的重要场所。整座建筑被繁茂的植物所点缀，外墙壁上雕刻有精美的图案和阿拉伯文《古兰经》，具有浓郁的时代感。清真寺内主要建筑有祈祷大厅、大尖塔、陵墓和教堂办公大楼等。祈祷大厅宽阔而气派，可以同时容纳8000人在此祈祷。大尖塔塔尖的形状似火箭，有电梯和楼梯通往上端。造型优美的陵墓是用于安葬曾经担任过国家总理职务的人。现在清真寺不仅是著名的风景名胜，而且专程前来朝圣礼佛的游客也很多。

······ 典故解读 ·······

马来西亚是个伊斯兰教信仰气氛浓厚的国家，这个与当地重视国民的伊斯兰教育是分不开的。其实马来西亚的穆斯林比西方航海家来到太平洋地区探索还要早上几十年。14世纪，通过阿拉伯和中东的航海商人，伊斯兰教传播到这些岛国。当15世纪西方探险家到达时，他们吃惊地发现这里伊斯兰文化非常浓厚，但是西方国家想试图改变这里，开始了长期的占领和掠夺，在此期间马来西亚的伊斯兰教在对抗西方殖民主义斗争中起到了民族团结的作用，成为抗战的精神力量。它们到处修建清真寺和伊斯兰教学校，信仰从没被终止过。

······ 玩家指南 ·······

🧭 地址：Jalan Lembbah Perdana，50480 Kuala Lumpur
🚇 交通：可乘坐LRT地铁到Masjid Jamek站下车即到
🕐 开放时间：周一至周四及周六9:00～18:00，周五14:00～18:00，周日、节日休息
🎫 门票：免费

······ 贴心提示 ·······

游客入寺参观须脱鞋并着装整洁，女士还须带头巾进入，进入祈祷大厅祈祷时可免费领取一件长袍穿在身上。

行前早知道 1
出行必备功课 2
新加坡 3
吉隆坡 4
曼谷 5
普吉岛 6
巴厘岛 7
雅加达 8

景点 **3**

国家博物馆

发展的重要历史。其中一部分画描绘的正是中国航海家郑和船队到马六甲时的盛况。画上数艘宝船扬帆海上，悬挂的"郑"字大旗清晰可见。郑和在马来西亚不仅受到华人的爱戴，而且也深受马来族和其他民族的热爱和尊敬。以当时他的船队装备，完全可以占据马六甲，但他并没有那样做，而是以先进的中国文化和技术促进了马六甲的发展和繁荣。现在马六甲的三保山因有郑和曾经到此的传说，几百年来一直是马来华人寄托心愿与思乡之情的地方。

国家博物馆（Muzium Negara）为国立综合性博物馆，周围由马来民族的吊脚楼和"米南加保"风格的古典式马来建筑组成。展馆分室内和室外两部分，室内收藏有马来西亚的各种文化风物，从日常消遣到仪式习俗皆有，包括木雕模型，传统婚礼，皇室割礼及华人的古董等传统物品。室外展品包括马来西亚的老式火车头和现代火车头，还有一些古代的火炮等展品。在参观过程中，不难发现每件文物都展示着它所在时代的历史、政治、经济、文化和艺术。国家博物馆不愧是了解马来西亚的最好去处。

⋯⋯ 典故解读 ⋯⋯

博物馆主楼大门两侧是两幅由彩色瓷砖拼成的巨型壁画，连起来约有60米，讲述了马来西亚

⋯⋯⋯ 玩家指南 ⋯⋯⋯

📍**地址：** Jabatan Muzium Malaysia，Jalan Damansara 50566 Kuala Lumpur

🚍**交通：** 乘坐B115公交车，到达湖滨公园后步行10分钟左右即可抵达

⏰**开放时间：** 每日9:00～18:00（穆斯林开斋节、法定假日将关闭两天）；国家博物馆定期会举办主题展览，开放时间为每日9:00～18:00，但周五除外，周五中午到14:45闭馆，门票为1令吉

💰**门票：** 2令吉/人，12岁以下儿童免费

景点 **4** 国油双峰塔

　　吉隆坡国油双峰塔（Petronas Towers）是马来西亚石油公司的综合办公大楼，是吉隆坡的标志性城市景观之一，是世界上目前最高的双子楼和第四高的大楼，总共88层，高452米，是由一对完全一样的大厦组成，中间用桥体连接。整座楼体巍峨壮观，气势恢弘，是马来西亚人的骄傲。大楼内除了办公大楼、公共设施以及会议中心，还设有国油交响乐厅，马来西亚的高级品牌商店。参观时游客可登上顶端俯视吉隆坡的秀美风光，夜晚璀璨的灯光及满天的星斗，让你沉浸在梦幻般的世界里。

······典故解读······

　　这座国油双峰塔的设计是经由国际性的比稿后，于1997建成，建筑理念是由伊斯兰教五大主流思想所激发而来的。整栋大楼的格局采用传统回教建筑常见的几何造型，包含了四方形和圆形。国油双峰塔共占地341763平方米，大楼中有一所可容纳850个座位的国际会议中心，一个原油探勘信息中心，一座专门收藏石油、石化业及相关产业信息的图书馆，此外还有一所艺廊。连接两座大楼中间的桥被称为"天空之桥"，它代表着通往吉隆坡现代化通道的意义。整个建筑见证了马来西亚的蓬勃发展，让人赞叹不已。

······玩家指南······

🕐地址：Jalan Ampang，Kuala Lumpur City Centre，Kuala Lumpur，Kuala Lumpur Wilayah Persekutuan
🚌交通：乘坐Putra线轻轨可以直接到达大楼底层
🕐开放时间：9:00～17:00，每15分钟放一批游客进去，并配有一名导游
💴门票：免费，但限制人数，需提前领票，每天8:30开始领票，票上注明有进场时间

景点 **5** 吉隆坡塔

吉隆坡塔（Kuala Lumpur Tower）于1996年向游客开放，塔高421米，是世界第五高的一座通信塔。吉隆坡塔结构可分为五个基本部分：共有11层、4部电梯和2058级梯阶的塔身，供安全需要、储藏和维修工程用途的基塔，专用以进行电讯和电台广播发射的天线塔，设有行政办事处及纪念品商店、广场、停车场的游客区，最吸引游客的还是设有可容纳400人、高276米的公众观景台，从这里可以俯瞰到最美的风景，还可在能容纳450人的旋转餐厅享受马来西亚的风味大餐，别有一番情趣。

······典故解读······

吉隆坡塔是由德国维斯和菲达克以及马来电信的一家子公司联合设立的联营公司所承建，在建造吉隆坡塔期间，承建商为了保护自然环境，不惜耗资43万令吉，在百年树龄的老树周围兴建起一面护墙。整个吉隆坡塔以伊斯兰传统建筑风格为依托，将东方的设计思路和西方的建筑技术完美结合起来。大堂出入口的拱顶采用玻璃合金，并由多面体排列组合成伊斯兰"壁龛"的造型，象征"七重天"。越接近顶点，设计越细致。吉隆坡塔建造过程体现了人类对完美事物的不懈追求，是马来西亚人的骄傲。

·············· 玩家指南 ··············

🏠 地址：Kuala Lumpur, Selangor
🚌 交通：乘坐Putra线轻轨到Dang Wangi站，或乘坐吉隆坡单轨火车到Bukit Nanas站下车即可
🕐 开放时间：9:00～22:00
💰 门票：成人20令吉/人，儿童9令吉/人

1 行前早知道

2 出行必备功课

3 新加坡

4 吉隆坡

5 曼谷

6 普吉岛

7 巴厘岛

8 雅加达

景点 **6** 独立广场

　　绿草如茵的独立广场（Merdeka Square）占地面积约8.2公顷，是吉隆坡的标志性建筑。广场的南端矗立着世界最高的旗杆，高达100米，1957年8月31日英国国旗从这个旗杆上降下，证明了马来西亚的独立，时至今日，每年的今日马来西亚居民会聚集于此，庆祝独立。广场的休息区是由喷水池、廊柱和花坛组成，美食娱乐街位于广场下的Plaza Putra。如今广场不仅是当地居民茶余饭后散步的好去处，也吸引了游客的光顾，而且每个月的第三个周六，17:00至18:00会看到马来西亚武装部队或皇家马来西亚警察乐队的演出。

···· 典故解读 ····

　　独立广场前身是雪兰莪俱乐部操场，是举行板球赛、钩球赛及橄榄球赛的赛场。后来到了20世纪90年代中期，整个地方被重建，但操场获得保留。如今，偶尔这里还会举行板球比赛。而作为英国人最早的娱乐休闲场所的皇家雪兰莪俱乐部仍在经营，不过增添了健身房等多项设施，供马来西亚的上流人士使用。

···· 玩家指南 ····

🏠 地址：Dataran Merdeka, Merdeka Square, 57000 Kuala Lumpur

🚇 交通：乘坐LRT至Masjid Jamek站下车，步行大约10分钟就可到达

🕐 开放时间：全天

💲 门票：免费

景点 ⑦ 湖滨公园

山色和花草茂盛的天地，漫步其中，让人心旷神怡。

······典故解读······

公园内建有一座国家纪念碑（National Monument），是世界上最大的独立青铜雕塑之一。纪念碑上雕刻着7名为自由而战的马来西亚战士，象征着七个不同的品质，即领导能力（Leadership）、苦难的经历（Suffering）、团结（Unity）、警觉（Vigilance）、力量（Strength）、勇气（Courage）及牺牲（Sacrifice）。纪念碑旁是东南亚国协公园和郭阿都拉萨纪念馆。郭阿都拉萨纪念馆是为了纪念马来西亚第二任首相郭阿都拉萨而建。

湖滨公园（Taman Tasik Perdana）是吉隆坡的一块"绿洲"，是人们闲暇时亲近大自然的好去处。这里配备有水上运动、慢跑道、网球场、伸展运动区及儿童游乐场等设施。公园内有一座大湖，是主要的旅游焦点，可以租一条小船在湖中游览观光。湖边有家水上餐厅，提供有美味的当地佳肴。主要景点区有兰花园（Orchid Garden），木槿花园（Hibiscus Garden），鹿园（Deer Park），蝴蝶园（Butterfly Park），吉隆坡雀鸟公园（Kuala Lmpur Bird Park）。公园内的谷地上建有一座周年纪念剧院，这里会定期举行音乐和文化表演。这样的湖光

·········玩家指南·········

📍地址：Jalan Lembah, Taman Tasik Perdana, Kuala Lumpur, Wilayah Persekutuan

🚍交通：可从Kotaraya乘坐B115路公交车到Jalan Parlimen站下车即到

🕐开放时间：9:00～18:00

🎫门票：免费

1 行前早知道

2 出行必备功课

3 新加坡

4 吉隆坡

5 曼谷

6 普吉岛

7 巴厘岛

8 雅加达

景点 **8** 国家动物园

　　国家动物园（Zoo Negara）位于马来西亚首都吉隆坡郊区，距市区仅13公里，占地面积17公顷。这里森林覆盖面积大，风景宜人，动物品种也十分丰富，有很多野生的水鸟、长颈鹿、单峰骆驼、金钱豹等，最有名的就是红毛猩猩了，尤其是小红毛猩猩总是动来动去的，一刻也不闲着，坐在椅子上就像一个顽皮的小孩，但是它们非常友善，没有恐惧心理的游客可以抱着它们拍照。动物园在性情较温和的动物周围只设一圈栏杆，人们可以跟它们近距离接触，可以喂它们食物。动物园内还有一座知名的水族馆，馆内有80多种海洋及淡水生物，如鱼、虾、龟、蟹等，当然馆内还有许多生物标本和模型，供游客了解这些生物的演变及生长过程。此外，动物园内还有餐馆、露营及骑马等设施。

典故解读

　　红毛猩猩，顾名思义，是指长有红毛的猩猩，被称为人类最直系的亲属。它跟黑猩猩、金刚猩猩、侏儒黑猩猩同属巨猿科，食物偏向素食，如果实、树叶、竹笋等，也吃鸟蛋，果实之中特别喜食榴莲。在野外寿命可达40岁，而在动物园则可活得更久。它们聪明有趣，也很有责任感，雌雄分工不同，雌性一般是照顾后代，雄性则是散居在附近，在有侵略者时它们会发出轰隆隆的叫声，装出一副吓人的样子来驱赶侵略者以保住领地。

玩家指南

地址： Hulu Kelang，68000，Ampang，Selangor

交通： 可在吉隆坡Jln Melaka乘坐170路或177路公交车，或在Central Market乘坐16路中巴到达

开放时间： 9:00～17:00，周六和周日及法定节假日9:00～22:30

门票： 成人15令吉/人，儿童6令吉/人（包括水族馆），带相机另收费2令吉/人，看动物表演10令吉/人

周边景致

景点 **①** 黑风洞

黑风洞（Batu Caves）是一组巨大的石灰岩溶洞，有"马来西亚大自然奇观"、"石灰岩的梦世界"之誉。它是马来西亚著名的科学、宗教及旅游胜地。要想参观黑风洞，没有点体力是不行的，因为参观前必须攀登272级的陡峭阶梯才能到达洞口。不过进入洞口是另一番景象，阳光从茂密的树林围绕的洞穴顶端照射进来，使得黑森森的洞里有点神秘之感。洞内有多种钟乳石，有的形状如农夫、小孩、仙女，有的形状如各种奇禽异兽，那鬼斧神工的山峭古壁让人叹为观止，更吸引了游客的目光。黑风洞山麓左侧有一个湖，湖旁也有一个石灰岩洞，人们称之为"艺术画廊洞"，洞里有很多色彩鲜艳的雕塑和壁画，主要展示印度教诸神的故事。每年1月下旬至2月上旬来此参观，正是信徒庆祝大宝森节的时期，场面更为壮观。

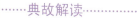
玩家指南

⊙地址： Exit Mrr2, Kawasan Industri Batu Caves

⊕交通： 可在曼谷银行或香港银行前的汽车站乘11路（每小时一班），或在Jalan Bukit Bintang乘41路中巴、在Jalan Ampang停车点乘70路中巴到石洞下车，然后沿着272级陡峭台阶拾阶而上即可到达，也有缆车直抵洞口

⊙开放时间： 周一至周五每天9:00～16:30，周六和周日9:00～17:15，周三及公共节假日不对外开放

⊙门票： 免费

典故解读

相传黑风洞的由来颇有意思，住在附近的土著居民每当清晨和傍晚，眺望山洞那边，总有一股股黑烟飘进飘出，以为是鬼神作怪，后来印度人来后，就在山下建起一座印度教神殿，借此来镇住鬼神，然而每天清晨和傍晚还是有黑烟从洞口飘进飘出。再后来中国人来了，他们费尽周折接近山洞，一探究竟，原来并不是什么黑烟，更不是鬼神，所谓的黑烟是聚集成群的燕子和蝙蝠，它们每天清晨要飞出洞觅食，傍晚返回，因为燕子和蝙蝠的数量较多，从远处望去，就像黑烟一般。后来黑风洞也因此成名。

1 行前早知道

2 出行必备功课

3 新加坡

4 吉隆坡

5 曼谷

6 普吉岛

7 巴厘岛

8 雅加达

景点 **②** 云顶高原

地址： Genting Highlands

交通： 可在吉隆坡的武吉加里尔体育馆停车场（Bukit Jalil）、富都中环车站（Pudu Sentral）、吉隆坡中环广场（KL Sentral）以及在Terminal Putra LRT Gombak轻轨车站乘坐直达的冷气巴士前往云顶高原

开放时间：（户外游乐园）周一至周五10:00～18:00，周六、马来西亚学校假期及公共假期前夕9:00～22:00，周日及马来西亚公共假期9:0～18:00。（第一城户内游乐园）周一至周五10:00～00:00，周六、马来西亚学校假期及公共假期前夕9:00～凌晨1:00，周日及马来西亚公共假期9:00～0:00。（游戏机乐园）周一至周五9:00～00:00，周六、马来西亚学校假期及马来西亚公共假期8:00～凌晨1:00，周日上午8:00～00:00。（赌场）周末24小时营业，平时10:00～凌晨4:00营业

门票： 主题游乐场周一至周五的套票是26令吉/人，周六、周日的套票是39令吉/人。住宿在云顶高原的外籍游客，可以免费进入赌场。

云顶高原（Genting Highlands）是由一位福建籍华人独资建立，面积约4900公顷，为东南亚最大的高原避暑胜地。云顶云雾缥缈，山峦层叠，花草四季葱郁，如仙境一般。云顶更是集购物、美食、娱乐于一体的大型娱乐城。游乐园内有一座占地4公顷的人造湖，游客可在湖内泛舟，或漫步湖畔，欣赏湖边景色。云顶内各种惊险的探险设施会带给你更多的刺激与欢乐。饿了就去云顶的美食城尽享不同风味的大餐，累了就入住可提供马来式、英式、乡村式、日式及泰式等不同设计风格的国际级酒店，晚上更是有环境幽雅舒适的赌场期待你的光顾。另外，云顶的各商店还不时举行促销活动，让顾客欢乐购物。

┄┄┄┄ 典故解读 ┄

马来伊斯兰教是马来西亚的国教，宗教人士反对开赌、参赌，云顶高原是唯一的赌场，但政府也对云顶高原赌场作诸多限制，如只许接待外国游客，禁止本国居民参赌，不允许在媒体做赌场广告等。云顶赌场提供最受欢迎的轮盘、百家乐、二十一点等国际博彩游戏。

云顶赌场的开办人是被誉为大马赌王的华人林梧桐先生，来自福建，他16岁时就担负起养家的重担，19岁只身前往马来西亚发展，50岁立志把荒芜的高原开发为世界级的旅游胜地。从贫困少年到财富企业家，他本身就是一个传奇。

景点 **③** # 马六甲

马六甲（Malacca）是马来西亚历史悠久的古城、马六甲州的首府，在马来西亚早期就是一个重要的贸易港口，曾经吸引来自中东、中国及印度的贸易商来此进行贸易活动。这里现在仍然保留着许多历史古迹，如圣约翰山古堡等旅游胜地，而且还建有现代的购物中心，靠近南北大道的爱极乐（Ayer Keroh）地区建有许多主题性的休闲公园。此处还有一些海滩、岸外小岛等。马六甲每年吸引成千上万的游客前来观赏海峡风光和世界驰名的古迹。

马六甲聚居着来自东西方的移民，语言、宗教、风俗习惯等融合了世界各国的特点而独具一格，城内既有中国古典式的厅堂，庭院和园林，也有古老的荷兰和葡萄牙风格的建筑。马六甲乡村有著名的"马六甲牛车"，车篷两头如弯月般翘起，牛颈系着铜铃，铃声清脆悦耳。马六甲还盛产橡胶、椰子和稻米等，与吉隆坡和新加坡通航空线和公路，港口为橡胶、大米、白糖等杂货的进出口港。郊区的亚沙汉山是马来西亚最早的橡胶种植园诞生地。

···· 典故解读 ····

关于马六甲的得名还有一个动人的传说。公元581年，被爪哇满者伯夷王朝击败的苏门答腊巨港王子拜里米苏拉率众逃跑，来到马来半岛的一块土地上，王子登陆后看见一只鼠鹿正在与一只野兽恶斗。王子很为力弱的鼠鹿担心，然而出忽王子意料的是，鼠鹿竟在一棵树下获胜了。王子感到很欣慰，并由此获得力量，他决定在这块土地上重建其王朝。他问手下那棵是什么树？手下告诉他是马六甲树。于是王子将这块土地命名为"马六甲"。之后郑和七次下西洋，曾经六次到达马六甲，并且把这里作为船队物资的转运中心。如今在三宝山下还有纪念郑和的三宝庙，以及郑和当年为解决当地居民饮水问题而挖掘的三宝井。

········ 玩家指南 ········

⊙ **地址**：Lot 14080，Jalan Kuchai Lama，Kuala Lumpur
🚌 **交通**：从吉隆坡和新加坡均有到达马六甲的公路和航空线路，渡轮也可以到达
⏰ **开放时间**：依景点而定
💰 **门票**：依景点而定

吉隆坡旅行攻略

如何抵达

马来西亚的交通设施完善，道路畅通。到首都吉隆坡旅游无论是乘坐飞机、火车、汽车还是渡轮都会是不错的体验。

航空

吉隆坡的航空交通比较发达，市内有两个机场承担着吉隆坡的航空交通。吉隆坡国际机场主要通航国际各大城市，苏邦机场主要通航马来西亚国内的交通。

吉隆坡国际机场

吉隆坡国际机场（KLIA）位于吉隆坡以南75公里处，是世界上最大的现代化机场之一，也是吉隆坡最主要的运营国际航班线路的机场，开通有直飞北京首都机场的航班。

从机场前往市内的交通主要有机场快铁和出租车。

↘ 机场快铁

可以乘坐机场快铁（ERL）到达吉隆坡市内，只需半小时即可到达，相隔15分钟发一班车，票价35令吉。机场快铁客户咨询电话为0060-3-2267 8000，总机电话：0060-3-2267 8088，网站：www.kliaekpres.com。

↘ 出租车

吉隆坡机场通往市区的公路非常发达，可以乘坐出租车到达市区，单程费用是70～100令吉。吉隆坡国际机场出租车联系电话：0060-3-1300 888 989，0060-3-9223 8080，0060-3-8787 3675。

苏邦机场

苏邦机场（Subang Airport）位于吉隆坡市中心以西20公里处，苏邦机场主要运营马来西亚国内航班，兼营国际航班，已开通了直飞深圳的航班。

从机场前往市内的交通主要有机场巴士和出租车。

↘ 出租车

在机场的入境大厅购买机场的士券价格为18.5令吉，之后交给司机便可乘车前往市中心的任何地方。

↘ 巴士

从苏邦机场抵达市区可乘坐机场巴士，车程需要40分钟，每隔35分钟发一班车。

小贴士 机票

马来西亚的机票有许多优惠政策，比如早班及夜间的机票较正常班机便宜约25%，称为夜间飞行优惠票（Night Tourist Fare）。搭乘高翼机也可以节省5%～20%，其他还有各种各样的优惠折扣。详细请咨询马来西亚航空公司及各旅行社。

铁路

吉隆坡是马来西亚的铁路运输中心，所以说铁路交通非常方便。铁路贯穿马来西亚整个国家，国际列车直抵曼谷和新加坡。

吉隆坡火车站

吉隆坡火车站建于1910年，位于吉隆坡兴夏穆迪路。吉隆坡火车有三种：特快火车配有空调，分为一等车厢和二等车厢；普快列车有二等和三等车厢；地方列车大多为三等车厢。吉隆坡火车站电话：0060-3-2646063

吉隆坡中央车站

吉隆坡中央车站（KL Sentral）是吉隆坡最大的火车站和交通中转站。每天都有开往北海、哇卡巴汝（Makaf Baharu）、新山、泰国和新加坡等各个城市和国家的列车。大多数特快列车的座位可提前60天预订。

公路

吉隆坡境内有许多条高速公路，公路交通比较发达。吉隆坡的长途汽车站有Putra汽车站和Putu汽车站两座，主要运营新加坡的长途巴士和国内各大城市间的长途线路。吉隆坡的巴士公司比较多，发车时间和乘车票价也各有不同。Putra汽车站咨询电话：0060-3-40429530

车票在车站内的窗口或车站附近客运公司的柜台购买。站内张贴有目的地、发车时间、价位等说明表，一目了然。平时车票当天购买即可，赶上节假日时一定要提前买票，否则不但没有车票而且价格也会比平时高很多。拿到票后，先要确认目的地、出发时间、座位号码、月台号码等，并在指定的时间和地点依序乘车。上车后票根要保留，以便查票。

必须掌握的市内交通

吉隆坡是马来西亚的首都，也是马来西亚的交通中心，是乘坐长途巴士、火车和出租车旅行的中转站。吉隆坡市内交通也很发达，来吉隆坡游玩，无论是乘坐出租车、公交车、轻轨还是租车出游，都会让你的旅行充满欢乐。

轻轨

吉隆坡轻轨长29公里，是世界上第二长的全自动轻轨。Putra轻轨主要连接Kelana Jaya与Gombak之间的交通，Star轻轨为南北走向，往来于Chan Sow Lin与Ampang之间。

车票分为单程和双程两种，每隔7～10分钟发车，上下班高峰期间隔为3分钟。

观光巴士

吉隆坡市内观光巴士分为9:30，14:30，观光时间约为3小时。沿途可以看到吉隆坡主要景点和具有特色的建筑，非常方便和便捷，是快速了解吉隆坡的最佳方式。费用是按时间及观光路线长短收取。

出租车

吉隆坡出租车起步价为2.7令吉，1公里之后每200米收0.1～0.3令吉，具体价格按出租车车型而定，夜间从24:00～6:00加收50%的附加费。如果不显示计程表的出租车要提前商量好价格，以免不必要的损失。

出租车预约电话：0060-3-9221 7600，0060-3-2553399，0060-3-7330507

公交车

吉隆坡市区的公交车路线网非常发达，除了大型巴士，还有迷你巴士。和各个国家的公交车一样，出门前要先了解目的地的乘车路线，以免坐错车。公交车票价相当便宜，在90仙~1令吉之间，上车前最好准备好零钱。

到吉隆坡游玩必做的事

吉隆坡是一个美丽的城市，来到这里游玩不但要品尝这里美味、独特的菜肴，还要看看这座城市中充满魔力的建筑。

TOP1：登国油双峰塔，俯瞰全城

国油双峰塔是吉隆坡最著名的建筑，由阿根廷设计师Cesar Pelli设计建造。双峰塔塔高五层，代表着伊斯兰教教义中的五个信条，可以说是吉隆坡传统与现代完美结合的建筑代表。登上高塔俯瞰全城是不错的体验。

TOP2：徒步游览唐人街

马来西亚的唐人街叫做茨厂街 （Petaling Street），是吉隆坡最热闹的地方，来自不同国家、不同肤色的人会聚在这里。唐人街聚集了各类市场和小店，是购物的好去处。游览唐人街一睹街道的风采是来吉隆坡的美好体验。

TOP3：吉隆坡的味蕾新体验

马来人对食材以及烹饪方式非常讲究，当然对吃也有着很高的要求。早晨来一杯加糖的炼乳咖啡，中午吃点炒粿条、胡椒肉骨茶或牡蛎煎蛋，晚上享用印度沙拉、马来米饭或中式甜点的美味体验。总之来到吉隆坡必须尝一尝这里的美味佳肴。

1 行前早知道
2 出行必备功课
3 新加坡
4 吉隆坡
5 曼谷
6 普吉岛
7 巴厘岛
8 雅加达

人气餐厅大搜罗

马来西亚可谓是佐餐一族的天堂。种类繁多，色香味俱全的马来食品令人垂涎三尺，欲罢不能。马来西亚的主食以米饭和桑粑为主，菜肴味道偏辛辣，配以牛、鸡及鱼肉为主材料，加上辣椒及洋葱一起烹调，风味绝伦。最受大家喜爱的美食有沙爹、咖喱饭、干咖喱牛肉、各式炒面粉、酸对虾、椰浆饭、罗惹、酸辣鱼等。当然因为马来西亚是多民族融合的国家，在这里还可享受到种类繁多的中餐、南北印度风味美食以及娘惹美食等。中国菜以广东、福建一带的美食为主。印度菜以又红又黄的咖喱及薄饼为主调，分为"南印度"、"北印度"及"印度—回教"三种不同的风味。娘惹菜混合马来菜和中国菜的特色，如甜酱猪蹄、煎猪肉片、竹笋炖猪肉等，风味别具一格。饭后再来点又香又甜的南国水果、木薯糕、炸香蕉等作为甜点，给美食计划画上完美的句号。

顶级餐厅

Bijan餐厅

Bijan餐厅装修采用水泥地板和水泥墙配合现代时髦的灯饰，深褐色桃木桌椅配上马来特色的印花布艺，不同的视觉效果给人很深的印象。餐厅制作的马来菜很纯正，辣度恰到好处，招牌菜Rusuk Panggang的烤牛肉，配以Pedegil的马来式土豆和甜辣酱，独特口感令食客连连称赞。榴莲芝士蛋糕是这家餐厅的独家制作，喜欢榴莲的朋友一定不要错过。

- 🌏 地址：3 Jalan Ceylon
- ☎ 电话：0060-3-2031 3575
- ¥ 价格：20令吉

Frangipani Restaurant & Bar餐厅

Frangipani Restaurant & Bar 是一个处在闹市难得的清静之地，整个建筑是20世纪50年代的风格，一层是餐厅，二层是酒吧。这家餐厅门口处有一个大水池，夜晚透过玻璃制的天顶可以看见天上的星星。法式蜜味鸭腿，鸭腿肉外酥里嫩，黑巧克力蛋糕配上开心果酱是这里的特色。

- 🌏 地址：25 Changkat Bukit Bintang
- ☎ 电话：0060-3-2144 3001
- ¥ 价格：13～30令吉

Nasi Lemak Antarabangsa餐厅

这家餐厅的椰浆饭被誉为是"吉隆坡最好吃的椰浆饭"，这家餐厅不仅受到马来人的青睐，也深受游客的喜爱，餐厅自制的参巴辣酱辣味十足，让人欲罢不能。

- ⌂ 地址：Ampany Park（Nikko酒店对面，麦当劳旁）
- ☎ 电话：0060-3-2144 3001
- ¥ 价格：16～20令吉

特色餐厅

Fatt Yan Vegetarian Restaurant餐厅

这是一家佛教餐馆，按照宗教原则不提供肉类食品，只提供素食。是素食者和佛教信徒的最好去处。

- ⌂ 地址：Jl Tun HS Lee和Jl Silang交叉路口
- ☎ 电话：0060-3-2070 6561
- ¥ 价格：12令吉

Restoran Wilayah Baru餐厅

这是一家小饭馆，提供有正宗的马来食品，价格也相当便宜。很受当地人和外地游客的欢迎。

- ⌂ 地址：29 Lebuh Pudu
- ☎ 电话：0060-3-9057 9911
- ¥ 价格：2～5令吉

中餐厅

Old China Café餐厅

这是一家中式餐厅，里面的装修风格充满了岁月痕迹，都是20世纪20年代的古董级陈设，时常还播放女高音歌手的唱片。来这里可以品尝到正宗的娘惹菜。

- ⌂ 地址：11 Jl Balai Polis
- ☎ 电话：0060-3-2070 6561
- ¥ 价格：8～15令吉

1 行前早知道
2 出行必备功课
3 新加坡
4 吉隆坡
5 曼谷
6 普吉岛
7 巴厘岛
8 雅加达

Bilal Restoran餐厅

Restoran Yasin餐厅

这家餐馆位于唐人街北部，供应南印度穆斯林菜肴，深受穆斯林的欢迎。在餐馆用餐大可放心，饭菜质量受到食客的一致好评。

- 地址：33 Jl Ampang
- 电话：0060-3-2078 0804
- 价格：12～15令吉

这是一家著名的餐馆，受到当地人的好评，主要供应地道的南、北印度菜肴。 来这里用餐的除了本地人之外，许多游客也慕名而来。

- 地址：141 Jl Bunus
- 电话：0060-3-2698 2710
- 价格：3.5～7令吉

靠谱住宿推荐

在吉隆坡住宿很方便，也很舒适，武吉免登（Bukit Bintang）到咖啡山（Bukit Nanas）一带，普特拉（Putra）世贸中心周围，以及机场附近的高尔夫度假区云集了众多高级酒店。中档酒店分散在市内各处，房间不大，装修简单，但空调、淋浴、电话、电视等设施配备齐全。建议在网上预订，酒店价格会比较便宜。

顶级酒店

Prince Hotel Kuala Lumpur 酒店

这家酒店为客人提供健身中心、室外游泳池和免费的停车场。客房的家具以浅色木质家具为主，并有地毯、沙发和沏茶设备供客人使用。酒店距离购物及娱乐场所只有5分钟的路程。

- 地址：4 Jalan Conlay，Bukit Bintang 50450
- 电话：0060-3-2170 8888
- 价格：豪华双人或双床间174令吉，超豪华双人间230令吉

JW Marriott Hotel酒店

酒店设SPA理疗服务和桑拿浴室，还为客人准备有一个网球场和健身房。客房提供有线电视，独立的淋浴，部分客房为客人提供独立的用餐区。酒店距离吉隆坡国际机场只有45公里，附近有大型商场等购物场所。

🎧 地址：183 Jalan Bukit Bintang，Bukit Bintang 55100
📞 电话：0060-3-2715 9000
💴 价格：豪华双人或双床间215令吉，一室公寓套房390令吉

Prince Hotel & Residence酒店

豪华的Prince Hotel & Residence酒店为客人提供水疗中心、室外游泳池和健身房。公寓的装修也是宽敞舒适，厨房和起居室的设备齐全，DVD播放机、平面电视、沏茶/泡咖啡设施等一应俱全。酒店500米外就是国油双峰塔，距离商场仅2分钟的车程。

🎧 地址：4 Jalan Conlay，City Centre 50450
📞 电话：0060-3-2170 8888
💴 价格：高级一卧室公寓200～325令吉，高级两卧室公寓350～400令吉

家庭旅馆

Orkid Inn Pudu旅馆

这家旅店距离武吉免登只有5分钟路程，是间禁烟旅馆。客房提供了硬木家具、免费无线网络和有线电视等设施，还为客人提供电话、烫熨设施、洗浴用品等。

🎧 地址：258 Jalan Pudu，Bukit Bintang 55100
📞 电话：0060-3-2141 9655
💴 价格：标准双人或双床间70令吉，家庭间80～130令吉，豪华双人间110～180令吉

Casavilla Travellers Lodge旅馆

旅馆距离吉隆坡市中心只有10分钟车程。客房提供免费无线网络和空调，并为客人提供熨烫设施和私人浴室。旅馆距离吉隆坡国际机场仅有45分钟车程，提供机场班车接送服务。

🎧 地址：24 Jalan Pudu Lama，Bukit Bintang 50200
📞 电话：0060-3-20311971
💴 价格：标准双人间60 令吉，家庭间110令吉

Kameleoon Travellers Lodge旅馆

旅馆距离市中心的吉隆坡塔只有10分钟车程，

1 行前早知道
2 出行必备功课
3 新加坡
4 吉隆坡
5 曼谷
6 普吉岛
7 巴厘岛
8 雅加达

117

为客人提供价格优惠的客房和机场班车服务。客房装饰简单大方，为客人提供了空调和电视。旅馆接待台提供24小时行李寄存和洗衣服务。

- 地址：60 Jalan Pudu, Bukit Bintang 55100
- 电话：0060-3-2031 1971
- 价格：标准双人间60～100令吉

青年旅舍

i2inn Guest House旅舍

旅舍为客人提供带免费无线网络和私人客房或宿舍间。客房装修简单并设小阳台，并根据客人要求提供叫醒服务，休息区设电视和沙发供客人休闲。旅游咨询台可以安排一日游活动和提供汽车租赁服务。旅舍距离国油双峰塔只有8分钟车程。

- 地址：12 Jalan Tengkat Tong Shin, Bukit Bintang 50200
- 电话：0060-3-2110 1329
- 价格：标准双人间100令吉，4床位混合宿舍间50令吉/床

Irsia BnB旅舍

旅舍距离吉隆坡国际机场有45分钟车程。客房设有公用生活区、旅游咨询台和阅览区，并为客人提供免费无线网络和简装住宿。旅舍设有24小时服务的前台，可提供行李寄存和洗衣服务。

- 地址：34 Lorong 1/77 A，Jalan Changkat Thambi Dollah off Jalan Pudu, Bukit Bintang 55100
- 电话：0060-3-2141 3078
- 价格：双床间带风扇70令吉，6床混合宿舍间的单人床位29.50令吉

Tiara Guest House旅舍

旅舍位于一栋两层楼的联排别墅内。客房都进行了精心的布置，为客人提供舒适的住宿环境。旅舍设有一个公用厨房，客人可以自己烹饪餐点。旅舍距离Raja Chulan和Bukit Bintang单轨火车站只有5分钟路程。

- 地址：23 Jalan Mesui, Off Jalan Nagasari, Bukit Bintang 50200
- 电话：0060-3-2141 0023
- 价格：双人或双床间75.20令吉，混合宿舍单人床28.20令吉

特色酒店

Crowne Plaza Mutiara酒店

Crowne Plaza Mutiara酒店设水疗中心和五星级的健身设施。客房设有现代化家具，配备了DVD播放机以及烫熨设施供客人使用。

- 🏠 地址：Jalan Sultan Ismail，City Centre 50250
- ☎ 电话：0060-3-2148 2322
- ¥ 价格：豪华双床间360 令吉，高级双人间 400 令吉

Hotel Maya酒店

Hotel Maya酒店坐落在国油双峰塔对面，距离吉隆坡会议中心和Pavilion Mall购物中心只有5分钟车程。客房配备了空调、有线电视、迷你吧和私人保险箱。客人可以享受24小时管家服务、24小时客房服务以及Anggun SPA提供的按摩服务。

- 🏠 地址：138 Jalan Ampang，City Centre 50450
- ☎ 电话：0060-3-2711 8866
- ¥ 价格：一室公寓357令吉，小型套房493令吉

Anggun Boutique Hotel 酒店

Anggun Boutique Hotel酒店坐落在吉隆坡市中心，可以为客人提供租车服务。客房配有柚木家具、平面电视和DVD播放机等。酒店毗邻Jalan Alor美食街，距离Pavililion购物中心仅有5分钟的步行路程。

- 🏠 地址：7 & 9 Jln Tong Shin，Bukit Bintang 50200
- ☎ 电话：0060-3- 2145 8003
- ¥ 价格：经典双人间340 令吉，豪华套房370 令吉

小资情调初体验

吉隆坡的文化融合了许多国家的特色，这一特点也决定了吉隆坡人业余生活的丰富多彩。高尔夫球、足球、壁球、冲浪等各种运动丰富着人们的生活。夜晚来临，夜生活拉开序幕，酒吧、舞厅、夜总会纷纷登场，爵士乐、民谣和西方音乐萦绕在每个角落，展现出一片繁华景象。

酒吧

Reggae Bar酒吧

这家酒吧主要播放牙买加的美妙音乐。酒吧里还经常有各种酒类的促销活动。

1 行前早知道
2 出行必备功课
3 新加坡
4 吉隆坡
5 曼谷
6 普吉岛
7 巴厘岛
8 雅加达

地址：158 Jl Tun HS Lee
电话：0060-3-2272 2158
价格：7～10令吉

Heritage Station Bar酒吧

这是一间位于铁轨边的酒吧，一般乘火车的游客都会到这里坐坐，喝上一杯。

地址：Jl Sultan Hishamuddin
电话：0060-3-2272 1688
价格：5～13令吉

Finnegan's Irish Pub&Restaurant酒吧

这间酒吧经常举办热闹的聚会，而且有ESPN体育节目的现场直播，酒吧里有烈性啤酒，菜肴味道也不错，值得品尝。

地址：6Jl Telawi Lima
电话：0060-3-2284 9024
价格：10～18令吉

Beach Club酒吧

酒吧位于市中心，地处闹市的酒吧以天堂为主题，经常吸引许多年轻人来这里喝一杯。

地址：Jl P Ramlee
电话：0060-3-2166 9919
价格：12～16令吉

咖啡厅

Hard Rock Café 咖啡厅

Hard Rock Café是一个国际连锁的咖啡厅，在这间咖啡厅里可以欣赏到当地音乐，也可以看到现场表演。每天来这里消遣的人很多，品尝正宗的咖啡也是不错的体验。

地址：Ground fl Wisma Concorde 2Jl Sultan Ismail
电话：0060-3-2715 5555
价格：15令吉

夜总会

Atmosphere 大气夜总会

这家夜总会面积很大，装修豪华，在吉隆坡也是相当有名。夜总会不仅为顾客提供欣赏house、techno等快节奏电子音乐的机会，还为会员提供各种游乐场所。

- 🏠 地址：12 Jl Sultan Ismail
- 📞 电话：0060-3-2145 9198
- ⏰ 营业时间：周四至周六9:00～15:00
- ¥ 价格：门票25令吉

Tanjung Golden Village夜总会

这是在吉隆坡这个喧闹城市中价格最便宜的一家夜总会。在这里可以欣赏到最新的宝莱坞和好莱坞大片。

- 🏠 地址：3rd fl，Suria KLCC Shopping Complex
- 📞 电话：0060-3-7492 2929；
- ⏰ 营业时间：周四至周六9:00～15:00
- ¥ 价格：门票20令吉

购物狂想曲

吉隆坡可以说是购物天堂，市内既有高档优雅的大型购物中心，也有品种多样的小店和夜市。来到这里，无论是名牌服装还是特色手工艺品、物美价廉的电子产品都可以买到。

购物区

武吉免登

武吉免登区（Bukit Bingtang）街道四通八达，交通极为便利，是吉隆坡最繁华的购物区域。武吉免登区内林立着不少现代豪华的高楼大厦及购物中心，云集了乐天购物中心、金河广场、BB商场、KL百货等。服装、化妆品、电子产品、皮包、鞋子等商品一应俱全。在这里游客可以买到货真价实的物品，一般服务周到的商店会被授予特别证书，看到证书便可放心购物。

- 🚌 交通：乘坐单轨M线在武吉免登站下车

1 行前早知道
2 出行必备功课
3 新加坡
4 吉隆坡
5 曼谷
6 普吉岛
7 巴厘岛
8 雅加达

121

东姑阿都拉曼路

东姑阿都拉曼路（Tuanku Abdul Rahman）的建筑多为"二战"前期建成，本身也是值得观看的地方。大型购物中心，Sogo百货公司，百达购物中心，环球丝绸店等商厦林立，还有古董、家具、陶瓷、玉器及象牙雕的专营商店。东姑阿都拉曼路是吉隆坡的主要购物区，每天都吸引着大量的游客。

- 地址：Jalan Dato Onn
- 交通：乘坐轻轨M线，在Chow Kit站下车即到，或从Ti Eiwangso乘坐B101和B103在Chow Kit站下车即到

中央市场

中央市场（Center Market）是外地游客了解马来西亚文化的最佳场所，这里云集了马来西亚各种手工艺品，向游客展示了马来的特色，包括陶器、木雕、蜡染布料和锡器等。

- 地址：Jalan Hang Kasturi
- 交通：乘坐轻轨Putra线，在Pasar Seni站下车即到

美达广场

美达广场（The Mall）是吉隆坡的高档购物商场，是游客必到的商场之一。屋顶采用玻璃设计，让顾客抬头就能看见天空。商品种类繁多，服饰、珠宝、手表、眼镜、百货、美食等一应俱全。

- 交通：乘坐电车在PWTC站下车即到

购物街

茨厂街

茨厂街（Petaling Street）又名唐人街，是吉隆坡著名的街道。这条街道上大多卖的是中国商品，如丝绸、服装、瓷器、古董、草药等，在这里买东西，如果觉得价格不合理，可以讨价还价。街道上商店林立，餐馆、小摊比比皆是，每当夜晚像过节一样热闹，是游客不可错过的地方。

印度人街

印度人街（Jalan Masjid India），顾名思义，这里居住的大多是印度人，街道名字的由来也和附近的印度伊斯兰教堂有关。街道大多售卖印度商品，包括印度铜灯、服饰、银餐具、金饰等。几家饭馆里的正宗咖喱饭味道不错，值得品尝。

🏠 地址：Jl Masjid India
🚇 交通：乘Star或Putra轻轨到Jamek清真寺站下车

购物中心

Suria KLCC

Suria是吉隆坡最新潮的购物场所，一共六层，商场装修豪华，设施齐全。商场以经营服饰和珠宝为主，商品也是当下最流行的，所以深受时尚人士喜爱。Suria有专门的美食区，可供游客休息和享受美食。

🚇 交通：乘坐Putra线轻轨可以到达

谷中城美佳广场

谷中城美佳广场（Mid Valley Megamall）拥有300多家商店，顾客在这里可以买到所有的商品，包括衣服、皮包、手袋、珠宝等。这里不定期会推出各种促销活动吸引人们前来抢购。

🏠 地址：Mid Valley City，Lingkaran Syed Putra

孟沙购物中心

孟沙购物中心（Bangsar Village）是最近几年吉隆坡新兴的购物中心。中心里云集了时尚服饰店和精品店，游客可以在这里购买到家具、丝绸、化妆品、家用电器、服饰等心仪物品。除了在中心购物消费，还可以品尝美食、玩游戏和观看电影。

🚇 交通：乘坐轻轨Putra线到Bangsar站下车

1 行前早知道
2 出行必备功课
3 新加坡
4 吉隆坡
5 曼谷
6 普吉岛
7 巴厘岛
8 雅加达

不得不提的吉隆坡特产

马来西亚是东南亚的主要购物中心，传统和现代的各类商品应有尽有，其中更不乏国际知名品牌。在马来西亚可以用超低的价钱买到最新的电子产品及电器。另外，由于马来西亚免税制的关系，商品的价格极具竞争优势，可谓是购物者的天堂。

特产1：香水

因为环境和气候原因，马来西亚盛产兰花，所以兰花系列的香水很有名，品质上也可于法国香水相媲美，而且价格相对低廉。

特产2：锡制品

马来西亚有全世界最大的锡制品工厂，而且每一件精湛的工艺品全部出自手工雕刻，最受欢迎的产品有花瓶、水壶、碗碟，但因纯手工打造和制造工序复杂，成本相对高，所以价格稍微贵一些，但无论是自己居家摆设，还是赠送友人，锡制品都是不错的选择。

特产3：银制品

马来西亚的银制品种繁多，手艺细腻而精湛，最受人们喜爱的当属做工精美、设计独特的925银饰品。

特产5：马来西亚蝴蝶

马来西亚蝴蝶不但种类多，珍贵品种也多，吸引着世界各国的昆虫学家和游客前来采集研究和观赏。现在当地人把这些蝴蝶制作成标本出售，极富地方色彩。

特产4：黄金饰品

马来西亚绝对是黄金饰品爱好者的血拼之地。这里的黄金饰品设计新潮，款式丰富，而且黄金纯度高，但要提醒游客的是，要到正规店铺购买。

特产6：风筝

马来西亚的风筝历史悠久，风筝造型奇特，形状有月亮、鱼、鹰、猫、鹦鹉、孔雀、青蛙等。在正式的官方场合，马来姑娘常常手执图案精美的月亮风筝欢迎贵宾。马来西亚航空的标志也是采用风筝图案。游客购买马来西亚风筝，可作为室内装饰。

特产7：巴迪蜡染布

巴迪蜡染布大多在绢布或棉布上染上色彩鲜明的蝴蝶、花卉、飞鸟和几何图案，色泽多为黑、黄色调，其制作要经过一段非常特殊的过程，先以蜡打底，然后染色、凉干、设计，再将布料放入水中煮沸，且一次又一次的反复这个过程。最后可以制成服装、桌布、窗帘、手提袋、图画及帽子等，可选种类丰富多样。

特产8：豆蔻膏

豆蔻膏是搜集豆蔻等名贵药材配制而成，与中国的万金油和风油精功效类似。质洁白，气味芬芳，药性温和，是居家旅行的珍宝。

特产9：猫须茶

猫须茶是用产自马来西亚的独有名贵草药"猫须茶"制成。当地医生常用于治疗结石病，效果显著。也可作为保健茶长期饮用，口感很好，是招待贵客的上等饮品。

特产10：凉鞋

马来西亚"四季如夏"，这造就了马来西亚款式新颖的凉鞋。VINCCI品牌的凉鞋，不仅做工好，而且价格也很合理。

1 行前早知道
2 出行必备功课
3 新加坡
4 吉隆坡
5 曼谷
6 普吉岛
7 巴厘岛
8 雅加达

5 曼 谷

　　作为东南亚第二大城市，曼谷高楼林立，商务区的白领步履匆忙，一面抱怨着高峰时段的交通堵塞，一面筹划着周末的欢乐时光。这里的人谦和友善，城市气息也不算浓厚。如果能在曼谷悠闲地生活一段时间，不用花很多钱，就能享受一个别样的假期。

曼谷印象零距离

曼谷知识知多少

　　曼谷是泰国的首都，也是泰国的第一大城市，是泰国政治、经济与文化中心，并且以"天使之城"的美名享誉全球。东南亚著名的湄南河横穿曼谷市，将曼谷划为两部分，而这条河也成了曼谷重要的交通枢纽，同时也让曼谷赢得了"东方威尼斯"的美誉。曼谷常年百花盛开，姹紫嫣红，美不胜收。到曼谷除了可以欣赏名胜古迹外，还有不少现代化的建筑和旅游设施供游人欣赏和玩乐，故此曼谷每年吸引着大批游客，并且逐渐成为亚洲旅游业最兴旺的城市之一。曼谷下辖37个县、150个区，主要分布在湄南河以东。曼谷市共有6个主要工商业区，以挽叻区的是隆路（Silom Road）最为时尚；以王家田广场最大；以唐人街市场最为庞大繁华。湄南河沿岸地区是泰国的政治中心，也是旅游景点密集区，王宫和寺庙大多建在这里。

　　由于受到季风的影响，曼谷一年中大部分时间气温都保持在30℃。9～10月间经常有大量降雨，不过不用担心，因为在清爽的阵雨或瓢泼大雨后太阳总会探出头来。

曼谷城区地图

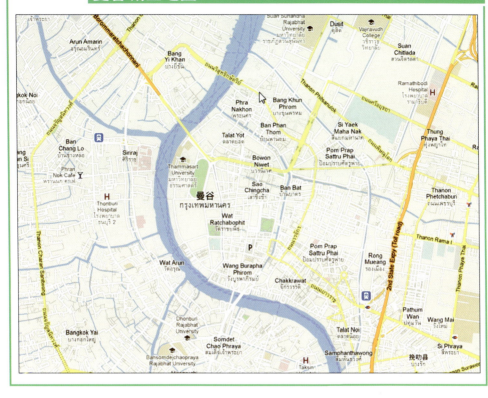

曼谷游玩前须知

什么时间旅游最适合

　　曼谷属热带季风气候，终年炎热，一年中最舒适的月份是11月至次年1月，这是曼谷的凉季。虽称"凉季"，温度并不低，气温仍有25～27℃，各种花卉依然绚丽多姿，古刹林立的佛国首都此时景色最美。大多数游客会选择在每年的11月到第二年的3月来曼谷旅游，这段时间被视为旅游旺季（恰逢圣诞节和新年）。

1 行前早知道
2 出行必备功课
3 新加坡
4 吉隆坡
5 曼谷
6 普吉岛
7 巴厘岛
8 雅加达

最IN风向标——旅游穿衣指南

去曼谷旅游穿着简单的夏季服装即可，裙子、短袖衬衫、背心、长裤、短裤都可以。喜欢游泳者可自备泳衣和拖鞋，晚间天气较凉，需准备长袖外套。

不可不知的生活点滴

当地货币先了解

泰铢（Thai Baht，简称B）是泰国官方法定货币，由泰国中央银行泰国银行发行。泰铢的纸币有 5、10、20、50、100、500、1000泰铢及50萨当等面额，硬币有 1、2、5、10泰铢及1、5、10、25、50萨当，1泰铢=100萨当（Satang）。

泰铢目前的汇率为1人民币元=4.89泰铢，1美元=30.82泰铢。

5泰铢

10泰铢

20泰铢

50泰铢

100泰铢

500泰铢

1000泰铢

小贴士

银行通常是周一至周五的8:30～15:30营业，周六、周日休息。在外国人聚集的繁华街道上，有很多银行直接管辖的货币兑换处，营业时间至20:30，甚至有的一直营业至深夜。

在曼谷如何付小费

在泰国旅游，在特定的地点，适当地给服务员一些小费是一种惯例，也颇受欢迎。在泰国的一些地方可能需要支付小费，这不算是必需的，更多的是一种礼节。

泰式按摩：可视按摩师的服务品质或专业水准给予，一般50～100泰铢即可。

丛林骑大象：每次付驯象师约50泰铢。

与人妖拍照：每人每次约50～100泰铢。

行李小费：一间房间一次约给行李搬运工20泰铢。

床头小费：一间客房服务费每天20泰铢。

旅馆员工服务良好，可酌情给予小费，一般一次约20泰铢或1美元左右。

当地电压及插头

泰国的电压都是220伏特，插头是两脚扁身的。与其他国家不同的是，当地要找三脚转两脚的插头并不容易，所以旅行必备物品里一定不可缺少插头哦。

当地风俗习惯全了解

泰国的仪式繁多，礼节也很复杂，各民族都有不同的礼节。

首先，泰国人见面时要双手在胸前合十相互致意，相当于西方的握手，双掌举得越高，表示尊敬程度越深。双方合十致礼后就不必再握手，男女之间见面时不握手，俗人不能与僧侣握手。

其次，泰国是一个王国，泰国人民对王室很尊敬，身为游客也应入乡随俗，对他们的国王、王后、太子、公主等表示敬意，在电影院内播放国歌或国王的肖像在银幕上出现时，也应起立。凡遇盛大集会、宴会，乃至影剧院开始演出之前，都要先演奏或播放赞颂国王的"颂圣歌"，集会全场肃立，不得走动和说话，路上行人须就地站立，军人、警察还要立正行军礼，否则就会被视为对国王不敬。

第三，与别人谈话时不得戴墨镜，手势要适度，不能用手指着对方说话。从别人面前走过时（不管别人是坐或是站），不能昂首挺胸，大摇大摆，必须弓着身子，表示不得已而为之的歉意。妇女从他人面前走过时，更应如此。学生从老师面前走过时，必须双手合十躬身。

1 行前早知道

2 出行必备功课

3 新加坡

4 吉隆坡

5 曼谷

6 普吉岛

7 巴厘岛

8 雅加达

实用信息一个都不能少

必须牢记的紧急联系方式

旅游警察服务电话：1155

泰国旅游局游客服务中心（TAT）：1672或0066-2-2250 5500

通信：泰国国际区号为66。中国国内拨打泰国手机方法是泰国国际区号66＋中国国家代码86＋电话号码

小贴士　旅游途中的通信费用情况

中国全球通用户可以在泰国使用手机（需开通全球漫游服务），拨打当地电话是24.7泰铢/分钟，接听是29.7泰铢/分钟，拨打国内电话64泰铢/分钟，发送短消息10泰铢/条。也可在泰国当地购买手机SIM卡，泰国手机SIM卡有三种：one-2-call卡、Happy卡和True卡，都是单向收费，泰国国内无市话和长途之分，预存话费为0照样可以接听，可以在绝大多数7-11店里买到。

大使馆及领事馆

中国驻泰国大使馆

🏠 地址：57 Rachadaphisek Road，Bangkok，10400 Thailand

☎ 电话：0066-02-245 0088

📠 传真：0066-02-246 8247

🌐 网址：www.chinaembassy.or.th

不可不知的实用网址

普吉岛实用信息网（包含饮食、住宿、旅游、休闲等信息）

www.clubmed.com.cn

泰国旅行网（包含住宿、餐饮、交通、游玩项目等信息）

www.thaitour99.com/miyue.htm

泰国购物网站（包含小吃、购物、住宿等信息）

http：//global.mplife.com/shop/thai/101122/27222090501.shtm

必须了解的医疗服务

目前泰国有400多家私人医院，所以如果在旅行中不小心生病，请不要着急，出发前记住这些医院，会让你尽快脱离麻烦。

名　　称	地　　址	电　话
曼谷医院	2 Soi Soonvijai 7, New Petchburi Rd., Bangkapi, Huay Khwang, Bangkok 10310	0066-2-2310 3000
Bangkok General Hospital	2 Soi Soonvijai 7, New petchburi Rd., Bangkok, 10320 Thailand	0066-2-2310 3002
BNH Hospital	9/1 Convent Rd., Silom, Bangkok, 10500 Thailand	0066-2-2632 0550
Samitivej Hospital Srinakarin	488 Srinakarin Rd., Suanlung, Bangkok, 10250 Thailand	0066-2-27317000
Wattanosoth Hospital	2 Soi Soonvijai 7, New petchburi Rd., Bangkok, 10320, Thailand	0066-2-23103002

当地物价先知道

泰国的物价消费水平和中国内地差不多，曼谷作为泰国政治、经济、文化中心，在大量外国游客的消费拉动之下，物价为全国之最，离开曼谷向内陆延伸的城市，消费水平就开始大幅下降，以下价格仅供参考。

↘ **餐饮类：** 普通小餐厅的餐费为40～100泰铢，西式餐厅餐费150～300泰铢，高档餐厅餐费300～500泰铢。

↘ **食品类：** "辛哈"啤酒（630毫升）价格约50泰铢，水的价格约7～12泰铢（1升装），普通葡萄酒价格约450泰铢，泰国kanom点心价格约10泰铢。

1 行前早知道
2 出行必备功课
3 新加坡
4 吉隆坡
5 曼谷
6 普吉岛
7 巴厘岛
8 雅加达

市区景点

拉玛王朝大王宫和玉佛寺

拉玛王朝大王宫（Grand Palace）占地约21万平方米，建筑群共22座，集泰国数百年建筑艺术之大成，有人称之为"泰国艺术大全"，它也是曼谷保存最完美、最壮观、规模最大、最有民族特色的王宫。玉佛寺位于大王宫内，与大王宫同建于1789年，为泰国曼谷王族供奉玉佛和泰王举行登基加冕典礼及皇家举行佛教仪式、进行各种祭礼活动的场所，是泰国三大国宝之一，现与大王宫成为曼谷的地标性旅游景点之一。走进大王宫庭院，首先映入眼帘的是如茵的大片草地和姿态各异的古树，然后就是一座座雄伟而瑰丽的建筑。建筑内除了汇集了泰国建筑、绘画、雕刻和装潢艺术的精粹外，各大门道摆放着许多中国古代人物的雕像，如文臣武将、关公、穿清代服饰的官吏等。

典故解读

玉佛寺（Wat Phra Kaeo）主要建筑有玉佛殿、新天阁、钟楼、藏经殿、先王殿、佛骨殿、叻达纳大金塔、藏经堂、尖顶佛堂、骨灰堂等。因供奉着一尊玉佛像而闻名，佛像由一整块翡翠雕琢而成，高66厘米，以"禅定"的姿势端坐在祭坛上，头顶上有一个九层的尖塔形华盖。关于玉佛像的来历，说法不一。据说玉佛是15世纪在泰国北部被发现，老挝和泰国因争夺玉佛而爆发战争，1778年拉玛一世（Ramal）击败老挝后终于将玉佛带回国内，并于1782年开始修建玉佛寺。

玩家指南

⊙ **地址:** Pavilion Kuala Lumpur, 168 Jalan Bukit Bintang

🚌 **交通:** 可从华南蓬火车站搭乘53、48路公交车前往。乘坐普通公交车1、25、44、47、82和91路到Maharat Road站下车即可

🕐 **开放时间:** 8:30～11:30，13:00～15:30，皇室举行仪式除外

¥ **门票:** 成人350泰铢/人，包含玉佛寺的门票。讲解机租用两小时200泰铢/人，有英语、法语、德语、西班牙语、俄语、日语和汉语解说，解说费100泰铢/人

景点 ② 泰国国家博物馆

泰国国家博物馆（National Museum）建于1782年，是东南亚最大的博物馆之一，是泰国历史文化之旅的必到之处。国家博物馆是开放式设计，十分美观。馆内按年代顺序陈列有从史前社会到曼谷王朝各个时期重要的历史文物，可谓云集了泰国最好的收藏，如佛像、御用车辆、石碑、陶瓷、象牙雕、木偶和皮影戏用具及服饰、乐器等。最引人入胜的是素可泰朝代（Sukhothai Period）和大成时代（Ayutthaya Period）的各种精致、瑰丽的国王御用武器。馆内的国家历史博物馆则讲述了泰国从古至今的历史。

乘坐在龙凤舟上，紧随其后的是50艘庞大的船队，行驶在湄南河上的场面十分壮观。

······典故解读······

在国家博物馆中皇室的御用船占据了很大的比重，其中泰国帝后乘坐的龙凤舟的船坞最吸引游客眼球。龙凤舟上贴着金箔，镶嵌着珠宝翡翠，凤头高高翘起，嘴上叼着一缕璎珞，据说是当时国王和王后出巡时乘坐的。在曼谷王朝建立200周年纪念盛典上，曼谷王朝第九世国王和王后以及公主们都

······玩家指南······

🏠 **地址：** Na Phra That Rd.
🚢 **交通：** 可在湄南河岸乘坐渡轮抵达
⏰ **开放时间：** 周一、周二9:00～16:00，周三至周日9:00～15:30
💴 **门票：** 200泰铢/人

1 行前早知道
2 出行必备功课
3 新加坡
4 吉隆坡
5 曼谷
6 普吉岛
7 巴厘岛
8 雅加达

景点

③

泰国旧国会大厦

　　泰国旧国会大厦（Ananta Samakhom Throne Hall）建于1907年，由拉玛五世下令建造，直到1915年拉玛六世时代才得以完工。旧国会大厦从外观看，有西方国会大厦圆顶的风格，而整个建筑基础上又加以哥特式教堂的十字模型，室内全以彩色大理石装饰。十字中心是座大厅，主体建筑四面是几个较小的厅，每个厅的屋顶上挂满装饰画，内容以佛教故事为主。厅内陈列着各色奇珍异宝，主要是黄金制品，有金丝编制的帆船模型，有放在大象背上的金质座椅，各种物品都熠熠发光。旧国会大厦对参观者有一定的要求，男性须穿长裤，女性须穿过膝长裙，上身不能露出肩膀及肚脐，不能穿拖鞋。不过游客不用担心，如果因衣服不合格而不能进去，可在旧国会大厦的入口处租用衣物。

······典故解读······

　　拉玛五世，名朱拉隆功，中文名郑隆，后世尊称朱拉隆功大帝。他出生于1853年9月20日，是四世王与兰佩公主所生的长子，并被认为是泰国历史上最具权力和伟大的君主。在他统治暹罗的42年里，实行了一系列的改革。拉玛五世，初登王位时仅15岁，由拉玛四世的宠臣昭披耶·素里雅旺代为摄政。在他年满20岁时，才再次加冕

正式上朝执政。朱拉隆功从小受到西式教育，对暹罗的国情和世界形势比较了解。他是一位爱国而有作为的君主，为了考察和借鉴外国新政，他在18岁时到新加坡、爪哇等地参观访问。回国后就对国家的政治、经济、教育、礼仪等多个方面进行改革。他在位期间，使曼谷王朝达到空前繁荣，国家财政收入越来越高。

景点 ④ 泰王五世行宫

泰王五世行宫（Vimanmek Teak Mansion）为拉玛五世日常生活的宫殿。建于1900年，整个宫殿都是用柚木建造，不用铁钉，全用榫卯连接，是泰国皇宫建筑的经典之作，也是目前世界上以柚木所建规模最大的皇宫建筑。行宫的主殿是一座全柚木材质的三层西式建筑。宫殿样式融西洋式和泰国传统建筑风格为一体，精美绝伦。宫殿共开放了31间展览室，除了展示历代国王的照片、生活用品和珍藏宝物外，还展示世界各国餐具。最引人注目的是瓷器陈列室，展出有众多中国景德镇的高档瓷器。夕阳西下，从宫殿向外仰望，全金柚木制造的宫殿闪烁出令人迷醉的金黄色。

·······典故解读·······

泰王五世的父亲泰王四世在泰国历史上享有极高的声望及地位。他在即位前一手创建了达玛育教派，至今仍是泰国佛教的主流。泰王五世即位之后不负父望，他不仅才华超群，且兼备武功。在他的武器陈列室里，摆放着他曾经用过的战刀、火枪等。在猎物陈列室里，陈列着他亲自狩猎的熊、虎、鹿、鳄鱼等动物头骨。这座柚木行宫如今已成为纪念拉玛五世的博物馆。

·······玩家指南·······

- 🏠 **地址**：Dusit，Angkok
- 🚌 **交通**：乘坐10、18、27、28、70、108路公交车可到达
- 🕐 **开放时间**：9:00～15:00，位于宫殿后的舞台上会定时举行泰国舞蹈和泰拳表演，周日还有耍猴表演，表演节目时间为每天10:00和14:00
- ¥ **门票**：100泰铢/人，有大王宫门票可免费参观

·······贴心提示·······

游客不可单独参观游览，必须在9:00～15:15之间由导游带队每隔半小时进行集体参观，参观时间大约一小时，须注意着装。

1 行前早知道
2 出行必备功课
3 新加坡
4 吉隆坡
5 曼谷
6 普吉岛
7 巴厘岛
8 雅加达

景点 ⑤ 金佛寺

金佛寺（Wat Traimit）又称黄金佛寺，佛寺是由三位华人集资建成，故又称三华寺或三友寺。寺中供奉着泰国三大国宝之一的金佛。金佛通体用黄金打造而成，重5.5吨，高约4米，盘坐的双膝相距3米有余，为素可泰时代的风格。如搬运时，佛像可拆卸成9节。寺院面积不大，整个金佛大概占据了1/4，更凸显了金佛的神圣庄严。寺殿旁专为游客设置了出售小型金佛等纪念品的商店，纪念品做工很精致，不妨去挑选一件留作纪念。

······典故解读······

传说这尊金佛建造于素可泰朝代，后来外敌入侵，为了防止金佛被入侵者掳走，爱国志士在其身上涂以灰泥，埋在土中达300多年，后被发掘出土，但因佛身涂了灰泥，不够美观，被供奉在湄南河岸的帕开旧庙里。后因庙址要改建成仓库，金佛在被搬运过程中不慎摔了一下，佛身灰泥脱落，显露出一尊形态栩栩如生的金佛，遂成为稀世珍宝，乃运来曼谷，供奉寺内，供信徒们顶礼膜拜。不管这个传说是不是真的，这座金佛也可谓名副其实，令人叹服。

······玩家指南······

🏠 地址：Thanon Mittaphap Thai-China, Talat Noi, Samphanthawong, Bangkok

🚗 交通：从曼谷华南蓬火车总站步行约10分钟可达，或乘坐2、7、11、29、50、67、119号公交车到华南蓬火车总站下车步行前往

🕐 开放时间：9:00～17:00

💴 门票：20泰铢/人

景点 ⑥ 四面佛坛

四面佛坛（Erawan Shrine）是泰国香火最鼎盛的宗教据点之一，从早到晚周围摆满了鲜花和香烛等贡品。四面佛是婆罗门教三大主神之一的婆罗贺摩，所以说，其实它是神，不是佛。四面佛的四面分别代表慈（仁爱）、悲（悲悯）、喜（吉祥）、舍（施惠），凡是祈求升天者必须勤修这四种功德。因此进香时要四面都敬到，否则不灵验。神像摆放在工艺精细的花岗岩神龛内，正襟危坐，全身金碧辉煌，四面都是同一面孔、同一姿态。信徒在祭拜时，从正面开始，上烛祭拜，转左，再由右至后，转一圈，每面献花一串，上香三炷。每年的11月9日是神的生日，此时国内外的许多游客便会接踵前来叩拜。

典故解读

据说在1956年Erawan酒店（君悦酒店前身）兴建之时，发生了一连串的不幸事故，有关方面因此请来一名道士作法，依其建议供奉四面佛，方可平安顺利。传说此佛掌管人间的一切事务，其四面所求各不相同：正面求生意兴隆，左面求姻缘美满，右面求平安健康，后面求招财进宝。八手法宝分别是：一手握令旗，代表万能的法力；一手持佛经，代表智慧；一手拿法螺，赐福给人间；一手拿明轮，消灾降魔，摧毁烦恼；一手握权仗，智商与成就；一手握水壶，风调雨顺；一手拿念珠，掌人间之轮回；一手纳手印，庇护保佑众生。据说佛极为灵验，如果祈求后愿望达成，信徒必须准备祭品再次到此酬神还愿，甚至自己或雇人表演歌舞以表自己的诚心。

玩家指南

⚲ 地址：Thanon Ratcha-damri, Lumphini, Pathum Wan, Bangkok
🚌 交通：乘坐空调巴士4、5路，普通巴士13、14路及204路或轻轨（BTS）在Chit Lom站下均可到达
🕐 开放时间：7:00～23:00
💴 门票：免费

1 行前早知道
2 出行必备功课
3 新加坡
4 吉隆坡
5 曼谷
6 普吉岛
7 巴厘岛
8 雅加达

景点 ⑦ 曼谷野生动物园

典故解读

这个野生动物园汇集来自世界各地的珍禽野兽，包括非洲和亚洲哺乳类野生动物园，海底世界（里面有训练有素的海豚和海豹表演有趣的节目），鸟类动物园和游戏角等区域。整个动物园很大，由于有些动物是散养并存在一定的危险性所以游客只能坐在车里，隔着玻璃窗观看成群的鸟类攸然飞过、动物悠然地走过。

曼谷野生动物园（Safari World）占地80公顷，是亚洲最大的开放式动物园和休闲公园之一。动物园分为野生动物园和海洋公园、鸟类动物园、游戏角等区域，其中包括非洲和亚洲哺乳类动物以及世界珍禽类动物，如狮、虎、豹、斑马、长颈鹿、鸳鸯、天鹅等。海洋公园里有训练有素的海豚和海豹表演有趣的节目。游人可乘坐旅行车，或乘坐动物园提供的涂有伪装色的越野车，沿园内公路进入各区参观野生动物的生活情景。除了这些，还可以在这里欣赏到泰国民间舞、巴布亚新几内亚土风舞等表演，以及在富有民族特色的空调餐厅里就餐。

玩家指南

⌂ **地址**：99 Ramindra 1 Rd., Bangkok

🚌 **交通**：在民主纪念碑乘坐26路公交车可到达

🕐 **开放时间**：周一至周五9:00～16:00；周六、周日9:00～17:00，其中水上公园开放时间是8:45～18:00

🎫 **门票**：成人700泰铢/人，儿童450泰铢/人

周边景致

景点 **①** **玫瑰花园**

　　玫瑰花园（Rose Garden）因种植了许许多多颜色各异的玫瑰而得名，除此之外还有各种热带花卉，芬芳扑鼻，争奇斗艳。缤纷的花朵与绿意盎然的树木围绕着传统的泰式古屋，处处流露休闲的气氛。在玫瑰花园中的泰文化村里，浓缩了泰国各地的风土人情，可以看到村民制作传统手工艺品的过程，如丝绸、陶器、古典面具、雕刻水果，以及制作花环、舂米等日常生活内容，还有男子出家剃度仪式、泰拳、古代刀剑搏击、传统泰式婚礼，以及展现泰国文化传统和风土人情的民族歌舞。也可以观看到大象踢足球、跳舞、拔河等异彩纷呈的表演以及高尔夫球、骑马和游艇等观赏和娱乐项目。这里不愧是传播泰国绮丽文化习俗的旅游胜地。

6月初的第一个周日为传统民族节日——玫瑰节，人们会到玫瑰谷举行盛大的庆祝活动。印度童话中说，玫瑰在印度享有殊荣，甚至法律中明文规定：凡向皇上呈献玫瑰者，有权向皇上恩请自己想要获得的一切。

······**典故解读**······

　　可以说，在世界范围内，玫瑰长久以来就象征着美丽和爱情。古希腊和古罗马民族用玫瑰象征他们的爱神阿芙罗狄蒂、维纳斯。玫瑰在希腊神话中是宙斯所创造的杰作，以它用来向诸神夸耀自己的能力。美国人认为它是爱情、和平、友谊、勇气和献身精神的化身。保加利亚是誉满天下的"玫瑰之国"，每年

······**玩家指南**······

🧭 **地址**：3885 Rama 4 Rd., Phra Khanong, Khlong Toei

🚍 **交通**：可乘坐每天从南区汽车站开出的到达动物园的班车，或自己驾车沿着Phet Kasem高速公路行驶大约40分钟即达

⏰ **开放时间**：8:00～18:00，节目表演时间为14:30～16:00

💰 **门票**：花园门票10泰铢/人，表演门票220泰铢/人，马车20泰铢/人，骑象20泰铢/人

景点 **②** 古城七十二府

泰国古城七十二府（Ancient City）占地80公顷，与泰国国土地形几乎相同，是泰国最具民族与历史特色的经典之地。这里将全泰国72个府中最著名的116个建筑和纪念碑等模型缩小复制于此，还有部分景点与真实名胜景区以相同比例建成，仿古建筑达到接近原物的程度，不少古迹断垣残壁的景象均仿制得惟妙惟肖。古城内还设有几处乡村和市场小景，显示泰国乡村和市镇生活风貌。在特定的日子里，还可以看到斗鸡、泰拳和泰国民族舞蹈等表演。到此游览时，宛如遍览了泰国各地的风光。

······典故解读······

七十二府古城是一处人造景点，是一位泰籍华人绿·威里益攀（中文名林国华）投资建造的，属私人产业。因为他对泰国艺术和历史十分热爱，当他看到泰国传统文化正逐渐消失时，开始萌生了重建泰国经典历史文化景观的念头。并于1963年开始动工，投入10亿泰铢，经历十余年，建成了这座"世界最大的户外博物馆"。

············玩家指南············

⌂ 地址：Thai Ban Mai, Mueang Samut Prakan, Samut Prakan
🚌 交通：乘坐511路公交车至终点站，再换乘36路小巴即可抵达
🕐 开放时间：8:00～17:00（无休息日）
💲 门票：成人400泰铢，儿童200泰铢

景点 ③ 丹嫩沙多水上集市

为了保护本国文化和吸引游客，泰国政府在1868年，拉玛四世时代开通的叻丕府（Ratchaburi）丹嫩沙多运河上建成了丹嫩沙多水上集市（Damnoen Saduak Floating Market），它是至今唯一依然保持着泰国昔日水上集市风貌的集市。河道两岸绿树荫下，坐落着一家家水乡居民的住宅，河道中堆满五颜六色的水果、蔬菜以及特色小吃的独木舟鳞次栉比，穿着青色上衣、戴着宽边草帽的泰国妇女一边划船，一边拉长嗓子吆喝叫卖，呈现出一派热闹非凡的景象。

典故解读

在水上集市里，多数小舟选择停靠在固定的岸边等待生意上门，也有部分划船游走的，船上的农民和小贩向游客兜售商品时，一般不上岸，他们以长竹竿为媒介，将花束、水果等递给游客，也有人以长梯靠在岸边，攀梯和岸上的游客做交易。遇到迎面而来的伙伴，微笑着点头或互道早安，遇到想要对方货物时，慢慢地靠过去，相互用手拉住对方的船舷便可。

玩家指南

🧭 **地址**：Damnoen Saduak, Ratchaburi

🚌 **交通**：从曼谷的南部长途汽车站搭乘78路或996路空调车，两个多小时就能到达

🕐 **开放时间**：集市一般从清晨一直持续到14:00左右，7:00～8:00这一段时间是高峰期

💴 **门票**：如果想游遍集市，游客必须包租小船，价格大约是1小时200泰铢/人（可坐2～4名游客）

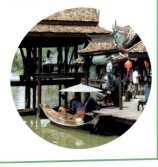

曼谷旅行攻略

如何抵达

泰国的交通以曼谷为中心，通往全国各个城市。所以曼谷的交通极为便利，无论是航空、铁路还是公路，交通工具都极为发达。

航空

曼谷的航空交通比较发达，由素万那普国际机场和廊曼国际机场共同承担着曼谷的航空交通。

素万那普国际机场

曼谷新机场素万那普国际机场（Suvarnabhumi Airport）位于曼谷的东方。机场拥有亚洲最大的航站楼，面积为563000 平方米，分上下七层，是世界上最大、最现代化的机场之一。每小时就有76次航班飞往世界各地。

从机场前往市区的交通主要有机场巴士、出租车、公交车、轻轨等。

↘ 机场巴士

机场巴士的车站位于航站楼一楼，前往地点包括 Sala Daeng Station、Khao San Road、Sukhumvit、Wireless Road及华南蓬火车站等。运营时间为早上5:00至深夜零时，票价为100～150泰铢。

↘ 出租车

从新机场进入市区可以乘坐出租车，价格约300泰铢，到芭堤雅（Pattaya）约1500 ～2000泰铢。

↘ 公交车

从机场到市中心可以乘坐549（红线）、550（蓝线）、551（棕线）、552（黄线）、553（绿线）、554（粉红）路公交车。具体乘车线路可根据到达地点做选择，价格大约为35泰铢/人。389路公交车为机场到芭堤雅的专线，乘坐时间为1.5～2个小时，价格约1000泰铢。

↘ BTS轻轨快线

BTS轻轨快线运营时间早6:00至深夜24:00。从Suvarnabhumi站到终点换乘站Phaya Thai的票价为45泰铢。可在BTS 站票务处购买BTS 乘车券，票价100泰铢。

廊曼国际机场

曼谷的廊曼国际机场（Don Muang Airport）不仅是泰国的重要机场也是东南亚主要航空中心之一，可以直飞亚、欧、美及大洋洲的30多个城市，目前也有通往中国各大城市的航班。当然通往泰国其他城市的航班也很多，飞行时间不会超过5小时。从廊曼国际机场前往市区的交通主要有机场巴士、公交车等。

↘ 机场巴士

泰航空调巴士：沿途在指定的酒店、地点停车。售票处在机场大厅的出口处，先买票后上车。A1线：机场至是隆路（Silom），A2线：机场至王家田广场（Sanam Luang）。A3线：机场至素空逸（Sukhumvit）的亿加买（Ekamai）。A4线：机场至华南蓬火车站。票价均为70泰铢。

↘ 公交车

10号空调巴士：从机场—长途客运北站—胜利广场—长途客运南站为止，票价单程15泰铢。12号空调巴士：与10号线线路一样，总站是长途客运南站，票价单程15泰铢。13号空调巴士：总站是长途客运东站，票价单程15泰铢。29号普通巴士：总站是华南蓬火车总站，票价3泰铢。

铁路

曼谷是泰国的铁路运输系统中心，从曼谷乘坐火车可以到达泰国各个城市和其他国家。曼谷的火车有特快列车，国际列车，长途车以及旅游专线等多种类型，能满足游客的不同需求。曼谷的主要火车站有如下三个。

拍喃四路（Rama IV Rd.）的华南蓬站（Hua lampong）是泰国的火车总站，主要通往泰国北部、东北部和南部的各大城市。火车站大堂宽敞明亮，站台闸口前的指示牌上清楚地写有到站、发车的英、泰文。国际列车、长途车以及旅游专线火车可以在这里查询和订位。

目甲汕路（Nikom Makkasan Rd.）的东线火车站，每天有列车开往泰国东部，包括至柬埔寨境内的阿兰亚普托。

挽谷莲（Thonburi）南线铁路总站，每天有慢车开往泰国南部，沿着暹罗湾的马来半岛直达合艾（Hat Yai），再穿越国界至吉隆坡和新加坡。

公路

曼谷有3个长途汽车总站分别向东行、南行和北行。泰国的公路网很发达，所以在曼谷乘坐长途汽车可以非常便捷地抵达泰国国内各个城市。

Mo Chit Terminal北站主要通往泰国北部各城市。可以乘坐公交车抵达车站，乘坐77路到Mochit站下车，或乘坐138路可直接达到。

Ekkamai Terminal东站主要通往泰国东部各城市，这里出发的车有两种：蓝色中途不休息，需要在车站买票。红色途中有停靠站，根据乘坐距离在车上买票。可以乘坐Skytrain在Ekkamai站下即可到达车站。

Saitaimai南站主要通往泰国南部各大城市，可以乘坐出租车到车站。

1 行前早知道
2 出行必备功课
3 新加坡
4 吉隆坡
5 曼谷
6 普吉岛
7 巴厘岛
8 雅加达

水路

　　湄南河是泰国的主要河流，穿行于曼谷。目前湄南河水上巴士和游艇依然通航，行使于普吉岛、泰国南部城市以及马来西亚的兰卡威岛（Langkawi）。往返湄南河两岸的渡船也是当地居民主要的交通工具，船票仅1泰铢。水上巴士即"长尾船"是曼谷传统水上交通工具，水中性能极佳，速度也非常快。可以乘船观夕阳，也可以在船上享用美食，价格合理。

必须掌握的市内交通

　　曼谷的交通方式多种多样，可以乘坐地铁、公交车、出租车、水上巴士还有一种著名的"笃笃车"。曼谷不仅有普通的马路，还有凌驾于城市上空的城内高速公路。无论选择哪种方式出行，都会是一种新奇的体验。

地铁

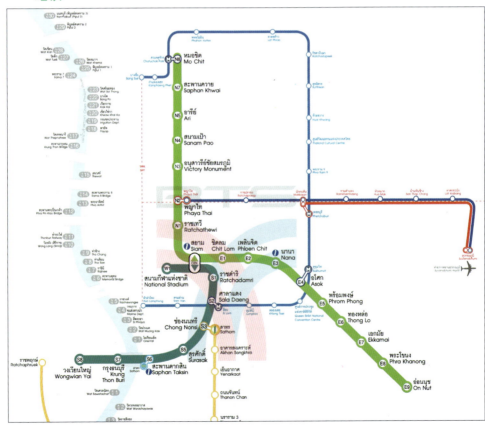

曼谷地铁和架空铁路是曼谷市内最方便、快捷的交通工具，不会出现堵车的现象，运营时间从早晨6点至深夜12点。曼谷地铁，目前只有一条线路，由华南蓬火车站（Hua Lamphong）到Kamphaeng Phet，全程共18站，每隔3~6分钟发车，票价成人14~36泰铢，儿童8~20泰铢。在中转站Silom 站可换乘BTS Sala Daeng站。在地铁 Sukhumvit 站可转BTS Asok 站。 架空铁路（BTS）分为Silom（绿线）及Sukhumvit（青线）两条线路，票价10~40 泰铢。MRT 地铁设1日和3日乘车券，可以在有效期限内无限次乘坐地铁，1日乘车券售120泰铢，3日乘车券售300泰铢。需要提醒的是，BTS和MRT的单程票、通票均不通用，需分别购买。

公交车

曼谷的公交车从早上5:30开始运营，一直到凌晨1:00，非常方便、便捷。乘客上车后要向司机买票，并保留好车票以免中途查票。曼谷的交通很拥堵，经常堵车，所以要提前规划好时间，以免耽误行程。游客可以购买一本公交线路手册和地图，以了解当地的公交分布及具体乘坐线路。

出租车

曼谷的出租车起步价两公里以内35泰铢，之后每公里2泰铢，夜晚收费是白天的一倍。一般曼谷的司机都不用计价器，而是采用议价的方式，所以上车前要先讲好价格。司机一般不懂英语，也不会看地图，要提前学几句泰文或把地址用泰文抄下来。如果对司机有不满的地方，可以记住司机的资料向泰国旅游局投诉。

笃笃车

笃笃（Tuk-Tuk）是当地很有特色的一种代步车，大街小巷随处可见。它是由电动车改装而成的，每个车内可载2~4人。一般只运送路程比较短的客人，上车之前要讲好价钱，否则比出租车的价钱还高。

租车

除了以上几种乘车方式，也可以在泰国租车旅行。机场国际第一航空大楼的入境大厅设有租车柜台，费用1日1400~3300泰铢，一周8400~19800泰铢，需另加10%的税费及汽车保险费。在曼谷开车须遵守当地的交通规则。

1 行前早知道
2 出行必备功课
3 新加坡
4 吉隆坡
5 曼谷
6 普吉岛
7 巴厘岛
8 雅加达

到曼谷游玩必做的事

泰国人生活方式多种多样，具有独特的民族文化。来到这个充满魅力的国度，除了要享受环境优美的住宿和美味的饮食，还要寻找一下其他丰富的活动，让自己的旅行没有遗憾。

TOP1：欣赏舞蹈

泰国舞蹈分为古典舞和民族舞，其中古典舞已有300年的历史，舞者身着泰国丝制的华贵服装，头戴宝塔形的金冠，充满宗教气息。民族舞丰富多彩，有表演结婚习俗的"婚礼舞"，妇女下田插秧的"农民舞"；喜庆五谷丰登的"丰收舞"，以及"祝福舞"等。来到泰国一定要欣赏这里的舞蹈，体验泰国人的文艺生活。

TOP2：观摩泰拳

泰拳是拳击的一种，在世界上是独一无二的。这种运动历史悠久，起初是一种武术，有自己的门派和招式。在比赛前要有拜师仪式，拳击手在比赛时都会忘情地大喊来激励自己，一场精彩的拳赛要靠漂亮的技巧来吸引人，场外的拳迷们往往会很投入，到比赛激烈时也会和选手一起大喊。到泰国千万不能错过这种精彩的纯泰式节目。

TOP3：观看大象表演

泰国的大象世界闻名，曼谷有许多象营，游客可以买食物给大象吃，享受亲自喂食的乐趣。大象表演项目很多，如吹口琴、摇头摆尾、替驯象师按摩、用后脚行走、用鼻子搬木头等各种高难度的表演。既然来到曼谷怎能错过与大象亲密接触的机会呢？

TOP4：体验泰式按摩

泰国传统按摩又称"古式按摩"，是真正的按摩术。泰式按摩是泰国的宝贵文化遗产之一，享誉世界。泰式按摩既可治愈多种疾病又可舒松肌肉、消除疲劳，对身体的健康很有好处。按摩师从脚趾到头顶捏、拽、揉、按、摸、抻、拉，脖颈180°旋转，柔道式大背跨让人觉得全身通畅。为了缓解旅途的劳顿，就来亲身体验一下吧。

人气餐厅大搜罗

泰国的绿色蔬菜、海鲜、水果相当丰富，所以泰国菜的原料多以这些为主，在保证味道的同时也很注重视觉享受，不管是瓜果蔬菜还是各种海鲜，都要搭配得色彩鲜亮，让人大饱眼福。炭烧蟹、炭烧虾、猪颈肉、咖喱蟹等都是曼谷餐厅必备的菜肴，喜欢吃海鲜的游客可以在这里一饱口福了。

高级餐厅

The Spice Market餐厅

这家餐厅是传统的泰国菜馆，曾被选为"曼谷最美味"的餐厅。餐前免费提供泰国中部传统小吃Meang Khan，红咖喱鸭味道也很不错。

- 🏠 地址：155 Rajadamri Road，Bangkok 10330
- ☎ 电话：0066-2-1268866
- ¥ 价格：1300～1900泰铢

Baan Khanitha 餐厅

这家餐厅在当地可谓是家喻户晓，不仅外观漂亮，内部装修也很大方。餐厅内创意泰式菜肴深受食客欢迎。

- 🏠 地址：36/1Sukhumwlt Soi 23 （Soi Prasanmit）
- ☎ 电话：0066-2- 2584181
- ¥ 价格：1300～2000泰铢

Celadon餐厅

这家餐厅是曼谷最美丽的餐厅之一，屋内的装修风格采用传统的泰式风格。餐厅的泰式料理非常美味，特别是咖喱烤鸭，是店内的招牌菜。餐厅有两套丰富的菜单可供游客选择。

- 🏠 地址：Sukhothai Hotel，13/3Thanon Satorn Tai
- ☎ 电话：0066-2-3448899
- ¥ 价格：1800～2000泰铢

1 行前早知道
2 出行必备功课
3 新加坡
4 吉隆坡
5 曼谷
6 普吉岛
7 巴厘岛
8 雅加达

Salathip餐厅

这家餐厅是湄南河上的休闲餐厅，浪漫的氛围是情侣不可错过的地方。香味咖喱是这家餐厅的特色，值得品尝。

- 地址：89 Soi Wat Suan Plu，New Road，Bangrak，Bangkok 10500
- 电话：0066-2-2369952
- 价格：1600泰铢

Harmonique餐厅

这家餐厅供应传统泰国菜肴，店内以缅甸古董为装饰，别具一格。餐厅菜肴以黄色咖喱调制的螃蟹或搭配黑蟹的绿芒果沙拉味道极好，值得品尝。

- 地址：22 Soi CharoenKrung 34
- 电话：0066-2-2378175
- 价格：1500～1800泰铢

中餐厅

Xinn Tien Di 餐厅

这家餐厅经常制作富有创意的小点心，口味清淡不油腻。配有辣椒酱和柠檬酱的清蒸笋壳鱼，肉质紧实、极其美味，令人神清气爽。这里的招牌菜是北京烤鸭，鸭子外皮松脆、不油腻，味道奇特且价钱合理。

- 地址：Gaysorn Plaza 999，Gaysorn Unit 3F-22，Ploenchit Lumpini Pathum Wan
- 电话：0066-2-6562115
- 价格：1500泰铢

特色餐厅

海鲜市场大酒楼

海鲜市场大酒楼的海鲜很新鲜，而且种类繁多，任由食客挑选。厨师会以多种烹饪方式满足客人的不同口味需求。

🎧 地址：89 Sukhumvit Soi 24，Sukhumvit Rd，Klongtoey，Bangkok
📞 电话：0066-2-1268905
💰 价格：1200～1300泰铢

Ramayana免税店国际自助餐厅

餐厅是King Power 旗下自助餐厅，餐厅里有各式美食，包括泰式风味、日本料理，中式口味，几十种菜肴任由客人选择。口味丰富、纯正，令食客大饱口福。

🎧 地址：8/1 Rangnam Road Phayathai Bkk
📞 电话：0066-2-1268866
💰 价格：1000～1200泰铢

湄南河豪船Wanfah 餐厅

餐厅设在豪华的柚木船上，船上有丰盛的食品供客人选择。你可以和亲友闲坐在河船上一边享受美食，一边欣赏湄南河醉人的夜景，度过一个美好而难忘的夜晚。

🎧 地址：292 Tanam Ratchawong Bkk
📞 电话：0066-2-1279866
💰 价格：700～1000泰铢

靠谱住宿推荐

曼谷的高级酒店和豪华酒店林立，在服务和价格方面都首屈一指。此外还有家庭式旅馆、水上住家、青年旅舍、招待所等众多选择，其住宿环境清幽、洁净、设备齐全，价格也很优惠。酒店一般要加收7%～10%的政府税和10%的服务税，标有实价字样的酒店除外。

高级酒店

1 行前早知道
2 出行必备功课
3 新加坡
4 吉隆坡
5 曼谷
6 普吉岛
7 巴厘岛
8 雅加达

Lebua at State Tower酒店

Lebua at State Tower是一间豪华酒店，拥有现代化套房，在室内可以观看城市风貌和河流的美景，客房配有平面电视、DVD播放机、宽敞的连接浴室和免费无线网络。客人可以在户外游泳池游泳或享受放松身心的按摩理疗。酒店距机场只有25公里。

🏠 地址: State Tower 1055/111 Silom Road，Bangrak，Silom，10500 Bangkok
📞 电话: 0066-2-6249999
💴 价格: 高级套房5200泰铢，河景套房5600泰铢

Cha Trium Hotel Riverside Bangkok

这是一家高级酒店，拥有一座室外游泳池、SPA中心和健身中心。酒店为客人提供免费的停车场和6个用餐场所。客房配备有深色木制家具和平面电视，客人可以在设施齐全的小厨房内烹制菜肴。酒店距素万那普国际机场只有35分钟的车程。

🏠 地址: 28 Chareonkrung Soi 70，Bangkholame，10120 Bangkok
📞 电话: 0066-2-3078888
💴 价格: 城市景观豪华双人或双床间3400泰铢

In Residence Bangkok Sukhumvit

In Residence Bangkok Sukhumvit酒店是一间禁烟酒店。酒店配备有免费网络、游泳池和带有小厨房的宽敞套房。客房装修典雅，颜色明亮，每间套房均设有起居室、用餐区和浴室。酒店设有免费停车场，距离国际机场有45分钟的车程。

🏠 地址: 23/2 Sukhumvit 13，Sukhumvit Road Klongtoey Nua，Wattana
📞 电话: 0066-2-6306345
💴 价格: 一室公寓2900泰铢，一卧室套房3200泰铢

家庭旅馆

At One In Hualampong

At One In Hualampong旅馆（前身为 At One Inn）邻近华南蓬火车站。旅馆设有餐厅、空调客房、免费无线网络以及免费停车场。客房铺有硬木地板，配有电话，部分房间设有私人浴室和平面电视。旅馆距离暹罗广场和世界贸易中心仅15分钟车程。

🎧地址：Hualumpong，Jarumuang Road，Phatthumwan
🖲电话：0066-2-2204334
💲价格：标准双床间940泰铢，单人间带共用浴室730泰铢，高级双人或双床间1300泰铢

Star Inn Hotel

Star Inn Hotel旅馆的客房铺有瓷砖地板，装潢现代、灯光温馨，配备有有线电视、冰箱以及私人浴室。距离Suan Lum夜市、世界贸易购物中心和Emporium购物中心不到2公里，距离Nana BTS轻轨站仅有两分钟步行路程。

🎧地址：131/40-41 Soi Sukhumwit 7/1，Klongtoey nua，Wattana
🖲电话：0066-2-653 9982
💲价格：普通双人间850泰铢，标准双人间900泰铢，高级双人间1200泰铢

Link Corner Hostel

Link Corner Hostel旅馆为客人提供免费无线网络、24小时前台服务和一个配备了有线电视的公共区。舒适的空调客房拥有现代化的装饰。

🎧地址：86/7 Ratchaprarop Road，Phaya Thai，Ratchatewi，Padua 000
🖲电话：0066-2-6400550
💲价格：标准双人间830泰铢，混合宿舍单人床360泰铢

青年旅舍

Saphaipae Hostel

Saphaipae旅舍为客人提供时尚的住宿。拥有宿舍式客房和私人客房，均提供免费无线网络。客房配有空调、共用或私人浴室、热水淋浴和卫浴设施。旅舍交通便利，乘坐轻轨只需4站便可至MBK购物中心。

🎧地址：35 Surasak Road，Silom
🖲电话：0066-2-2382322
💲价格：高级双人间1300泰铢，6床位混合宿舍的单人床360泰铢

Refillnow Hostel

Refillnow旅舍距离Phra Khanong BTS车站仅有10分钟的车程。距离餐饮场所有

1 行前早知道
2 出行必备功课
3 新加坡
4 吉隆坡
5 曼谷
6 普吉岛
7 巴厘岛
8 雅加达

153

5分钟的步行路程。旅舍提供免费停车场、按摩和游泳池。客房拥有白色的家具摆设和充足的自然光线，每天都会更换毛巾和床单。距离素万那普国际机场有30分钟车程，距离华南蓬火车站有20分钟车程。

地址: 191 Soi Pridi，BhanomYong 42，Yak 5，Sukhumvit 71，Wattana
电话: 0066-2-7132044
价格: 双床间1300泰铢，混合宿舍单人床380泰铢

Lub d Bangkok

Lub d Bangkok旅舍设有一间咖啡厅和酒吧。为客人提供休息区和价格合理的住宿。客房配有空调、浴室用品、吹风机、保险箱、大型空调和共用浴室。距离Patpong Street 大街和曼谷市中心的夜市仅1公里。

地址: 4 Decho Road，Suriyawong，Bangrak，Silom
电话: 0066-2-6347999
价格: 双床间带共用浴室1100泰铢，女士宿舍的单人床位350泰铢，混合宿舍单人床400泰铢

特色酒店

Banyan Tree Bangkok

Banyan Tree Bangkok酒店设有豪华的客房。酒店设有一间精美的顶楼餐厅以及酒吧、一个带泳池的水疗中心和7个餐饮场所。客房空间宽敞，铺有木地板，并设有大窗户、休息区、迷你吧、泡咖啡/沏茶设施和卫星电视。酒店距离Lumphini地铁站和Suan Lum夜市仅有10分钟步行路程。

地址: 21/100 South Sathon Road，Sathorn，10120 Bangkok
电话: 0066-2-6791200
价格: 豪华双床间5900泰铢，尊贵双人间6000泰铢，Banyan Tree俱乐部双人间或双床间6600泰铢，一卧室套房7500泰铢

Amari Boulevard Bangkok

Amari Boulevard酒店是一家高级酒店。酒店设有一个屋顶游泳池，现代化的客房和免费无线网络。客房宽敞明亮，享有城市全方位的美景，均配备有一台平面卫星电视、空调和一张办公桌。酒店距离素万那普国际机场约有22公里，离Nana BTS轻轨站仅有400米。

地址: 2 Soi 5，Sukhumvit Road，Wattana
电话: 0066-2-2552930
价格: 高级双人间或双床间3000泰铢，高级双人或双床间3300泰铢，套房6100泰铢

小资情调初体验

泰国的生活可谓丰富多彩，无论是繁华的大都市，还是偏僻的乡镇，娱乐休闲的场所遍布每一个角落。曼谷是一座不夜城，酒吧、夜总会、剧院热闹非凡，是体验当地多彩生活的好去处。

人妖表演

金东尼豪华人妖歌舞秀

这里每到晚上就会上演各种民族风情的歌舞，颇具特色。每天17:00、19:00、21:00分别开场。

🎧 **地址**: 252/5 Soi 18 Rat-chadapisek Road
🕐 **营业时间**: 周一至周日20:00～23:00
💰 **价格**: 入场费500泰铢

克里普索人妖秀

这里上演曼谷最著名的人妖表演、舞蹈、演唱、喜剧等精彩节目。模仿英国著名的辣妹演唱组合的表演非常逼真，演出后可与演员合影留念。

🎧 **地址**: 296 Phayathai Road Asia Hotel
🕐 **营业时间**: 周一至周日19:00～21:00
💰 **价格**: 入场费600泰铢

Mambo Cabaret 曼波人妖秀

这里的表演以百老汇的舞蹈和歌曲为主，还包括一些流行歌曲。

🎧 **地址**: 22 Sukhumvit Soi Washington Square
🕐 **营业时间**: 周一至周日20:00～23:00
💰 **价格**: 入场费600泰铢

迪厅

Concept CM2

这是一个大型娱乐中心，有一个Disco舞厅和5个酒吧，能在这里欣赏到精彩的国外乐队现场演奏。

🎧 **地址**: Novotel Bangkok，Siam Square
🕐 **营业时间**: 周二至周五12:00～凌晨1:00，周六、周日16:00～凌晨3:00
💰 **价格**: 入场费200泰铢

1 行前早知道
2 出行必备功课
3 新加坡
4 吉隆坡
5 曼谷
6 普吉岛
7 巴厘岛
8 雅加达

Discovery迪厅

Discovery迪厅里面有Disco舞厅和酒吧，乐队现场演奏。充满激情的舞蹈和劲爆的现场音乐，令人疯狂。

- 📍 地址：12 Sukhumvit Soi
- 🕐 营业时间：周一至周日15:00～凌晨2:00
- ¥ 价格：入场费300泰铢，周末500泰铢

金星迪厅 Taurus

这是一家曼谷最为新潮、人气很旺的大型Disco舞厅，深受当地年轻人的喜欢。

- 📍 地址：Sukhumvit Soi 26
- 🕐 营业时间：周一至周五14:00～凌晨2:00，周六16:00～24:00
- ¥ 价格：入场费500泰铢

酒吧

波比的武器酒吧（Bobbys Arms）

这是一家正宗的英式酒吧，提供最好的蓝调音乐、英国小吃，飞镖、棋类等游戏活动。

- 📍 地址：Patpong 2，Silom
- 🕐 营业时间：每天16:00～凌晨2:00
- ¥ 价格：入场费200～300泰铢

干杯酒吧（Cheers Pub）

这是一家位于曼谷的正宗英式酒吧，"灵魂食品"乐队（Soul Food）常在酒吧演出。

- 📍 地址：Silom Road Holiday Inn
- 🕐 营业时间：周一至周五17:00～凌晨2:00，周六、周日16:00～凌晨3:00
- ¥ 价格：入场费200～300泰铢

硬石咖啡吧（Hard Rock Cafe）

这是一家世界著名的音乐咖啡酒吧，里面有摇滚或流行音乐的演出。逢周一有电话风乐队（Telefon）现场演出。

- 📍 地址：Rama 1 Road，Siam Square
- 🕐 营业时间：每天17:00～凌晨3:00
- ¥ 价格：入场费200～300泰铢

萨克斯风酒吧（Saxophone）

这是一家曼谷著名的爵士乐和蓝调乐酒吧，喜欢萨克斯管演奏的人一定不要错过。

- **地址:** 3/8 Phayathai RoadVictory Monument
- **营业时间:** 每天17:00～凌晨1:00
- **价格:** 入场费150～240泰铢

购物狂想曲

在曼谷购物，漆器、手绘纸伞、木雕、银器、青瓷，这么多精美的物件总有一件令你爱不释手。现在泰国已逐渐成为服装生产及外销国，可以从曼谷买一些高级衬衫、套装、夹克、牛仔裤、运动衣等，价格相当便宜。

购物区

暹罗区（Siam Area）

暹罗区是曼谷最集中的购物中心，包括Siam Center、Siam Discovery Center、Siam Square等几家大型百货公司和纵横交错的购物街。

- **地址:** Rama 1 Rd.
- **营业时间:** 每天8:00～21:00

Silom Night Plaza购物区

Silom Night Plaza位于曼谷的Silom区，是曼谷最为热闹繁华的夜市购物区之一。每当夜幕降临，这里便成了著名的夜市，大排档、流动摊档数不胜数。这里的物品价格会很高，需要和摊主"砍价"。

- **地址:** Silom Road，Bangrak
- **营业时间:** 每天16:00～21:00

购物中心

Siam Paragon

Siam Paragon百货商场是曼谷的大型购物中心，占地50万平方米。斥资150亿泰铢兴建，内有250家商店，出售珠宝、服饰、电子产品等各种商品。百货公司、超级市场、电影院、会议展览中心及东南亚最大的拥有3万只海洋生物的暹罗海洋世界（Siam Ocean World）生活馆等也在购物中心内，想要把这里逛完可要花上好几天的时间。

- **地址:** 991 Rama 1 Road, Pathumwan, Bangkok 10330
- **营业时间:** 周二至周日8:00～19:30，周一休息

1 行前早知道
2 出行必备功课
3 新加坡
4 吉隆坡
5 曼谷
6 普吉岛
7 巴厘岛
8 雅加达

Central World

购物中心的整个建筑外观设计感独特，商场内部宽敞、舒适，为顾客提供优质的购物环境。Central World进驻了Miss Sixty、Timberland、Zara等世界品牌旗舰店，此外还有百货公司、超市、电影院、餐厅等超过500家的商铺。

🎧 地址：4 Rajdamri Road, Pathumwan, Bangkok 10330
⏰ 营业时间：周一至周六8:00~19:30，周日休息

Emporium

Emporium是曼谷最好的购物场所之一，拥有Guess、Fcuk、Energie、Boots等名牌入驻。在这里总能买到称心的商品。

🎧 地址：622 Sukhumvit Road (Soi 24) Klongton, Klongtoey
⏰ 营业时间：周二至周日8:00~20:00，周一休息

Erawan Bangkok

Erawan Bangkok是一个全新的高级大型商场。集吃、喝、玩、美容于一体，二楼至三楼是国际名牌时装、手袋及钟表店，四楼是SPA用品和美容店，地下是城市美食坊，提供有印尼菜、中餐、泰菜和日式料理。

🎧 地址：Erawan Bangkok
⏰ 营业时间：周一、周三至周日9:00~19:30，周二休息

专卖店

James Gallery专卖店

James Gallery是泰国获得国际ISO 9002认证的珠宝行。在这里可以放心选购珠宝饰品，价格合理。

🎧 地址：Rama 6 Rd., Bngkok 10400
⏰ 营业时间：每天8:00~19:00

詹姆·汤姆逊专卖店（Jim Tom Som）

Jim Tom Som是泰国最出名的泰丝专卖店，有各种高档泰丝出售。整个商店建筑为泰式花园风格，这里收藏了很多名贵的货品，是一个泰丝博物馆，入内参观票价为100泰铢。

🎧 地址：Rama 1 Rd.（Soi 2）
⏰ 营业时间：周一至周六9:00~16:30，周日休息

集市

假日市场（Jatujak Market）

假日市场在 Jatujak公园旁，是东南亚最大的自由市场，包括27个区：艺术画廊、陶艺品、藤制品、木雕、风味小吃区、装饰品区、旧书市场、二手服装市场、宠物区和花鸟市场等。在这里不仅能买到泰国正宗的手工制品，也能买到价格实惠的商品。

🏠地址：Thanon Phet Kasem，Bang Muang，Takua Pa，Phang-nga 82110
🕐营业时间：周六、周日10:00～17:00

泰国传统水上集市（Damonen Saduak Floating Market）

泰国传统水上市场是泰国唯一保存水上集市风貌的传统市场。附近居民仍然保存着水上人家的传统生活方式。早上7:00，河面上小艇来往穿梭，热情地向岸上的游客兜售鲜花、水果、手工艺品、传统小吃等，场面颇为壮观。

🏠地址：Damnoen Saduak，Ratchaburi 70130
🕐营业时间：每天7:00～10:00

翟道翟市场（Jatujak Weekend Market）

翟道翟市场是亚洲最大的跳蚤市场，只在周六、周日开放。每次开放都吸引大量当地居民和游客前来这里购物。商品风格多样，复古的、民族的、潮流的、原创的、另类的都有，能满足不同人群的购物需求。

🏠地址：Paholyathin Road，Bangkok
🕐营业时间：周六、周日全天

不得不提的曼谷特产

来到泰国的曼谷，除了要欣赏美丽的风景，感受宗教文化，还要购买当地的特色产品留作纪念。无论是珠宝首饰、泰丝、皮革制品还是家居用品都是馈赠亲友的佳品。

特产1：珠宝和饰物

泰国盛产红、蓝、绿宝石和紫水晶等，宝石资源相当丰富。泰国对珠宝原料免征进出口关税，而且珠宝设计新颖、做工精细，并且价格低廉，吸引了世界各地的珠宝源源不断地来到泰国加工，使泰国逐渐发展为亚太地区的珠宝首饰业的中心，来泰国旅游一定要买一些漂亮的珠宝留作纪念。

特产2：泰丝

泰丝是泰国制作高贵的服饰、手帕、领带、围巾等各种高级用品的原料，因其独特的质地、柔滑的手感而深受人们的喜爱。

特产3：泰北的纺织品及家居用品

泰国北部的纺织品及居家用品比较有名，原料采用天然的印染工艺。精细、柔软的布料配以山地民族的手工绣花制成服装、桌布、地毯等，具有当地民族的特色和浓浓的乡土气息。不仅深受当地人的喜爱，也让外地游客爱不释手。

特产4：皮革制品

泰国生产的鳄鱼皮、鸵鸟皮、蜥蜴皮、蛇皮、珍珠鱼皮等珍贵的皮革制品闻名世界，这些皮革制品不仅制作精细，设计精美而且价格也不贵。

特产5：古董

泰国被称为东南亚的"古董天堂"，不仅有素可泰朝代的宋卡洛陶瓷、寺庙的雕刻品，也有宫殿的木制装饰品、玩偶、面具等。吸引了世界各地的收藏者来泰国淘"宝"。

特产6：土特产

泰国是一个物产丰富的国家，盛产各种热带水果，被誉为"水果王国"。如香蕉、柑、橘、木瓜、椰子、菠萝、石榴、菠萝蜜、荔枝、龙眼、芒果、榴莲、山竹、红毛丹等水果大量出口到世界各地。除了这些水果，这个热带国家还盛产燕窝、鱼翅、鳄鱼肉等滋补珍品，深受各国人的喜爱。

特产7：金银铜锡制品

泰国不仅珠宝有名，黄金、银、铜、锡等贵金属的饰物也很受欢迎。泰国贵金属的制作工艺有着悠久的历史，工匠们的手艺高超、做工精细且设计美观，最重要的是价格便宜。

特产8：泰国大米

泰国主要出口农产品泰国大米，颜色白而透明，煮成的米饭香柔、滑嫩、爽口，在世界粮食市场上享有很高的声誉。

1 行前早知道
2 出行必备功课
3 新加坡
4 吉隆坡
5 曼谷
6 普吉岛
7 巴厘岛
8 雅加达

161

6 普吉岛

普吉岛作为印度洋安达曼海上的一颗"明珠"，拥有宽阔美丽的海滩、洁白纯净的沙粒、绿如翡翠的海水。这里迎接着世界各地的游客，每一年来访普吉岛的游客似乎都在寻找各种各样狂欢的理由，众多节日和丰富多彩的夜生活成为旅行中必不可少的一部分。参与其中，忘记自己过客的身份，享受海岛风情的愉悦和惬意吧。

普吉岛印象零距离

普吉岛知识知多少

　　普吉岛是泰国最大的岛屿，位于安达曼海之上，是泰国的世外桃源。这里拥有温暖的海水，美丽的海滩，还有天然洞窟和钟乳石洞等自然景观，各种景色美不胜收。普吉岛面积为543平方公里，东西宽21公里，南北长48公里，岛上的主要地形是绵延的山丘，也有几处盆地，并有39个离岛。普吉岛最引人入胜的是坐落在小岛西边的10多个美丽海滩，如巴东海滩（Palong Beach）、苏林海滨（Hat Surin）等，海滩上散布着色彩缤纷的太阳伞，光与影在此交错，晒太阳或戏水的游客欢笑声此起彼落，对于许多人而言，喜悦的感觉正是来此地的最大收获。当然，普吉岛的魅力还不仅仅在于迷人的海滩，除市区外，岛上到处都是绿树成荫的小山岗，风景名胜比比皆是，堪称东南亚最具代表性的海岛旅游度假胜地。岛上一幢幢造型各异的饭店、旅馆仿佛都微笑着恭候各地的游客。因此，游客无论单身前往，还是结伴而行，都能在普吉岛玩得尽兴。

普吉岛城区地图

1 行前早知道

2 出行必备功课

3 新加坡

4 吉隆坡

5 曼谷

6 普吉岛

7 巴厘岛

8 雅加达

普吉岛游玩前须知

什么时间旅游最适合

普吉岛一年分为3个季节，即温季、雨季和旱季，而最佳的旅游季节则是温季，为每年的11月～次年2月份，这个季节相对比较凉爽，适合做水上运动。雨季为每年的5～10月份，在大暴雨之后时常能看见美丽的彩虹。

最IN风向标——旅游穿衣指南

每年的4～9月份为雨季，尤其是5月，几乎天天下雨，但是温度在25～30℃，炎热的气候会使人非常不舒服。所以旱季是旅行的最佳季节，少雨且

气温适宜，在此期间，穿短袖、短裤即可，但因为泰国整个国家平均温度比较高，湿度比较大，商场等公共场所都会开冷气，所以建议带上一件轻便的长袖衣服，可以在冷的时候随时穿上，以防感冒。

不可不知的生活点滴

当地货币先了解

普吉岛使用货币与曼谷完全相同。普吉岛各海滩有很多货币兑换点。如果是团队出行，基本上会有接机服务，所以只要准备一些零钱作为接机司机和入住酒店服务员的小费就可以了，其他均可携带美元兑换，汇率比较划算。

在普吉岛如何付小费

普吉岛有些地方可能需要支付小费，这不算是强行的，更多的是一种礼仪。如果服务人员服务态度良好，可酌情给予小费，一般一次20～30泰铢。

当地电压及插头

泰国的电压都是220伏特，插头是两脚扁身的。与其他国家不同的是，当地要找三脚转两脚的插头并不容易，所以旅行必备物品里一定不可缺少插头哦！

当地风俗习惯全了解

普吉岛与曼谷的风俗习惯类似，下面列举一些泰国人的禁忌，仅供参考。在泰国的公众场合，不要做出有损风貌的举动，如拥抱、亲吻和握手，这被认为是不符合当地风俗的。

泰国人不用红笔签名，因为泰国人死后，会用红笔在棺材口写上其姓氏。他们喜爱黄色，禁忌褐色。人们习惯用颜色表示不同日期：周日为红色，周一为黄色，周二为粉红色，周三为绿色，周四为橙色，周五为淡蓝色，周六为紫红色。人们常按不同的日期，穿不同色彩的服装。过去白色用于丧事，现在已经改为黑色。在人经常走过的地方，如门口、房顶等禁止悬挂衣物，特别是裤衩和袜子之类。

在一些乡村，忌赞美别人小孩长得漂亮。泰国人在泰历的每年12月月圆时要举行水灯节，这是泰国最热闹的一个节日。在观看水灯时一定要注意，无论水灯多么精致美丽，都不能拣起来，否则会受到严厉的惩罚。

1 行前早知道

2 出行必备功课

3 新加坡

4 吉隆坡

5 曼谷

6 普吉岛

7 巴厘岛

8 雅加达

实用信息一个都不能少

必须牢记的紧急联系方式

报警：191

火警：199

救护车：0066-76-254 425，210 935

观光警察： 1155（有英、德、法三种语言，24小时服务）

游客服务中心：1672 （周一至周日8:00～20:00）

青年旅游服务中心： 02-694-1222 转 1781-90

泰国观光局普吉岛办事处：0066-076-212 213

小贴士

　　中国全球通用户可以在普吉岛使用手机，拨打当地的电话是24.7泰铢/分钟，接听29.5泰铢/分钟，拨打国内电话63.9泰铢/分钟，发送短消息是9.8泰铢/条，也可以在当地购买SIM卡，SIM卡都是单向收费，没有市话和长途之分，即使预存话费为0，也照样能接听电话。

不可不知的实用网址

普吉岛海滩全指南（介绍各个海滩的基本信息和潜水情况等）

www.daododo.com

普吉岛交通网

www.gogocn.com/article/200811

6164406_3639.htm

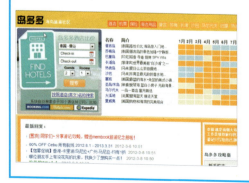

必须了解的医疗服务

普吉岛的医院一般提供24小时的急诊服务，并可将病人转至曼谷等较大医院，提供更好的医疗服务。大多数的旅馆和招待所都提供24小时的医疗服务，并可以根据需要提供急救车服务。此外，普吉岛的医院与国际营救的SOS都有联系，可获得飞机的医疗协助。以下为部分医院的联系方式。

名　　称	地　　址	电　话	紧急呼叫
Phuket Mission Hospital	4/1 Thepkrasattri Road Muang Phuket 83000	0066-76-237 220	0066-76-237 227
Phuket International Hospital	44 Chalermprakiat Ror 9 Road, Muang Phuket 83000	0066-76-249 400	0066-76-210 935
Phuket Ruampaet Hospital	340 Phuket Road, Muang Phuket 83000	0066-76-217 964	0066-76-217 965
Wachira Hospital	Yaowarat Road, Muang Phuket 83000	0066-76-211 114	

当地物价先知道

普吉岛是泰国较热门的旅游城市，所以物价相对会比其他城市高一些，不过相对于各大海滩，在普吉镇上的价格还算低廉。由于季节的不同，普吉岛上的物价也有很大变动，如雨季，即旅游淡季，无论是宾馆还是游船的价格都比旺季的价格要低很多。

↘ **餐饮类**：餐厅的炒饭价格约40泰铢，冰咖啡等饮品价格约15泰铢。海滩上的餐厅一般人均消费在200泰铢左右，方便速食最低价格为40～150泰铢，中档价格为150～300泰铢，高档价格为300泰铢以上。

↘ **住宿类**：普吉镇的住宿价格一般在500泰铢以下，各个海滩上的各大度假酒店中最低档的价格为300～800泰铢，中档的价格800～2500泰铢，高档的价格为2500泰铢。

1 行前早知道
2 出行必备功课
3 新加坡
4 吉隆坡
5 曼谷
6 普吉岛
7 巴厘岛
8 雅加达

市区景点

幻多奇主题乐园

幻多奇主题乐园（Phuket Fantasea）于1998年年底正式开幕，是普吉岛上唯一在夜间开放的主题乐园。主题乐园包含三大游乐设施和一个可同时容纳4000人的金娜皇家雅宴自助餐厅。梦幻王国是幻多奇主题乐园的核心娱乐场，表演有空中飞人、神奇魔术、高空表演和特技杂耍等。象王宫殿剧场大约可容纳游客3000名，以展现泰国传统文化表演为主，生动活泼的剧情结合先进的特效技术让游客目不转睛。嘉年华村则是一条蜿蜒的购物街，除了出售丝绸、皮革、手工艺品与陶制品外，以大象为主的纪念品也随处可见。在金娜皇家雅宴自助餐厅里可以品尝到当地特色佳肴和世界各国的风味美食。乐园以其丰富的视听飨宴让幻多奇主题乐园成为游客不可不去的旅游景点之一。

典故解读

大象在泰国人心中是胜利、昌盛、吉祥的象征。早在大城王朝时期，在一次泰缅之战中，数百头大象载人上阵冲杀，头拱、脚踢，很快打败缅军，为泰国历史书写了辉煌的一页。之后泰国人开始热爱大象，崇敬大象，虔诚地修筑象战纪念塔，还举办别具特色的大象节。聪明能干的大象不但在生产和生活中发挥作用，而且在兴盛的旅游业里还扮演着重要角色。在幻多奇主题乐园里，可以观看到十几头大象一起走上舞台表演的精彩场面。

玩家指南

🧭 **地址：** 99 Moo 3，Kamala，Kathu，Phuket
🚌 **交通：** 可乘坐出租车或笃笃车前往
🕐 **开放时间：** 17:30～23:30，每周四不对外开放
¥ **门票：** 成人1100泰铢/人，12岁以下儿童800泰铢/人。舞台表演：1500泰铢/人；自助餐：成人800泰铢/人，4～12岁儿童600泰铢/人；演出+自助餐套餐：成人1900泰铢/人，4～12岁儿童1700泰铢/人。剧场内位置最好的金席另加250泰铢/人，4岁以下儿童免费，但不占座位

景点 ② 通赛瀑布

通赛瀑布（Ton Sai Waterfall）在栲帕吊国家公园（Khao Phra Thaeo National Park）内。瀑布自山顶飞泻而下，气势磅礴。站在瀑布下，一阵水气袭来，阴凉扑面，顿觉清爽。瀑布附近生长着多种繁茂植物，还有无数飞禽、野猪、猴子出没。此外公园内还有一个培育长臂猿回归大自然的长臂猿保护区，保护区由志愿者管理，靠捐赠获得资金。游客可以出资1800泰铢认养一只长臂猿一年。另外有一条奈阳森林徒步路线，路线长5公里，环绕国家公园的海岸线。游客还可以攀上小丘，欣赏当地醉人的自然景观，并且可以近距离地接触动物。返回度假村前，你还可漫步到海边，眺望海天一线。

典故解读

泰国野生的白掌长臂猿形态优美，尤其是小长臂猿更是憨态可掬。因此有不少人捕捉这种长臂猿作为宠物饲养，导致野生长臂猿数量不断减少。1992年，泰国政府颁布法律，禁止捕捉野生长臂猿，违反者将处以35844泰铢的罚款和4年监禁。同年，长臂猿保护计划在普吉岛的热带雨林里展开，保护中心也正是在这时成立的。

·········· 玩家指南 ··········

⌂地址： Namtok Ton Ton Sai, Thep Krasattri，Thalangt

🚗交通： 先乘载人小货车到达塔兰，再换乘出租摩托前往瀑布景区（10泰铢），如果从塔兰步行前往，约需40分钟

🕐开放时间： 8:00～18:00

💰门票： 栲帕吊国家公园门票200泰铢/人，长臂猿饲养中心门票是自愿捐款

1 行前早知道

2 出行必备功课

3 新加坡

4 吉隆坡

5 曼谷

6 普吉岛

7 巴厘岛

8 雅加达

景点

3

皮皮岛

皮皮岛（Ko Phi Phi Don）由大皮皮岛和小皮皮岛组成，两座岛之间的小港上密集分布着旅店、餐厅、酒吧、潜水学校、旅行代理和小摊贩等，可谓是连接大、小皮皮岛最热闹的"走廊"。"走廊"两侧是美丽的南湾海滩（Ao Nang）和通赛海滩（Hat Ton Sai）。岛上净白的沙滩，碧蓝的海水，茂密的椰林，甚至空气都弥漫着热带海岛的气息，举起相机，按下快门，任何一张照片都可以当做风景明信片。皮皮岛又是闻名于世的潜水乐园，潜水深度可达30米，水下能见度在10～25米，潜水过程中，可与海洋生物亲密接触，这种体验绝对让你终生难忘。

典故解读

潜水原本是指为进行水下勘察、打捞、修理和水下工程等作业而在携带或不携带专业工具的情况下进入的水下活动，这也是所谓的专业潜水。而如今，潜水已发展成以水下观光和休闲娱乐为目的的一项活动，这种休闲潜水分为浮潜和水肺潜水。浮潜比较简单，只需利用面镜、呼吸管和脚蹼就可以漂浮在水面，然后通过面镜观看水下景观。而水肺潜水相对复杂一些，是带着压缩空气瓶，利用水下呼吸器，真正潜入水底。全套水肺潜水装备包括面镜、呼吸管、脚蹼、呼吸器、潜水仪表、气瓶、浮力调整背心和潜水服等。

玩家指南

地址： 位于安达曼海南方

交通： 普吉岛的诗里岛码头（Ko Sirey）、马堪湾码头（Makham Bay）、查龙湾码头（Chalong Bay）都有船只开往皮皮岛，船费250泰铢左右，航行时间约两小时；在甲米（Krabi）市区，有小巴和出租车前往海边码头，可以在赵发码头（Jao Fa）乘船前往皮皮岛，航行时间约1小时30分钟

开放时间： 全天

门票： 免费

景点 ④ 珊瑚岛

珊瑚岛（Coral Island）因周围环绕着各种色彩缤纷的珊瑚礁而得名，岛上的白色沙滩和清澈海水，让众多游客纷至沓来。除了优美的海滩风情，这里还有丰富的娱乐项目，在清澈的海水中和鱼儿共游，在银沙细滩上小憩，在浪潮中激情冲浪，驾乘摩托车在海上疾驰，以及乘坐别具风格的玻璃底小船饱览海底奇景。岛上的旅游商店是非常不错的购物之处，在这里你可以买到一些具有民族特色的纪念品。

······典故解读······

珊瑚是由众多珊瑚虫及其分泌物和骸骨构成的组合体，形状像树枝，颜色鲜艳美丽，可以做装饰品。古罗马人认为珊瑚具有防止灾祸、给人智慧、止血和驱热的功能。珊瑚与佛教的关系也十分密切，印度和中国西藏的佛教徒视红珊瑚为如来佛的化身，他们把珊瑚作为祭佛的吉祥物，多用来做佛珠，或用于装饰神像，是极受珍视的首饰宝石品种。

······玩家指南······

🏠 地址：Coral Island, Phuket
🚤 交通：从查龙湾乘坐固定班次的渡轮15分钟即达，也可租长尾船或快艇到珊瑚岛
🕐 开放时间：全天
¥ 门票：免费

景点 **5** 攀牙湾

玩家指南

🏠 **地址**：Phang Nga River Lodge，Phang Nga

🌐 **交通**：先在普吉岛乘坐班车过跨海大桥到达攀牙府（两小时即达，车票为36泰铢，每天有5班），然后坐长尾船或快艇去007岛

🕐 **开放时间**：全天

¥ **门票**：两人租一艘皮划艇，200泰铢/人，划45分钟，可穿梭于各个大小溶岩洞之间

　　宁静的攀牙湾（Phang-Nga）遍布着诸多大小岛屿，怪石嶙峋，堪称"海上世界奇观"。攀牙湾山峰耸峙，海景如画，风光雄浑壮丽，酷似桂林的山水，故有泰国的"小桂林"之称。其中007岛（James Bond Island）、铁钉岛、钟乳岛石洞更以其天然奇景而闻名于世。尤其是007岛，007系列电影曾在此取景。游客可以乘坐皮划艇游赏珍贵的土生植物红树林，千奇百怪的石笋和钟乳石等。另外，攀牙湾的金石洞佛寺也是游客观赏或拜佛许愿的胜地。洞内供奉着一尊巨大的金色睡佛及其他一些佛像，据说十分灵验，因而终年香火旺盛。

典故解读

　　在自然界中，很多石灰岩地带形成了奇峰异洞，生长着钟乳石、石笋等。钟乳石为方解石类中的一种钟乳状的集合体，呈圆柱形或圆锥形，为含碳酸钙的水溶液从岩石裂隙滴下，经水分蒸发后淀积而成，自上向下逐渐变细，倒垂于洞顶。石笋与钟乳石的区别是不同形态碳酸钙沉淀物，如果时间足够长，钟乳石和石笋融合在一起，就成为了石柱。

景点 **6** 皇帝岛

皇帝岛（Racha Island）因为开发较晚，相对来说游客较少，沙滩环境比较宁静，但这不意味着皇帝岛的景色不美丽。这里的海水由白色渐渐过渡到淡青色，进而呈现出翠绿的色彩，这种渐变的海水美得让人窒息。白色的沙滩，懒散的人群，成排的太阳伞和阵阵浪涛声，让这座岛屿成了一处新的"世外桃源"。

······典故解读······

说到皇帝岛，必然会想到一个词：Racha。在很多人眼里，这个度假村已经成为皇帝岛的代名词。Racha度假村一共拥有75栋豪华别墅，每栋别墅都拥有私人庭院、通风的室外浴室，足不出户便可尽享印度洋的美丽风光。来皇帝岛，若不体验一次Racha的高级住宿环境，会是人生一大憾事。

·····玩家指南·····

- 🧭 **地址：** Karon，Ko Racha Yai
- 🚤 **交通：** 从普吉岛的查龙港乘坐快艇只要25分钟，坐普通渡轮约50分钟可以到达
- 🕐 **开放时间：** 全天
- 🎫 **门票：** 免费

景点 **7** **巴东海滩**

巴东海滩（Patong Beach）是普吉岛上最富魅力的海滩。海岸线曲折漫长，海面风平浪静，海水清澈，水中生物种类繁多，南北均有色彩斑斓的珊瑚礁。巴东海滩的海上活动项目丰富多彩，如游泳、太阳浴、水上摩托、香蕉船、帆板、游艇等。海滩旁分布着数十家豪华酒店、各种娱乐、商业设施，还建有以欧洲各国建筑风格和民族风俗为特色的度假村落，漫步其中，仿佛置身于洋溢着异国风情的欧洲城市。躺在沙滩上与阳光亲密接触，一边享受泰式按摩，一边眺望海天一色的美景，夜晚再去酒吧街，点上一杯鸡尾酒，欣赏民族特色表演，真是无比惬意。

······典故解读······

极速、激情、刺激、精彩可谓摩托艇运动的代名词，与其他船艇相比，水上摩托体积较小，并且吃水浅，因此能进入非常狭窄的空间和浅水区。经过教练的稍加指导，就能轻松驾着摩托车独自出海。你不妨就在富有浓郁泰国色彩的巴东海滩上体验一下水上摩托带来的刺激吧。

······玩家指南······

🏠 地址：Patong，Kathu，Phuket
🚌 交通：从普吉镇可坐笃笃车前往，或在普吉镇Ranong路上搭乘中巴，还可以选择从普吉机场坐出租车前往
🕐 开放时间：全天
💴 门票：免费

普吉岛旅行攻略

如何抵达

到达泰国的普吉岛交通非常快捷，从曼谷有直达普吉岛的航班及长途汽车。从中国出发也有直达普吉岛的航班，但普吉岛没有通往泰国其他城市的铁路。

航空

普吉岛有直达中国的航班，也可先乘飞机到达曼谷，再从曼谷转机到达普吉岛。

普吉岛国际机场

普吉岛国际机场是泰国比较重要的机场之一，是出境、入境以及转机的重要交通枢纽。机场的航站楼分为上下三层：一层是进入普吉岛的入口，分为国内和国际两部分；第二层是离开普吉岛的出口。目前开通中国直航的城市有北京、上海、昆明、广州、香港和台北。

从机场前往市区

从机场前往普吉镇可乘坐松爹鸟、巴士、笃笃车和摩托出租车。

↳ 巴士

普吉岛的巴士很大、很宽敞，坐起来比较舒适，一般旅游团队使用的比较多。每小时发一班车，到普吉镇车票约70泰铢，到达其他海滩则要贵一些。

↳ 笃笃车

普吉岛的笃笃车和曼谷的笃笃车有所不同，它是用轻型的小货车改装而成的，车内摆放几个小座位。如同国内的公交车一样，有固定的线路和定期的车次。车费要在上车之前谈好，以免引起麻烦。到达普吉镇的票价约为300泰铢，到达海滩约为450泰铢。

↳ 摩托出租车

摩托出租车是泰国最普遍的交通工具，满大街

1 行前早知道

2 出行必备功课

3 新加坡

4 吉隆坡

5 曼谷

6 普吉岛

7 巴厘岛

8 雅加达

都是身着红色或绿色马甲的司机在招揽生意。价格要事先讲好，一般为10泰铢左右。

公路

普吉岛的长途巴士总站位于普吉镇的攀牙路，每天有十几趟班车开往曼谷的南线巴士总站。

必须掌握的市内交通

普吉岛的面积不大，一般从普吉镇到各个海滩只需一个小时的车程。有许多当地别具特色的交通工具可以乘坐，大多需要上车前讲好价钱。

笃笃车

普吉岛的笃笃车是用轻型的小货车改装而成的，车内摆放几个小座位，一般可以乘坐6人。车费要在上车之前谈好，避免引起麻烦。

巴士

普吉镇有开往各个海滩的巴士，分为蓝色和绿色两种。乘坐巴士前，需看清目的地，途中没有固定的车站，可以在任何地方上下车。每天早晨7:00～18:00运营，每隔30分钟发一班车。

租车

普吉镇和各个海滩有很多租车公司和摩托车出租店，供游客选择适合的租用交通工具。费用在150～1800泰铢之间。

到普吉岛游玩必做的事

普吉岛是东南亚的旅游胜地，充足的阳光、柔软的沙滩、丰富的娱乐和节日绝对会让你度过一个难忘的假日。

TOP1： 体验一场水上活动

普吉岛四面环海，明媚的阳光，碧绿的海水，洁净的海滩，来这里就要痛快地和海洋来一次亲密接触。无论是浮潜、水肺潜、海底漫步还是海上冲浪都是不错的选择。潜入海底世界你可以看到小丑鱼、珊瑚、海胆等各种神奇而有趣的海底生物。潜水的教练费用一日一潜1800泰铢，一日二潜2500

泰铢。沙滩上有租借冲浪板的摊位，一块板只需200泰铢。

TOP2：感受SPA和泰式按摩

来到普吉岛，在按摩馆体验一次泰式按摩或精油按摩是绝对不容错过的。泰式按摩是一种古老的按摩方式，不仅能缓解身体的疲劳，据说还有治病的功效。草本精油和古植物按摩价格每小时300泰铢，SPA是1000泰铢。

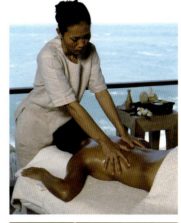

TOP3：观看人妖表演

人妖表演是泰国的特色表演，来到普吉岛一定要看一场令世界为之惊叹的节目。比女人还妩媚的"男"舞者身着华丽的服装在台上载歌载舞，仪表雍容、体态动人。普吉岛的人妖表演舞台布置及人妖表演的气势要胜于曼谷，每晚有两场演出。

TOP4：探究神秘的"燕窝岛"

从普吉岛具有"海上桂林"之称的攀牙湾出发，大约两小时就能到达燕窝的盛产地——燕窝岛。在倒挂的钟乳石上，密密麻麻的燕窝中有一种色泽鲜亮的白巢，这就是金丝燕用小鱼虾、海藻等与口涎黏合在一起而筑成的"燕窝"。由于金丝燕的特殊习性，采集燕窝非常艰难，站在洞底向几十米的高处望去总能找到几个白色的窝。

TOP5：来攀牙湾割吼群岛泛舟

攀牙湾是普吉岛景色最美的海湾，海湾周围遍布高耸的小岛。近处能看见陡峭的山崖，山顶上长满了绿树和鲜花。在群岛之间泛舟，不仅可以看见千奇百怪的钟乳石和野花，还可以望见或三五成群或傲然独立的小岛矗立在海中央，景色美得令人惊叹。

人气餐厅大搜罗

普吉岛盛产大量新鲜的海产品，包括鱼、龙虾、蟹、鱿鱼、扇贝、蛤以及蚌类。当地人在烹饪过程中喜欢用椰汁来调味，一般饭菜的口味比较重。普吉岛是旅游区，饭馆往往会考虑游客的口味，只是价格会高一些。

1 行前早知道
2 出行必备功课
3 新加坡
4 吉隆坡
5 曼谷
6 普吉岛
7 巴厘岛
8 雅加达

179

顶级餐厅

渔船海鲜餐厅（Tang-Kae Restaurant）

渔船海鲜餐厅位于普吉岛的帕莱湾，特殊的地理优势使餐厅的海鲜都很新鲜，深受食客喜爱。客人在优美环境中用餐的同时还可以享受美丽的海景和优质的服务。

- 地址：Soi Palai，Chalong Phuket
- 电话：0066-76-282 341
- 营业时间：11:00～22:00
- 价格：2000泰铢

大自然餐厅（Tamachart Natural Restaurant）

大自然餐厅是普吉镇正宗的泰式餐厅，来这里的客人可以品尝到正宗的泰式菜，菜肴价格合理，深受食客欢迎。整个餐厅的装修以休闲自然为主，为客人提供了舒适放松的用餐环境。餐厅为每位客人免费赠送泰式传统甜品。

- 地址：Soi Phuthorn Bangkok Rd.，A.muang Phuket
- 电话：0066-76-224 287
- 价格：1000～3000泰铢

普吉山顶餐厅（Tung Ka Cafe & Restaurant）

普吉山顶餐厅位于普吉镇140米高的Rang Hill山上。客人在用餐时可以俯瞰整个普吉镇的风光，也可以在黄昏时观赏日落。整个餐厅采用木质结构，并将餐厅的设计与自然相融合，精致的桌椅家具和醉人的鸟语花香，营造出了不同的用餐情调。

- 地址：At the top of Rang Hill，Phuket Town
- 电话：0066-76-211 500
- 价格：3000泰铢

特色餐厅

普吉城区餐厅（Krua Thai）

这家餐馆位于普吉镇中心，是一家小型的泰国菜馆。餐馆的价格实惠，而且饭菜的质量也很高。深受当地人和游客的喜欢。

- 地址：62/7 Rasda center
- 电话：0066-76-213 479
- 价格：2000～4000泰铢

Thai Naan 餐厅

这家餐厅有泰国菜，西餐和其他亚洲各国的菜肴。用餐的同时可以观看泰国古典舞蹈，餐厅内以楠木为材料的工艺品也值得观赏一番。

- 🏠 地址：16 wichitsongkram Rd.
- 📞 电话：0066-76-226 1647
- 💴 价格：2500～4000泰铢

柠檬泰式餐厅（Lemon Grass）

柠檬泰式餐厅在普吉镇中心，传统泰式料理与日本料理很受食客欢迎。餐厅设计得很自然，为客人营造舒适的用餐环境，交通也比较便利，受到游客的喜爱。

- 🏠 地址：Debuk Rd.，A.Muang Phuket
- 📞 电话：0066-76-233 455
- 💴 价格：3500泰铢

查龙湾海鲜餐厅（Kan Eang@Pier Restaurant）

查龙湾海鲜餐厅位于普吉岛查龙湾码头，生鱼片、龙虾餐以及椰奶烧烤等海鲜菜式原料新鲜，受到食客喜爱。餐厅装修风格简单、自然，在享用美食的同时还可以观赏美妙的海景。

- 🏠 地址：9-3 Chofa Road Chalongs Bay Phuket 83130
- 📞 电话：0066-76-381 323
- 💴 价格：2900泰铢

靠谱住宿推荐

普吉岛的旅游业发达，逐渐成为著名的度假胜地。从普吉镇到海滩住宿设施完善，环境优美，五星级酒店、经济型酒店、度假型酒店一应俱全，可以满足游客的不同需求。

高级酒店

JW Marriott Phuket Resort and SPA 酒店

1 行前早知道
2 出行必备功课
3 新加坡
4 吉隆坡
5 曼谷
6 普吉岛
7 巴厘岛
8 雅加达

JW Marriott Phuket Resort and SPA是普吉岛的度假村，设有3个室外游泳池和12间餐厅。度假村距普吉岛的普吉岛国际机场15公里，酒店的客房是隔音的，配有平面有线电视、DVD机、迷你吧和沏茶/泡咖啡机。客人还可以选择参加各种不同的活动，如瑜伽班、太极班、日落自行车旅行和骑象出游。

⟳ 地址：231 Moo 3，Mai Khao Beach，83110 Mai Khao Beach
☎ 电话：0066-76-338000
¥ 价格：花园景豪华双人或双床Sala间7100泰铢，豪华双人间或双床间，设有阳台7900泰铢

Outrigger Laguna Phuket Resort & Villas 酒店

Outrigger Laguna Phuket Resort酒店是一家豪华酒店，设有Banyan Tree SPA、室外游泳池。酒店距离普吉岛国际机场约有20分钟车程，客房的装修精美，超大型窗户可以充分享受海边景观。客人可以在健身中心锻炼身体或在网球场进行友谊赛，也可以参加自行车之旅、瑜伽以及其他活动。

⟳ 地址：116/13 Moo 6 T.Cherngtalay，A.Thalang Phuket，83110 Bang Tao Beach
☎ 电话：0066-76-336900
¥ 价格：两卧室别墅18000泰铢，一卧室套房15000泰铢

Twinpalms Phuket 酒店

Twinpalms Phuket酒店设有一个海水游泳池、Palm SPA水疗中心和餐厅。客房提供无线网络、有线电视和家庭娱乐系统。酒店设有健身中心、图书馆和旅游咨询台，酒店距离普吉岛国际机场有30分钟的车程，距离普吉镇大约有22公里的路程。

⟳ 地址：106 / 46 Moo 3，Surin Beach Road，Cherng Talay，83110 Surin Beach
☎ 电话：0066-76- 316500
¥ 价格：Palms豪华双人间14 200泰铢，带游泳池的复式套房15 800泰铢，阁楼公寓19 400泰铢

B-Lay Tong Phuket - MGallery Collection 酒店

B-Lay Tong Phuket-MGallery酒店位于巴东海滩安静的北端。客房宽敞明亮，为客人提供免费无线网络、迷你吧、坐卧两用长沙发、平面电视和iPod基座。客人可以在B-SPA水疗中心、健身中心和图书馆等区域活动。酒店距离普吉岛国际机场有30分钟车程。

- **地址:** 198 Taveewong Road, Patong, Kathu, 83150 Patong Beach
- **电话:** 0066-76-344999
- **价格:** 豪华双人间3800泰铢, 带泳池的豪华双人间6200泰铢

家庭旅馆

Naiyang Cottage旅馆

Naiyang Cottage旅馆的客房配备有免费无线网络、免费咖啡设施、有线电视、迷你吧和一个私人阳台。旅馆距离普吉岛国际机场和Naiyang海滩只有5分钟的车程。

- **地址:** 93/2 Moo5 Sakoo, Talang, 83110 Nai Yang Beach
- **电话:** 0066-76-328400
- **价格:** 双人间800泰铢, 双床间1000泰铢

Limthong House旅馆

Limthong House 旅馆采用泰国传统的装修风格, 为客人提供洗衣服务。客房配有无线网络、私人保险箱和有线电视。旅馆距离巴东海滩和夜街只有500米, 距离Jungce-ylon购物中心和Banzaan市场只有10分钟的步行路程。

- **地址:** 67/28 Phra Baramee Road, Pha Tong, Kathu, 83150 Patong Beach
- **电话:** 0066-76-296598
- **价格:** 标准双人间1200泰铢, 标准单人间900泰铢

青年旅舍

Wangwaree Resort 旅舍

Wangwaree Resort旅舍设有一间餐厅和私人停车场。客房提供无线网络、电视、冰箱和休息区。旅舍距离Nai Yang海滩有500米, 距离普吉岛国际机场有5分钟的车程。

- **地址:** 65/25 Moo 5, Sakoo, Thalang, 83110 Nai Yang Beach
- **电话:** 0066-76-296599
- **价格:** 单人间1100泰铢, 双人或双床间1300泰铢

1 行前早知道
2 出行必备功课
3 新加坡
4 吉隆坡
5 曼谷
6 普吉岛
7 巴厘岛
8 雅加达

Wonderful Guesthouse旅舍

Wonderful Guesthouse旅舍设有24小时前台，旅舍的客房配有私人浴室、深色木制家具、有线电视、保险箱和冰箱以及共用厨房。旅舍距离普吉岛国际机场有1小时的车程，距离普吉镇仅有30分钟的车程。

🏠 **地址：** 246/1 Pangmuangsaikor Road，Kathu，Phuket，83150 Patong Beach
☎ **电话：** 0066-76-295499
¥ **价格：** 双人间1000泰铢，双人间带阳台1200泰铢

特色酒店

Paresa Resorts 酒店

Paresa Resorts是一家豪华酒店，可以俯瞰安达曼海，欣赏无边的海洋景色。酒店拥有泰式温泉中心，为客人提供多样化的按摩服务，以及泰式烹饪课程。客房提供豪华的床上用品、液晶电视，别墅提供带有咖啡机的私人酒吧。酒店距离普吉岛国际机场有45分钟的路程。

🏠 **地址：** 49 Moo 6 Layi - Nakalay Road，Kamala，Phuket，83150 Kamala Beach
☎ **电话：** 0066-76- 302 000
¥ **价格：** 一卧室套房12 300泰铢，带私家游泳池的套房22 400泰铢，带私人泳池的别墅24 000泰铢

The Village Coconut Island 酒店

The Village Coconut Island酒店提供自行车和独木舟出租服务并设有SPA和滨海餐厅。客房以现代家具和抽象版画装饰，配有平面电视，设备齐全的小厨房，私人花园内配有室外游泳池或热水浴池。除了酒店的健身中心和网球场，客人还可享受钓鱼和潜水等水上运动。

🏠 **地址：** 51/7 Moo. 6，T.Kohkaew，A.Muang，83200 Phuket Town
☎ **电话：** 0066-76-352 144
¥ **价格：** 豪华套房5000泰铢，海景两卧室泳池别墅25 000泰铢，带SPA浴缸的豪华套房5500泰铢

Anantara Phuket Villa 酒店

Anantara Phuket Villa酒店设有海滨游泳池、5个餐饮场所和设有私人游泳池及日光甲板的别墅。客房配备了Expresso咖啡机、个人酒窖、平面电视、DVD播放机和iPod基座。客人还可以在海滩上娱乐或在温泉的私人水疗套房享受按摩。

🏠 **地址：** 888 Moo 3，Tumbon Mai Khao，Amphur，Thalang，Phuket，83110 Mai Khao Beach
☎ **电话：** 0066-76-336 100
¥ **价格：** 泳池别墅15 400泰铢，湖边泳池别墅18 000泰铢，Sala泳池别墅23 000泰铢

小资情调初体验

普吉岛的节日丰富多彩，不仅有泰国全国性的各种节日，还有独具本岛特色的海鲜节、吉普赛船节、素食节、巴东海滩狂欢节等。黄昏过后，普吉岛才刚刚苏醒，人们的夜生活拉开帷幕。

酒吧

Timber Rock酒吧

这间酒吧采用泰国乡村装饰风格，是普吉镇上最受欢迎的酒吧，属于西式摇滚酒吧，每晚都是人满为患。

- 📍 地址：Th Yaowarat
- 🕐 营业时间：15:00～凌晨1:00
- ¥ 价格：1000泰铢

O' Malleys酒吧

这是一家爱尔兰连锁酒吧，酒吧经常供应墨西哥自助餐。偶尔酒吧还会举办轻松有趣而富有创意的促销活动。

- 📍 地址：2/20-21 Th Montri
- 🕐 营业时间：周二至周六15:00～凌晨1:00
- ¥ 价格：1200泰铢

Molly Malon's酒吧

这是一家气氛很好的酒吧，靠窗的位置可以欣赏海景。酒吧内还有丰富的食品供客人大饱口福。每晚9:45有爱尔兰音乐表演。

- 📍 地址：Th Thawlwong
- 🕐 营业时间：周一至周日16:00～凌晨1:30
- ¥ 价格：1500泰铢

特色表演

西蒙娱乐集团人妖秀

剧场位于普吉岛的巴东海滩，是这里最著名的人妖秀。表演剧场可以同时容纳几百人，人妖表演的规模和内容也很丰富，每晚都有两场表演，每场90分钟。演出期间可以拍照，和人妖合影需要支付小费20～40泰铢，但不可以摄影。

- 🕐 营业时间：每晚19:30和21:30开始

1 行前早知道
2 出行必备功课
3 新加坡
4 吉隆坡
5 曼谷
6 普吉岛
7 巴厘岛
8 雅加达

185

泰拳表演

巴东海滩的Saphan Hin体育馆是普吉岛唯一的泰拳场。普吉岛的泰拳表演比其他地方的比赛多了一些表演的成分，但不会影响观看效果。每天晚上9:00比赛开始，比赛结束后选手会下台索要小费，大约20泰铢。

⊙ 营业时间：每晚20:00和22:00开始

购物狂想曲

普吉岛有许多大型百货公司或超市，来这里购物总会买到一些奇特的物品。泰国的特色手工艺品很受游客欢迎，不妨在普吉岛买上一些送给友人或留作纪念吧。

百货商场

Central Festival百货商场

Central Festival是普吉镇最大的百货商场，紧邻 Big C超市。商场有Naraya、The Body Shop、Boots、屈臣氏、Levi's、Na RaYa等专卖店，商品价格比国内便宜很多。商场内除了各大品牌的专卖店，还有影院、餐厅等娱乐设施，为游客提供全新体验。

⊙ 地址：74-75 Wichitsongkran Rd., Amphur Muang，Phuket-Town
⊙ 营业时间：每天11:00～22:00

Robinson百货商场

Robinson是泰国连锁百货商场，商场的规模类似国内的大型商场，除了各大品牌的驻入，还有许多精品店。商场内的服装样式和品质都是当下最流行的，受到年轻人的追捧。

⊙ 地址：Tilok-Uthit road
⊙ 营业时间：每天10:00～22:00

Fortune特色店铺

Fortune是一家手工艺品店，经营泰国本土特色的手工艺品，种类齐全，有传统的三角椅垫、藤编餐盘，也有锡制水杯和泰式披肩，价格都十分合理。来泰国旅游的人都喜欢在店里逛一逛，买些物品送给亲朋。

⊙ 地址：Ratsada Road
⊙ 营业时间：周一至周六9:00～19:30，周日9:00～17:00

市场

普吉镇街头市场

普吉镇上的周末集市分为市内、露天、餐饮三部分。手工艺品店出售具有当地特色的首饰、装饰品。餐饮区的小吃包括蒸蛤蜊、炸鱼丸、糯米椰子等，价格很便宜。

⚲地址：Luang Pho Watchalong
◔营业时间：周六、周日15:00～20:00

巴东海滩街头市场

巴东海滩人气最旺的市场当属巴东夜市，从Thaweewong路往Bang-La路一直走，街道两边都是店铺。店铺的店面不大，经营着当地特色的商品，有手工艺品和当地的特色服装。购买时要货比三家，并且要和商家砍价。

⚲地址：Patong Beach
◔营业时间：每天12:00～23:00

不可不提的普吉岛特产

普吉岛地区的锡矿量很丰富，锡制品是这个地区的特色产品。一些酒器、项链、戒指等锡制品令游客爱不释手。此外黄金饰品配以品质优良的珠宝，再加上师傅们的精湛手艺，受到各国游客的喜爱。普吉岛还盛产各种热带水果，一些果干以及腰果也是馈赠亲友的佳品。

特产1：腰果

普吉岛的腰果可以制成多种口味，包括蜜糖腰果酥、椰香腰果、蒜味腰果、奶油腰果和盐味腰果，还有一些少见的口味，如咖啡味、巧克力味、辣味等将近20种。腰果需要经过晒干、去壳、蒸煮、烘干、去皮等5道工序才能制成。

行前早知道 1

出行必备功课 2

新加坡 3

吉隆坡 4

曼谷 5

普吉岛 6

巴厘岛 7

雅加达 8

特产2：水果干

泰国盛产热带水果，如柠檬、哈密瓜、木瓜、芒果、桃子、香蕉、番石榴、杨桃、李子、菠萝等。泰国人将这些水果制成各种口味的果干，光木瓜就有5种以上不同口味，深受游客欢迎。

特产3：丁香鱼干

丁香鱼是泰国独有的一种鱼，营养价值很高。将鱼下油锅炸至金黄，酥酥脆脆的丁香鱼干就做好了。买一些馈赠亲友是不错的选择，一包约75泰铢。

特产4：锡制品

泰国拥有丰富的锡矿，当然锡制品也相当的丰富。普吉岛的锡制品做工细致、设计巧妙，花瓶、酒器、项链、戒指等令游客爱不释手。

特产5：黄金制品

泰国黄金的价格稳定，铸造师的手艺高超，制作的黄金制品往往会给人惊喜。普吉岛的金店和珠宝店出售的项链、耳环、手镯、坠子等非常受欢迎。

特产6：木雕

木雕在中国国内也有，但制作工艺和品质往往不尽相同，泰国的木雕类型分三种：雕塑型、高浮雕型和浅浮雕型。普吉岛的木雕师傅手艺精湛，精心设计的图案深受游客喜欢，不妨买一些带回家。

特产7：蜡染

普吉岛的蜡染也很闻名，可将棉布、亚麻、丝绸等不同质地的蜡染布制成服装、壁挂、床上用品等。普吉镇上有许多裁缝和服装商可以根据游客的需要量身定制服装，而且价格合理。

1 行前早知道

2 出行必备功课

3 新加坡

4 吉隆坡

5 曼谷

6 普吉岛

7 巴厘岛

8 雅加达

189

7 巴厘岛

　　巴厘岛被誉为"旅游者的天堂"，是一座充满艺术气息和文化魅力的岛屿，很早就有许多艺术家、文人来这里探究东方神韵，直到今日这种热情仍未消减。巴厘岛的乌布、库塔、金巴兰等海滩构成了一幅美丽而摄人心魄的自然画卷。一座座设计优雅、精致的别墅隐藏在田园农舍、热带雨林之中，营造出与世隔绝的典雅情调。

巴厘岛印象零距离

巴厘岛知识知多少

巴厘岛是印度尼西亚的著名旅游区，位于爪哇以东小巽他群岛的西端，呈菱形分布，地势东高西低，山脉横贯全岛，总面积约5623平方公里，离首都雅加达约1000多公里。这个小岛地处热带并受海洋的影响，气候温和多雨，土壤肥沃，四季绿水青山，万花烂漫。当然，巴厘岛不但天然景色优美迷人，其文化和社会风俗习惯的丰富多彩也世界驰名。巴厘人的古典舞蹈典雅多姿，在世界舞蹈艺术中具有一定的地位，也是印尼民族舞蹈中一枝鲜艳的奇葩。其中，"狮子与剑舞"最具代表性。

印尼语（Bahasa Indonesia）为印尼及巴厘岛的官方语言，而巴厘岛一般使用当地方言，不过英文也使用非常广泛，尤其在热闹的观光区，英文是最常被使用的语言，此外，某些地方也使用荷兰语、德语、法语、日文及中文。

巴厘岛城区地图

巴厘岛游玩前须知

什么时间旅游最适合

　　巴厘岛为热带海岛型气候，因此气候类型全年只分为旱季（4～10月）和雨季（11月～次年3月），1～2月降雨量最多，每天下雨好几个小时，特别是巴厘岛中央的山区。下雨之前，空气中充满黏湿的闷热感，但雨后则立刻让人感觉清凉舒畅。

　　巴厘岛常年气候宜人，气温在20～33℃。从12月到次年3月，向西的季风带来大量的降雨，湿度大，但白天通常阳光明媚，降雨经常在夜间，时间很短。6～9月湿度低，晚上非常凉爽。

1 行前早知道

2 出行必备功课

3 新加坡

4 吉隆坡

5 曼谷

6 普吉岛

7 巴厘岛

8 雅加达

最IN风向标——旅游穿衣指南

巴厘岛一年四季气候适宜，全年平均气温约33℃，11月至次年2月间，海边早晚气温略有下降，须携带一些盛夏服装和几件长袖衫（去火山游玩若遇到雨会用得上）。巴厘岛雨水较多，但大多是雷阵雨，出行最好携带雨具。

不可不知的生活点滴

当地货币先了解

印度尼西亚的法定货币是印度尼西亚盾（Rupiah），又称印尼卢比（IDR）。印尼盾纸币面额有1000、2000、5000、10 000、20 000、50 000、100 000，硬币有50、100、200、500、1000印尼盾。人民币和印度尼西亚盾的汇率换算为：1人民币元＝1452.9印度尼西亚盾。

| 1000印尼盾 | 2000印尼盾 | 5000印尼盾 |
| 10 000印尼盾 | 20 000印尼盾 | 50 000印尼盾 |

在印度尼西亚消费时，主要以现金为主，大多数情况下使用当地货币，只有部分商店能用美元和刷卡消费。

100 000印尼盾

小贴士

兑换货币时最好去正规的货币兑换处兑换，如果去那些路边汇率高的小店兑换，在兑换之前，一定要问清楚实际到手的钱是多少，否则会出现少给钱的情况。

兑换钱时建议去当地邮局，邮局一般都有货币兑换处，汇率往往很不错，也很保险。

在巴厘岛如何付小费

在巴厘岛的很多地方会收取小费，所以建议随身携带1000和5000印尼盾及1美元纸币，随时准备付小费。对于行李搬运员，大约按5000印尼盾／件的标准给予小费。客房服务员小费约为每晚1美元／间，请避免以硬币支付小费。其他如出租车或机场搬运工的小费大约3000～5000印尼盾，视工作的繁重程度而定。旅游团的司陪小费一般按每人每天4美元。

小贴士　付小费的礼节

付小费时应该面带微笑，同时表示感谢对方的服务。记住小费是对方劳动的报酬，而不是施舍。

除免找零外，额外支付的小费最好是单张纸币，如支付1000印尼盾小费，就不要用两张500印尼盾面额的。不可以用硬币支付小费，这是非常不礼貌的行为。也不要用破旧的纸币。

付给客房服务员的小费，可以在离开房间时放在醒目的位置，如床头柜、梳妆台上，并且不要随意折叠、显得好像随手丢弃的样子，否则服务员会认为这是客人无意遗落的财物。

当地电压及插头

巴厘岛的电压为220伏特，插座与中国不同，多为两圆孔或三扁孔插座，中国电器插头不能直接使用，需插头转换器。酒店前台一般有备用，但数量有限，最好在国内提前购买。

当地风俗习惯全了解

当地的居民很友好，但是游客必须注意一些风俗以免引起误会。

行走时要留意路上的祭祀用品，千万不可踩踏。当地人经常把祭品摆放在门口、街头，有些我们看来很普通的东西，如树木也被当做神灵祭祀。

不要随便摸别人的头，即使是儿童，这会引起印度教教徒的反

1 行前早知道

2 出行必备功课

3 新加坡

4 吉隆坡

5 曼谷

6 普吉岛

7 巴厘岛

8 雅加达

感。进入寺庙参观时不要穿短裤、短裙，寺庙门口有供免费借用的纱笼和腰带，但应适当布施。非印度教徒是被禁止进入印度教寺庙内部的，不要被好奇心驱使，即使有人怂恿也应该拒绝。到当地人家中做客，进入房间时要先脱鞋。本地人跪拜祈祷时，不要站在其前方，无论在哪里，这都是非常不礼貌的行为。

实用信息一个都不能少

必须牢记的紧急联系方式

巴厘岛警察局：110（Police）
巴厘岛消防局：113（Fire Dept.）
巴厘岛救护车：118（Ambulance）
医疗援助中心：236 225（巴厘岛有24小时国际SOS服务，建议在出发前购买有国际救援服务的健康及意外保险）
中国驻印度尼西亚大使馆：0062-21-5761037，0062-21-5761038

小贴士　通信费用

在当地向国内拨打电话最好购买当地手机卡，这样比较划算。印尼的电信费用比国内要贵一些，通常拨打本地电话1分钟800～1500印尼盾。

巴厘岛拨国内座机：001＋86＋（第一位是0的省去不拨）区号＋电话号码
巴厘岛拨国内手机：001＋86＋手机号码
国内拨巴厘岛座机：0062＋361＋电话号码
国内拨巴厘岛手机：0062＋361＋（第一位是0的省去不拨）手机号码

印度尼西亚的国际电话公司由两家通信公司负责，分别是Indosat（代码为001）、Satelindo（代码为008）。拨国际电话是需加拨国际码001或008，酒店内多有国际直拨电话服务。

中国移动、联通GSM已开通印尼国际漫游，移动用户如果打电话回中国内地，

1 行前早知道

2 出行必备功课

3 新加坡

4 吉隆坡

5 曼谷

6 普吉岛

7 巴厘岛

8 雅加达

费用在46 000～62 000印尼盾/分钟，发短信在1800～3300印尼盾/条。GSM用户拨打电话回中国大陆，应加拨00186或00886。

不可不知的实用网址

巴厘岛饮食（包含餐厅、饮食特色等信息）

www.balieats.com/

巴厘岛旅游新闻网

www.bali-travelnews.com/

巴厘岛水上活动（包含一些水上活动方式、景点概述等信息）

www.komodo-divencruise.com/

必须了解的医疗服务

巴厘岛各主要城镇都有医院，很多酒店也有自己的诊所，提供24小时医疗服务。但总体来说医疗条件比较简陋，如遇紧急情况，最快的途径是直接坐飞机到新加坡急救。巴厘岛有24小时国际SOS服务，建议在出发前购买有国际救援服务的健康及意外保险。

名　称	地　址	电　话
RS Dharma Yadnya医院	Jl. WR. Supratman Tohpati，Denpasar	0062-361-224 729
RS Puri Raharja医院	Jl.Gianyar，Denpasar	0062-361-237 437，0062-361-222 013
RSUP Sanglah医院	Jl. Kesehatan Selatan 1 Sanglah，Denpasar	0062-361-227 911

市区景点

海神庙

海神庙（Pura Luhur Tanah Lot）是著名的印度教神庙中的圣地，是一座印度婆罗门寺庙，建于16世纪，以奇特的海蚀岩造型受到各国游客的关注。该庙坐落在海边一块巨大的岩石上，每逢潮涨时，岩石被海水包围，犹如海上的一座孤岛，海天神人在此融为一体，只在落潮时才与陆地相连。站在海神庙的周围，可以欣赏到层层海浪由远而近，以排山倒海之势撞击岩石的壮观场面。对岸陆地上有一座小亭，站在亭中可观赏海上日落景致，这是巴厘岛胜景之一，被称为巴里岛最美的夕阳。庙前道路两侧有许多商店，出售各种纪念品，此外还有许多小吃摊，在欣赏美景的同时也能让你的味蕾得到满足。

典故解读

海神庙的门口有一股泉水，据说是设计海神庙的祭师作法，感应到这个地点有特别之处，然后把其上方的岩石凿开，一股清泉就涌了上来。即使在大海上，这里的泉水是甜的而不是咸的，据说泉水已经流淌了100多年从未断流。在海神庙前祈福，能赐给情侣神秘的爱情力量，具体做法是先洗左手，洗右手，捧起水洗脸，左手捧水喝一口，右手捧水喝一口，向泉水拜三下，然后站在旁边的祭师会在你的头上洒一些净水，在你的额头上粘几粒生糯米，再在头上插一朵花。游客随心功德地捐一些钱，仪式就算完成。

玩家指南

- **地址：** Jalan Raya Tanah Lot，Pura Tanah Lot，Kediri
- **交通：** 从Kuta车站乘车约20分钟
- **开放时间：** 全天
- **¥门票：** 10 000印尼盾/人

景点 ❷ 圣泉寺

圣泉寺（Pura Tirta Empul）环绕一处圣泉而建，建筑规模宏大，在此处可以看到巴厘岛庙宇的所有特点。1000多年来，这里的圣泉一直都是清澈见底，从圣泉寺地下涌出的泉水由一排24个龙首为出水口，流入下面的人水池，供朝圣人接水和沐浴。每个龙头对应的水下都有一个石桩供人站立。每个出水口的功效都不同，有的可以消灾解祸，有的可以洗涤心灵，有的可以驱逐病痛等。沐浴圣水之后，就可以用各种漂亮的银盘或竹盘盛着漂亮的鲜花来到寺庙，敬香叩拜，求取健康与财富。

·······典故解读·······

有一段相传已久的神话，据说有一位喜欢自夸魔力的Mayadanawa王引来了众神对他的挑战。后来Mayadanawa被天神因陀罗Indra击败后，就变出一处毒泉。许多天神因喝了泉水，或在泉水中沐浴而死。于是天神Indra就用宝剑插入大地，引出了名为Amerta的长生不老泉水，使中毒的神仙复活。Mayadanawa王为了逃命，变成了一块石头想骗过天神，但不料被天神Indra识破，引箭射向石头，Mayadanawa王的鲜血流入了Petanu河。从此，人们认为Petanu河受到诅咒，不能用来灌溉，否则收割的稻梗会喷出血来。

·······玩家指南·······

- 📍**地址：** Sebatu，Tegallalang
- 🚗**交通：** 可从巴土布兰车站乘坐发往坦帕西林的汽车，车程一个小时，也可以从乌布坐车前往，车程约40分钟
- 🕐**开放时间：** 全天
- 💴**门票：** 6000印尼盾/人，早上8:30之前不收费

景点

3

布撒基寺

布撒基寺（Besakih Temple）始建于11世纪初，是巴厘岛最古老、面积最大的印度教寺庙群，有"千庙之母"、"中央寺庙"的美称。从16世纪开始，这里就成为皇家寺庙。实际上布撒基寺是由30座庙宇组成，建筑规模十分壮观。庙宇屋顶的级数代表着重要程度，从1级到11级不等。这里供奉着印度教的三大主神，即湿婆（Shiva），毗湿奴（Vishun）和梵天（Brahma）。布撒基寺的经典景点是寺庙的大门，采用了巴厘岛独有的"善恶门"，左边的是善神，右边的是恶神，它们都在同一高度，巴厘岛人会一起祭拜善恶两个神，祭拜善神，那是希望人们也包括自己能成为好人，祭拜恶神，那是希望坏神不要来侵犯自己，打扰家人。布撒基寺庙在巴厘岛人心中是最神圣的殿堂，这里举行祭祀活动也非常多，对游客而言，看到任何一场都算不虚此行了。

典故解读

湿婆，是三位神明中最有魅力的神灵。他的前身是印度河文明时代的生殖之神"兽主"和吠陀风暴之神鲁陀罗，兼具生殖与毁灭、创造与破坏双重性格，他孤独和强大，残暴和慈悲并存，一旦他决心毁灭世界，连梵天与毗湿奴都不能阻止。但湿婆一生伏魔无数，享受着信徒的血祭，邪恶的众生都在他的怒意下毁灭，无人能挡。但他同时也是节奏韵律之神，掌握刚、柔一百零八种舞蹈。湿婆在欢乐与悲哀时都会舞蹈，或独舞，或与妻子共舞。他还富有自我牺牲精神，当恒河女神从雪山天国降凡之际，湿婆为了避免水势过猛淹没众生，他亲自以头接水，让恒河在他的发绺间流转千年，得以缓冲后再流到人间。所以在印度教中湿婆享有至高的地位。

玩家指南

⌂ **地址：** Desa Besakih，Kec. Rendang，Karangasem，Karangasem 80238
🚌 **交通：** 从登巴萨乘坐汽车2小时可以到达
🕐 **开放时间：** 7:00～18:00
¥ **门票：** 1100印尼盾/人

景点 ④ 水神庙

水神庙（Pura Ulun Dannu Bratan）面积不大，整个建筑坐落在山湖中，周围被大面积的绿地、森林所覆盖，很值得细细观赏，慢慢品味。清晨时分，湖面晨雾缥缈，庙塔如同浮在云中的仙境，美丽如画。湖水上涨时，塔到湖岸的道路被浸没，看起来水神庙就像伫立在静静的湖水中一般，显得异常神秘。该寺庙供奉和祭奠湖泊女神达努（Dewi Danu），是当地人的精神寄托。

·······典故解读········

当地人在觉醒大型祭祀活动时，多是身着传统盛装，男人大多穿着纱笼、短衫、头帕，女人则是鲜艳的薄纱贴身无领衫配上纱笼，跟着大人跑前跑后的孩子们也是这样的打扮。而且无论男女，人人头上都戴有各色鲜花，脸上也总是笑容灿烂，并不那么严肃，反倒觉得如同庙会般热闹。但随着祭祀号令的开始，人们不时跪拜顶礼，在此期间有人会在他们身上洒水、贴米，以示祝福。

·······玩家指南·······

○ **地址：** Jalan Pancasari - Baturiti，Baturiti
○ **交通：** 附近没有班车，需包车或自驾车前往，大约1小时左右可达
○ **开放时间：** 8:00～18:00
¥ **门票：** 10000印尼盾/人

1. 行前早知道
2. 出行必备功课
3. 新加坡
4. 吉隆坡
5. 曼谷
6. 普吉岛
7. 巴厘岛
8. 雅加达

景点 **5** 乌布王宫

乌布王宫（Puri Saren Palace）是苏卡瓦堤（Sukawati）王室的居所，建于16世纪，是乌布王朝聘请著名的艺术家所设计的。王宫整个设计精致细腻，充满艺术气息，各处的金箔装饰让整个王宫显得更加金碧辉煌。目前乌布王宫仍维持着半壁皇居、半壁民宿的形式，游客不仅可享有邻近皇室住宿的机会，夜里还可就近欣赏舞蹈，如宫廷舞、假面舞、迎宾舞等传统舞蹈，体验地地道道的巴厘岛传统艺术文化。

┄┄ 典故解读

巴厘王室在80多年前，荷兰入主之际就已被废

除，但实际上，皇室在巴厘岛仍有举足轻重的地位。早期王宫是提供给王室贵族所居住的，光是乌布一地，就有多处王宫可参观。20世纪30年代，印尼将巴厘岛王宫的部分建筑对外开放，不少建筑物被改成旅馆或餐厅，让游客更加近距离地接触王亲贵族，在昔日的王室建筑物内住上一夜，那是何等的荣耀。当然，你也可以只在王室休憩处品茗赏舞，体验王室的生活。

┄┄ 玩家指南

⌂ **地址**：Ubud Palace Temple, Jalan Ubud Raya，Ubud
🚌 **交通**：从乌布直接乘坐公交车、出租车抵达
⏰ **开放时间**：8:00～18:00
¥ **门票**：免费

景点 ⑥ 圣猴森林公园

圣猴森林公园（Monkey Forest）占地6公顷，园内长满了茂盛的豆荚树，有的甚至可达40米高，园内还有上百年的巨树，有幽深的峡谷，潺潺的溪流，犹如一座原始森林。当然这里还有上百只猕猴以此为家，这些猕猴是巴厘岛特有的品种，在这里它们依势力分为3个组群，于不同时间在各自地盘内活动。这些猕猴分外热情，它们会主动向你索要食物，甚至会跳到你的肩膀，聪明的你，最好在游览前买些猴子喜欢吃的食物，因为这里可是猕猴的世界。

典故解读

据说，从前猴子经常骚扰村民，破坏农作物，当地农民不堪其扰，只好在林中修建神庙加以震慑，而且建庙会吸引游客，又可以向游客出售喂食猴子的花生、玉米、香蕉等从中牟利，一举两得。可惜这座庙宇平时不对外开放，只有猕猴们可以自由出入。而且巴厘岛居民认为猴子是神猴哈努曼的部下，也应该当做神灵敬奉，所以这些猴子也有专人喂食，生活得自由自在。

玩家指南

⊙ 地址：Jalan Monkey Forest，Ubud

🚌 交通：从乌布直接乘坐公交车、出租车抵达

🕗 开放时间：8:00～18:00

💴 门票：10000印尼盾/人

1. 行前早知道
2. 出行必备功课
3. 新加坡
4. 吉隆坡
5. 曼谷
6. 普吉岛
7. 巴厘岛
8. 雅加达

景点 **7** 国立国家公园

国立国家公园（Adi Dharma Cottages）占地面积达750平方公里，占巴厘岛总面积的10%。公园内有广阔的草原、有红树林沼泽、珊瑚礁、湖泊岛，可谓是四季常绿，景色美不胜收。公园内约有鸟类160多种，是鸟的天堂，其中不少是巴厘岛上独有的濒危鸟类。在公园内除了呼吸新鲜空气漫步外，还可以在鹿岛潜水，一探海底世界的风光。

•····典故解读····•

红树林是一种稀有的木本胎生植物，是由红树科的植物组成，组成的物种包括草本、藤本红树等。红树林大都生长在热带气候地区，陆地与海洋交界带的滩涂浅滩最适合大片红树林生长。由于红树林生长于热带，潮沟发达，吸引深水区的动物来到红树林内觅食栖息，它也是鸟类的越冬场和迁徙中转站，更是这些动物生产繁殖的场所。而且红树林还具有防风消浪、促淤保滩、固岸护堤、净化海水和空气的功能。

温馨提示

进入公园必须有政府指派的向导陪同。
Cekik公园接待处
⊙ 地址：Bali Barat National Park Office HQ，Jl Raya Cekik-Gilimanuk，Jembrana
☎ 电话：0062-361-561 060
⊙ 办公时间：7:30～17:00
游客中心
⊙ 地址：Bali Barat National Park Vistor's Centre，Labuhan Lalang
⊙ 办公时间：7:30～17:00

•····玩家指南····•

⊙ 地址：Jalan Benesari，Kuta
🚍 交通：登巴萨有班车开往吉利马努克，也可以从爪哇乘渡轮到达
⊙ 开放时间：7:00～16:00
¥ 门票：10000印尼盾/人

1 行前早知道

2 出行必备功课

3 新加坡

4 吉隆坡

5 曼谷

6 普吉岛

7 巴厘岛

8 雅加达

景点 **8** 京打马尼

京打马尼（Kintamani）是以海拔1717米的巴都尔火山为中心的高原地区，是印尼少有的清凉地带。这里的风景十分美丽，顶峰终年烟雾缭绕，如同仙境。登上制高点的眺望台，可看到植被茂密的热带雨林，山间奔腾的小溪，绿油油的水稻梯田，还有湖水清澈而平静的巴都尔湖，带给你无尽的遐想空间。这里还开设了很多餐馆，而且在附近的村庄还可欣赏到手工蜡染的制作工艺，金银雕刻以及木雕，令人大开眼界。

家和地区、不同的民族乃至不同的社会阶层都会形成不同的天葬仪式。

·······**典故解读**·······

京打马尼一带村民的习俗和普通巴厘岛人不同。他们不进行火葬、土葬，而是天葬。天葬是指人死后把尸体拿到指定的地点让鸟兽类等吞食，村民认为这样才能把死者带到天堂。天葬其实跟其他葬礼一样，是一种信仰，一种对死者的祭奠方式。本质上是一种社会文化现象，从其起源、形式、内容以及仪式的实施，都要受到自然地理环境和生活方式以及外来文化等因素的影响。因此，在不同的历史时期、不同的国

········ **玩家指南** ········

💠 **地址：** Kintamani，Bali
🚗 **交通：** 可从乌布、Besakih、Bangli或Singaraja乘车抵达，在登巴萨的Batubulan站乘坐Bemo和公交车也可到达，但行程较长
🕐 **开放时间：** 8:00～18:00
🎫 **门票：** 10000印尼盾/人

景点 9 乌鲁瓦图悬崖

乌鲁瓦图悬崖（Uluwatu）又被称为"情人崖"，170多米高的断崖将让你惊叹于大自然的鬼斧神工。乌鲁瓦图断崖边的海水蓝得让人心醉，水天相接处一片辽阔的蔚蓝让人顿时心胸开阔。傍晚听着海浪拍打悬崖发出的隆隆声，看白浪一波接一波涌向海湾，看海鸟在晚霞中自由翱翔，这如画般的美景，令人赞叹不已。

玩家指南

📍 **地址：** Jalan Pantai Suluban, Kuta
🚌 **交通：** 可以直接从乌布乘坐班车抵达
🕐 **开放时间：** 8:00～19:00
💴 **门票：** 3000印尼盾/人

---**典故解读**

传说当地有一对门户不当的青年男女相恋，女方的父亲是村长，不允许女儿下嫁给布衣男子，两人的爱情屡受阻挠、打击，于是在绝望之下两人相拥投海殉情。人们赞美他们对爱情的追求与忠贞，故将此崖叫做情人崖，以作纪念。这个传说，也为乌鲁瓦图断崖平添了离奇色彩。

景点 ⑩ 金巴兰海滩

金巴兰海滩（Jimbaran Bay）是巴厘岛上风景宜人的一片海滩，因为美丽的落日而闻名。这里仍然保留着小渔村的原始风貌，渔人仍然采用古老淳朴的小木舟出海，当地村民特有的热情和朴实使得整个海滩极具亲和力。海滩上密布着很多海鲜餐厅，每家店都在沙滩上摆放着白布餐桌，情侣们相对而坐，在夕阳与烛光下吃着海鲜看日落，实为浪漫。

·······典故解读·······

来到金巴兰海滩，一定要体验一把刺激的海洋跳伞。关于跳伞的起源，相传在1628年，意大利的一座监狱中，有一位囚犯几次越狱都未能成功。有一次，亲友在探监时给他送来一把雨伞，这就成了他越狱的工具。他偷偷把一根根细绳的一端拴在雨伞的伞骨上，另一端握在手中，深夜时刻，他避过看守，爬上高高的围墙，抱着那把雨伞往下跳，着地后竟然毫无损伤。虽然后来他被抓回监狱，但这一举动引起了航空专家的兴趣。直到1797年，法国的一位飞行员乘气球升上高空，使用自己的降落伞从空中成功跳下。之后出现了很多跳伞爱好者，渐渐地跳伞成为一项体育项目。

·······玩家指南·······

🏠地址：Jimbaran Bay Beach Residence，Jimbaran

🚗交通：可以直接从机场乘坐出租车，费用大约20 000印尼盾

🕐开放时间：全天

¥门票：免费

1 行前早知道

2 出行必备功课

3 新加坡

4 吉隆坡

5 曼谷

6 普吉岛

7 巴厘岛

8 雅加达

景点 **11** 库塔海滩

库塔海滩（Kuta Beach）是巴厘岛游客集聚最多的热闹地区，宽阔迷人的洁白沙滩与海滩旁密密麻麻的商店、酒吧、餐馆和购物中心，以及夕阳西下的美景吸引着无数游客前来。库塔海滩上风浪极大，是东南亚独一无二的冲浪胜地，来到这里一定要让自己过把瘾。岛上每晚都有舞蹈表演，包括著名的凯卡克猴舞、少女舞、火舞和巴龙舞等。除此之外，库塔海滩还设有水上公园，提供一些淡水泳池和水上娱乐，陆地上则有蹦极等一些刺激项目。海滩上更有许多小贩出售各式各样的商品、T恤和海滩服饰品等。

······典故解读

蹦极起源于公元500年前后。当时在西太平洋瓦努阿图群岛的Bunlap部落，一位土著妇女为逃避丈夫的虐待，爬上高树，用一种当地具有弹性的蔓藤牢牢绑住脚踝。她威胁丈夫要从树上跳下来，没想到笨丈夫随后也爬上了树，跟着跳了下去，结果自然是柔嫩的蔓藤救了女人的命，暴虐的丈夫却命丧黄泉。此后，将蔓藤绑住脚踝从高处跳下成了当地一种独特的风俗习惯。这种形式后来传到英国，被作为皇宫贵族的一种表演。首次使用橡皮绳蹦极，是在美国，但蹦极跳是在新西兰被真正发扬光大。

······玩家指南

🏠 **地址：** Kuta beach，Kuta，Bali

🚗 **交通：** 可以从机场乘坐出租车直接到达，乌布、登巴萨到库塔海滩的班车也很多

☀ **开放时间：** 全天

¥ **门票：** 免费

巴厘岛旅行攻略

1 行前早知道

2 出行必备功课

3 新加坡

4 吉隆坡

5 曼谷

6 普吉岛

7 巴厘岛

8 雅加达

如何抵达

巴厘岛每年都吸引大量的游客前来观光。前往巴厘岛的主要交通方式是乘飞机，中国国内一般很少有直达岛内的航班，需要到雅加达或新加坡转飞巴厘岛。

航空

航空交通是巴厘岛通往外部的主要交通方式，方便、快捷、舒适的特点令游客身心愉快。巴厘岛只有一个机场，巴厘岛国际机场承担着往来印度尼西亚国内以及世界各大城市间的交通。

巴厘岛国际机场

巴厘岛国际机场（Ngurah Rai Denpasar International Airport）位于登巴萨市南12公里处，是巴厘岛唯一一座机场。机场多数国际航班需要在雅加达或新加坡转机飞往巴厘岛，中国只有上海、北京、广州等城市有直飞雅加达的航班。从雅加达转机到巴厘岛大约1.5小时。

从机场抵达市区

多数高级酒店都会提供机场接送服务，但乌布的酒店可能只提供单程接机。坐汽车到乌布需要50～60分钟。

↘ 出租车

在巴厘岛国际机场的出口右手边有一个机场出租车排队处，工作人员根据目的地的距离收费。出租车到岛内各地的价格：库塔25 000印尼盾、萨努尔55 000印尼盾、努沙杜瓦55 000印尼盾、乌布110 000印尼盾。

公路

巴厘岛是一个独立的岛屿，和附近的城市没有跨海公路相连，而是通过车船联渡，每天发往印尼各大城市的班车都会准时发出。巴厘岛至雅加达的票价为240 000印尼盾，车程26小时，巴厘岛到日惹的票价为125 000印尼盾，车程16小时，巴厘岛到泗水票价90 000印尼盾，车程12小时。

209

必须掌握的市内交通

巴厘岛的市内交通方式有很多种，乘坐出租车、巴士、租车等都可以方便出行，只是在租车和包车时，要选择有信誉的公司，以免引起不必要的麻烦。

出租车

巴厘岛的出租车起步价为4000印尼盾，每公里加收2000印尼盾。岛上的出租车有蓝、绿、橙、白几种颜色，其中最著名的出租车是蓝鸟公司的蓝色出租车。蓝鸟公司的司机素质良好，很少有多绕路或多收费的行为。搭乘绿色车或橘色车的费用略高一些，乘白色车要给司机500～1000印尼盾的小费，上车前最好先讲好价格。

包车

巴厘岛的面积比较大，各个旅游景点分布较分散，所以包车出行不失为一种好的方式。一般的包车可以容纳4人，时间为8～10个小时，不带司机的价格为150 000 印尼盾左右，空调车为315 000印尼盾左右。

Bemo

在巴厘岛有一种被称为Bemo的小巴士，是当地人最常用的交通工具，车费价格比较便宜。巴士的线路是固定的，沿线设有站牌，招手即停。有的酒店有免费的穿梭巴士，在定好房间时可以咨询一下。城镇之间的穿梭巴士是一种可以预约的巴士，可以事先讲好价格，如库塔到乌布的价格约是25 000印尼盾。

租自行车/摩托车

租自行车或摩托车在巴厘岛出行观光，是一大特色，可以更加贴近大自然，欣赏巴厘岛的自然风光。一天的价格自行车12 000～18 000印尼盾，摩托车45 000印尼盾左右。

租汽车

在巴厘岛租车旅行和在其他城市租车一样，首先要确定有驾照，然后在办理相关手续前要检查好车辆的情况。巴厘岛租车价格约180 000～250 000印尼盾，在当地较有声誉的出租公司有Toyota-Rent-a Car、Avis、Hertz三家公司。

到巴厘岛游玩必做的事

巴厘岛是一个令无数人向往的旅游胜地。阳光和海滩是来到巴厘岛不可错过的体验。海滩活动、游泳、橡皮船、沙滩排球等是贴近自然和阳光海滩近距离接触的最佳方式。巴厘岛众多独具特色的旅游项目，总有一个会让你永生难忘。

TOP1：体验潜水的刺激

挑一个风和日丽的日子，潜入蓝色的海底世界，可以和身边的热带鱼打个招呼，也可以穿梭于五光十色的珊瑚礁之间。比较好的潜水点都集中在巴厘岛东岸。不同的潜水点价格也不同。一般来说，潜水一天的费用约为540 000～810 000印尼盾。为了让海底之旅安全尽兴，记得要找一家有正式牌照的潜水公司，那里有专业的教练。另外，别忘了办一张潜水许可证。

除了亲自下水，你还可以选择乘坐小型潜艇到水下18米的地方，透过玻璃

1 行前早知道

2 出行必备功课

3 新加坡

4 吉隆坡

5 曼谷

6 普吉岛

7 巴厘岛

8 雅加达

窗跟鲨鱼会面，而且可以尽情拍照。行程为1.5小时，费用是900 000印尼盾，5～14岁的儿童半票。

图兰奔是巴厘岛东北的一个海边小镇，是潜水者的乐园，被称为全世界最美的50个潜水胜地之一。如果你想潜水，甚至都不需要出海，直接从岸上出发就能下潜。这里水流平缓，水质清澈，能见度很高，最大的特色是海底有一艘"二战"时期的沉船残骸（Liberty Wreck），约400种鱼类以此为家，包括鲨鱼、龙头鹦哥、巨型石斑鱼等。

参加潜水公司一日游的费用是810 000印尼盾/两潜，当天往返。价格包括交通费、午餐、潜水费用、饮料、毛巾之类，出发时间为8:00，行程两个小时，午饭前一潜，午饭后一潜，随后返程，回到图兰奔约16:00。

TOP2：感受SPA带来的轻松

在巴厘岛做SPA是一种极致的享受。眼见的是充满野趣的庭园，耳听的是轻柔的甘美兰音乐，天然花草的清香环绕周身，令人迷醉。

一套完整的巴厘岛SPA包括精油按摩、花瓣浴、草药茶调理等项目，至少需要90分钟才能做完。巴厘岛传统SPA最擅长的是使用各种巴厘岛当地出产的天然鲜花和草药调理身体机能，所以乌布和金巴兰的SPA风格都各有不同。近年来也引进了招式繁多的泰式按摩和力道强劲的瑞典按摩手法，以及特定的部位疗程，享受一次SPA需320 000～720 000印尼盾。

TOP3：游船夜宴

在繁星密布的天幕之下，一边欣赏小岛夜景，一边品尝各国风味的自助餐，游船夜宴会带给你一个难忘的夜晚。船上还会有乐队助兴，你可以尽情跳舞。当然也可以离开热闹的舞池，在隐隐传来的巴厘民歌中，跟你的爱人静静地临风伫立。游船一般在傍晚18:00出发，22:30返回码头。船票为每人360 000印尼盾左右，14岁以下的儿童半票。

TOP4：在巴厘岛的河面上激情漂流

除了海上活动，巴厘的河流也能带给你惊喜。与国内的漂流不同，这里的漂流根据刺激程度分级，你可以根据自己的喜好选择。每次旅程约为500 000～770 000印尼盾，一般包括午餐。

爱咏河是巴厘岛最热门的漂流地点。河岸高峻，植被繁茂，大部分河段水流平缓，游客可以安心饱览美景，几十处激流河滩又为漂流过程增加了几分惊险刺激。如果遇到风趣的舵手，整个漂流就会更加妙趣横生。各主要市镇都有漂流公司，尽量选择规模大的漂流公司，设备比较完善，舵手经验也更丰富，安全更有保障。要特别查看漂流公司是否为游客投有相应保险。

索北克漂流（Sobek Rafting）：漂流过程约1.5小时，每艘皮艇最多可坐6名游客，配1名专业教练。费用成人587 000印尼盾，7～15岁儿童407 000印尼盾，含酒店接送、午餐、漂流费用和保险费用。

人气餐厅大搜罗

巴厘岛地区美食丰富多样，当地特色小吃有烤乳猪、烤鸭、辛辣鸡、辛辣鱼、椰子饭等，人们用餐的时候习惯用右手抓食。印尼菜的口味比较重，当地人很喜欢吃油炸食品，做菜时喜欢加入椰子汁。当然，除了当地美食，在巴厘岛也可以品尝到中餐、西餐、日式菜、韩式菜等世界各地的菜肴。

意式餐厅

罗莎薇芙意式餐厅（Rosso Vivo）

Rosso Vivo餐厅是酒店里的一家餐厅，可以坐在室外的红椅上用餐。餐厅里的烟熏马林鱼、蘑菇番茄意大利面、龙虾意大利宽面等都是让人叫绝的美味。每晚的17:00～19:00还有这条街唯一的现场DJ音乐表演。

🏠地址：Jl.Pantai
☎电话：0062-361-751 961
💰价格：300 000～600 000印尼盾。烟熏马林鱼62 000印尼盾、蘑菇番茄意大利面58 000印尼盾、龙虾意大利宽面120 000印尼盾

IFIORI花神

这是一家意大利餐厅，于2007年开业至今，一直花费不少心思在室内设计上，吸引无数顾客。餐厅有各式意大利美食，但菜单上没有比萨，用餐时伴着爵士乐让人心情愉悦。

🏠地址：Jl.Kartika Plaza，Tuban
☎电话：0062-361-750 158
💰价格：意式云吞29 000印尼盾、烤干贝虾柠檬沙拉39 000印尼盾和17%营业税和服务费

1 行前早知道
2 出行必备功课
3 新加坡
4 吉隆坡
5 曼谷
6 普吉岛
7 巴厘岛
8 雅加达

中餐厅

一发麻辣火锅（I-Va Suki）

这是一家中国餐厅，老板娘是贵州人，在四川学习过厨艺。所以这家餐厅以辣为特点，客人可以吃到辣得过瘾的食物。餐厅汤头的香料是从中国带来的，有清汤、麻辣、鸳鸯、酸辣等多种选择。

⌖ 地址：Komplek Ruko Indah I No.12A-B, Sunset Road
☎ 电话：0062-361-767 621
¥ 价格：150 000印尼盾

露台餐厅（The Balcony）

这是一家经过特别设计的餐厅，老板将二楼设计成露台式，呈现出绝妙的地中海式风格。西班牙式的小菜有辣味肉球、熏火腿、淡菜、腌乌贼等，口味很特别。海鲜串烧是餐厅的特色：成串的鲔鱼、马林鱼、箭鱼及草虾味道很棒。

⌖ 地址：Jl.Benesari No.16
☎ 电话：0062-361-750 655
¥ 价格：15 000～90 000印尼盾

当地餐厅

Kori餐厅

餐厅位于库塔市区的中心地段。进入餐厅可以看到小桥流水，上面坐落着一座座小凉亭。餐厅的菜色多样，在巴厘岛的菜色中融合了西式餐点的特色，香蕉烤鱼、香料炖牛肉等口味独特，值得品尝。

⌖ 地址：Jl.Poppies II
☎ 电话：0062-361-758 605
¥ 价格：15 000～90 000印尼盾，15%营业税和服务费

Kang Zanger餐厅

这是一家受当地人欢迎的餐厅，因其物美价廉而受到人们的欢迎。主要提供当地的特色食品，如炸鸡、黄豆饼、纳豆、竹叶饭、虾饼等美食。

⌖ 地址：Jl.Raya Kuta No.69
☎ 电话：0062-361-763 096
¥ 价格：8500～20 000印尼盾，饮料2500～8500印尼盾

风味餐厅

Kuta Beach墨西哥餐厅

这是一家风味独特的墨西哥餐厅，充满异国情调。不仅可以品尝到墨西哥脆饼和软皮卷饼，还可以享受自己动手的乐趣。印度鸡肉卷配上芒果酱和酸酪，印墨合璧，风味奇特，值得品尝。

- 地址：JI.Poppies I
- 电话：0062-361-751 093
- 价格：主菜35 000～55 000印尼盾，外加15%的营业税和服务费

Batu Jimbar餐厅

餐厅以健康绿色的食品而闻名。如面饼、面条、面包等面食都是餐厅自做的，餐厅的果酱、印度的甜酸酱等都不加防腐剂。此外，餐厅的果汁饮料都是由有机食品制成的。素食炸春卷、墨西哥薄饼、招牌炒面、炒青菜、炒鸡肉或海鲜是餐厅的招牌菜，味道不错，不妨尝试一下。

- 地址：JL.Danau Tamblingan No.152，Sanur
- 电话：0062-361-287 374
- 价格：早、中、晚餐50 000～150 000印尼盾，另加15%税和服务费

靠谱住宿推荐

作为度假胜地的巴厘岛，住宿环境以及住宿条件好得没话说。为了保护巴厘岛的自然景观，当地很少有高楼大厦，所以这里的酒店都是以各种美丽景观吸引游客。巴厘岛的酒店集中在南部的萨努尔、努沙杜瓦和库塔，以及中部的乌布。努沙杜瓦是豪华度假区，环境优雅，价格昂贵；库塔海滩则汇集了便宜的家庭旅馆；乌布住宿以独栋乡村小屋为主，充满世外桃源般的乡间风情；在萨努尔从家庭旅馆到五星级酒店都可以找到。

高级酒店

Namaste Villa & SPA酒店

Namaste Villa & SPA酒店位置良好，周围有夜生活和购物场所。酒店的客房配有免费上网设施、平面电视、浴室、DVD播放机和迷你吧等设施供客人使用。酒店内拥有餐厅、健身房、水疗中心等供游客放松身心。

- 地址：Kuta Beach Street 99X，Bali
- 电话：0062-361-751 335
- 价格：豪华一卧室别墅1500 000印尼盾，带私人游泳池的豪华双卧室别墅1 980 000印尼盾，带私人泳池的一卧室别墅1 800 000印尼盾

1 行前早知道
2 出行必备功课
3 新加坡
4 吉隆坡
5 曼谷
6 普吉岛
7 巴厘岛
8 雅加达

Ramada Bintang Bali Resort

Ramada Bintang Bali Resort是位于热带雨林中的五星级酒店。酒店内设有私人海滩、游泳池、停车场、网球场、SPA中心和餐厅等休闲区域。酒店的客房经过现代化的装修，设施齐全，为客人提供舒适的住宿环境。

🏠 **地址**：Jl Kartika Plaza P.O Box 1068, Tuban Bali

☎ **电话**：0062-361-753 292

¥ **价格**：高级双人或双床间1 290 000印尼盾，豪华套房2 190 000印尼盾，豪华双人或双床间1 300 000印尼盾，浪漫双人间147 000印尼盾

Holiday Inn Resort Baruna

Holiday Inn Resort Baruna酒店是五星级酒店。酒店经过精心设计，呈现花园式的景观，健身房、海滨餐厅、水疗中心一应俱全。酒店的客房装饰着巴厘岛手工艺品，配备了平板电视、木质家具、冰箱、保险箱和DVD播放机等供客人使用。游客在享受舒适、贴心的服务同时，还可以欣赏美丽的风景。

🏠 **地址**：Jalan Wana Segara 33

☎ **电话**：0062-361- 755 577

¥ **价格**：高级双人或双床间1 050 000印尼盾，Ajana套房1 854 000印尼盾，海洋双人或双床间1 266 000印尼盾

家庭旅馆

Balisani Padma Hotel

Balisani Padma Hotel 旅馆是一间充满巴厘风情的精致小店。旅馆的客房经过精心设计，随处可见木雕艺术，为客人提供舒适典雅的住宿环境。旅馆的公用设施齐全，有游泳池、停车场、浴室等供客人使用。

🏠 **地址**：Jl. Padma Utara - Legian

☎ **电话**：0062-361-730 550

¥ **价格**：标准双人或双床间258 000印尼盾，小屋双人间330 000印尼盾

The Legian 777

The Legian 777旅馆位于库塔，只要步行5分钟即可到达库塔海滩。旅馆为客人提供免费的无线网络，旅游咨询台，订餐等服务。旅馆的客房经过细致的现代化装修，宽敞明亮，配备了空调、平面有线电视、DVD播放机、迷你吧和浴缸等设施。

🏠 **地址**：Patimura Street 777

☎ **电话**：0062-361-756 416

¥ **价格**：标准双人间390 000印尼盾

Green Garden Hotel

Green Garden Hotel旅馆提供前往国际机场免费班车服务，距离市场、购物中心等很近。旅馆为客人提供了餐厅、游泳池、水疗中心等服务设施。旅馆的客房配备了空调、骨科床、平面有线电视、私人保险箱、浴缸等供客人使用。

- ⌂ 地址：Jl. Kartika Plaza no.9，Tuban
- ☎ 电话：0062-361-752 725
- ¥ 价格：标准双人或双床间480 000印尼盾

青年旅舍

Waringin Homestay旅舍

Waringin Homestay旅舍位于库塔，距离海滩很近。旅舍为客人提供租车、洗衣、旅游咨询等服务。旅舍的客房经过细致的装修和设计，房间布置得清新淡雅，让人心情舒畅。房间内为客人准备了电扇、衣橱、浴室以及洗浴用品等。

- ⌂ 地址：Jalan Poppies
- ☎ 电话：0062-361-728 771
- ¥ 价格：标准双人或双床间210 000印尼盾

Nakula Guest House

Nakula Guest House旅舍坐落在库塔海滩的一座两层楼房内，距离巴厘岛国际机场只有5分钟车程。旅舍提供免费停车场、洗衣、早餐等服务，此外，每天供应免费的茶水和咖啡。旅舍的客房采用巴厘岛风格装饰，配备了柚木家具、浴室、梳妆台等设施。

- ⌂ 地址：Jalan Kartika Plaza，Pendawa lane
- ☎ 电话：0062-361-728 771
- ¥ 价格：标准双人或双床间228 000印尼盾

Budhas Guest house

Budhas Guest house旅舍坐落在库塔镇中心，附近有购物中心。旅舍提供洗衣、旅游咨询、机场接送、免费网络等服务。客房配备了平面电视、沏茶／泡咖啡设备、淋浴等设施，此外还提供烧烤设施。

- ⌂ 地址：Jalan Kartika Plaza Gang Pendawa 4x
- ☎ 电话：0062-361-755 806
- ¥ 价格：标准双人间210 000印尼盾

1 行前早知道
2 出行必备功课
3 新加坡
4 吉隆坡
5 曼谷
6 普吉岛
7 巴厘岛
8 雅加达

特色酒店

Discovery Kartika Plaza 酒店

Discovery Kartika Plaza酒店是巴厘岛的一家豪华酒店。酒店拥有3家餐厅、健身中心、咖啡厅、私人花园、游泳池等娱乐休闲场所。酒店的客房有海滨客房、花园客房、海景房等多种选择。房间里配备有液晶电视、迷你吧、保管箱、开放式厨房等供客人使用。

- 地址: Jl. Kartika Plaza, P.O Box 1012, South Kuta Beach
- 电话: 0062-361-751 067
- 价格: 豪华间1 560 000印尼盾,面向海洋的客房1 760 000印尼盾,私人花园间1 854 000印尼盾,私人花园池景房1 998 000印尼盾,海滨间2 300 000印尼盾

The Sandi Phala 酒店

The Sandi Phala酒店是一家五星级酒店。酒店为客人提供的休闲场所包括水疗中心、游泳池、咖啡厅、酒吧、餐厅等。酒店的客房装修豪华,大部分都可以观看海景或花园,为客人营造舒适的住宿环境。

- 地址: Jl. Wana Segara
- 电话: 0062-361- 753 780
- 价格: 小型套房2 040 000印尼盾,泳池套房2 604 000印尼盾,套房2 900 000印尼盾

Kuta Paradiso 酒店

Kuta Paradiso酒店是一家豪华酒店,距离巴厘岛国际机场只有10分钟车程。酒店拥有室外游泳池、6个餐厅、健身中心、保龄球馆、水疗中心等娱乐场所。酒店的客房采用现代化装修风格,配备了迷你吧、沏茶/泡咖啡设备、卫星电视、浴缸等供客人使用。

- 地址: Jl. Kartika Plaza, Tuban
- 电话: 0062-361-761 414
- 价格: 豪华双人或双床间1 104 000印尼盾,泳池景观豪华双人间或双床间1 440 000印尼盾

小资情调初体验

巴厘岛的生活可谓丰富多彩,每当夜幕降临,岛上就会组织各种表演,包括舞蹈、传统戏剧和皮影表演等。

舞蹈表演

巴龙舞（Barong Dance）

巴龙舞是巴厘岛舞蹈艺术的精髓，表现了象征正义的巴龙和象征邪恶的让达之间的冲突。巴龙舞的服饰炫目、华丽、神秘、魅惑，舞者每个动作都在诉说着一段传说。每晚18:00开始表演。

宫廷舞蹈（Legong Dance）

宫廷舞蹈是经过精心设计和编排的，由一群年轻女子进行高难度的表演。每周在巴厘岛各地区轮番上演，大概在18:00开始表演，详情可咨询住宿的酒店。

凯卡克猴舞剧（Kecak Dance）

凯卡克猴舞剧是根据1930年的电影*Island of the Demons*以及Ramayana传奇故事改编而成的舞蹈，表演时由近百名裸露上身的男士合唱。每晚18:30～20:00开始表演。

传统皮影戏

传统皮影戏（Wayang Kulit）

巴厘岛的传统皮影戏内容以鬼怪故事为主，用镀金和彩饰皮制成的玩偶进行表演。表演者可变换不同的声音，可同时负责配乐，精湛操纵技术让人惊叹。每晚20:00开始表演。

咖啡馆

老爹咖啡馆（Papa’s Cafe）

这是一家当地咖啡馆，提供各种口味的咖啡，味道浓郁。还有各色甜点和蛋糕可以品尝，口味独特，受到食客的欢迎和喜爱。

- 地址：Jl.Pantai Kuta
- 电话：0062-361-755 055
- 营业时间：8:00～凌晨1:00

Kakiang Bakery咖啡馆

这家咖啡馆的老板是一位日本人，她做的各式蛋糕口味不错，受到游客的喜爱。咖啡选用意大利咖啡豆研磨而成，口味浓郁、醇正。此外还有芒果馅饼、巧克力蛋糕、拿铁、木瓜汁等味道也不错。

- 地址：JL.Ray Pengosekan，Ubud
- 电话：0062-361-971 551
- 营业时间：7:00～23:00

Kopi Bali House咖啡馆

一进门就会闻到浓郁的咖啡味，咖啡馆装修得比较现代，摆设着各个年代的咖啡机。来到这里不仅能品尝到卡布奇诺、拿铁等不同口味的咖啡，还可以品尝到春卷、素食意大利宽面、烤鱿鱼等各种小吃。

- 地址：JL.ByPass Ngurah Rai 405 E，Sanur
- 电话：0062-361-270 990
- 营业时间：8:00～23:30

酒吧

Peppers Grill & amp; Bar

这是一家位于酒店里的酒吧，在这里可以品尝到各式美酒，度过愉快的夜晚。酒吧还供应巴西混合式烤肉餐，有肋排、鸡腿、猪肉、羊肉、鸭胸肉、牛里脊肉等各种肉食。每晚都会有乐团现场演唱。

- 地址：Sanur Beach Hotel
- 营业时间：17:00～凌晨1:00
- 价格：125 000印尼盾

Nouveau Bistro & amp; Wine Bar

这是一家酒店里的酒吧，除了可以品尝各种美酒，还有各种新鲜的菜肴可以品尝，烟熏鲑鱼盘、酥炸鸡肝、奶酪酱鱼排、柏季侬牛肉、诺曼底肉球等都是美味，而且价格不贵。

- 地址：Puri Santrian Hotel
- 营业时间：16:00～凌晨1:00
- 价格：100 000～150 000印尼盾

购物狂想曲

巴厘岛是购买手工艺的最佳地点，如木雕、石雕、金银珠宝、绘画、面具、蜡染织物等都是经过手工制作，极为精美，让人爱不释手。巴厘岛有许多生产手工艺品的村庄，可以前去购买或参观这些物件的制作过程。

购物中心

Discovery Shopping Mall

这是一家位于库塔地区的商场，主要出售品牌服装，价格合理、实惠，经常做打折促销活动。特别是商场里的Polo衫专柜非常受欢迎，男装经常打8折，女装折扣更大。

🎧 地址：Kartika Plaza Street，Kuta
🔽 营业时间：8:30～17:00

Geneva Handicraft Centre

这是巴厘岛艺术品大卖场，是巴厘岛唯一拥有电梯的商场。商场主要出售当地的各种手工艺品，价格实惠，比其他地方的要便宜很多。来这里购物不用讲价，可以放心选购自己喜爱的商品。

🎧 地址：Jl.Raya Kerobokan No.100 3F
🔽 营业时间：8:00～17:30

太阳百货（Matahari）

太阳百货和中国的百货公司差不多，在巴厘岛也是规模很大的商场。商场与附近的肯德基、麦当劳和必胜客的门店构成了购物商业街。商场一楼是超市和一些特产专卖店，二楼是一些服装之类的小店，值得逛一逛。

🎧 地址：Jalan Pratama 74，The Oasis Boutique Beach Resort，Nusa Dua
🔽 营业时间：9:00～18:00

乌布市场

乌布市场位于王宫的斜对面，是巴厘岛比较大的市场。每天这里都会聚集很多商贩在此售卖商品，包括服装、手工艺品、水果、生活用品等。这里经常吸引许多外国游客前来购物，商贩经常与外国游客打交道，要价比其他地方会高一些。

🎧 地址：Ubud Palace opposite

1 行前早知道
2 出行必备功课
3 新加坡
4 吉隆坡
5 曼谷
6 普吉岛
7 巴厘岛
8 雅加达

特色专卖店

克美奴手工艺品工厂（Kemenuh）

克美奴手工艺品工厂以生产设计和制作精细的手工艺品而闻名。一块块枯木在工匠师傅的手指尖顷刻变成神态各异、栩栩如生的木雕精品。游客不仅可以在此选购心爱的手工艺品，还可以参观制作过程。

🏠 地址：Jalan Danau Tamblingan，Sanur
🕐 营业时间：9:00～17:00

Geneva 手工艺商店

这是一家超市性质的手工艺品商店。商店里陈列着各种制作精良的手工艺品，只是制作略显粗糙，但价格很便宜。商场营业到晚上八点，可以有充足的时间购买喜爱的艺术品馈赠亲友。

🏠 地址：Kerobokan 100
🕐 营业时间：9:00～18:00

仙岛燕窝店

燕窝是滋补佳品，无论是男性还是女性都比较适合，印尼的燕窝也算比较有名，价格比国内便宜很多。在巴厘岛购买燕窝可以去仙岛燕窝店，这里的燕窝质量上乘，价格公道。

🏠 地址：Sunse Rd.，No.51
🕐 营业时间：9:00～19:00

蝴蝶环球咖啡工厂（Kopi Bali）

蝴蝶环球咖啡工厂在巴厘岛的登巴萨地区，距离库塔很近。这里出售当地比较好的咖啡，味道浓郁，甘醇。喜欢咖啡的朋友不妨去看一看，不仅可以买到心仪的咖啡，还可以观赏咖啡的制作过程。

🏠 地址：Jl. Gajah Made No. 80
🕐 营业时间：8:00～20:00

不可不知的巴厘岛特产

巴厘岛的物价比较低，有些商品便宜得难以想象，像一些木雕、银器以及当地的手工艺品很值得购买和收藏。

特产1：木雕

巴厘岛的木雕是用木质坚硬的乌木、柚木等雕刻而成，如神鹰、雄狮、渔夫、少女等人物、动植物，以及各种抽象的艺术形象都是木雕的对象。巴厘岛的木雕师傅手艺高超，想象力丰富，总能雕刻出惟妙惟肖，栩栩如生的艺术品，让人爱不释手，受到世界各地游客的喜爱。

特产2：银器

巴厘岛的银器造型新颖，设计独特，包括盘子、酒杯、各种摆件以及首饰之类。尤其是首饰设计得精美别致，清新淡雅的风格受到爱美女士的欢迎，也是馈赠亲友的上好之选。

特产3：金缎棉

巴厘岛有一种叫做金缎棉的手工编织物，是由当地妇女按照古老的编织方法制作而成的，完成一件作品需要一个月的时间。有的金缎棉在编织过程中加入了金线和银线，手感很自然，比较贵重。

1 行前早知道

2 出行必备功课

3 新加坡

4 吉隆坡

5 曼谷

6 普吉岛

7 巴厘岛

8 雅加达

8 雅加达

　　雅加达作为东南亚最大的城市，有着多元化的面容。它气候宜人，风光秀丽，是绝佳的旅游之地。在雅加达，有一处别具一格的旅游胜地，每天游客络绎不绝，印尼人亲切地称它为"美丽的印度尼西亚缩影"。在这里你可以花少量的钱吃上一顿当地美食或是到酒吧喝上一杯；在这里你可以买到世界知名的土特产，如蜡染，银器，木雕等，它的一切都吸引着更多游客来探索。

雅加达印象零距离

雅加达知识知多少

雅加达是印度尼西亚的首都，也是全国的政治、经济、文化中心，又被称为"椰城"，地势南高北低，有大小10条河流流经市区，最著名的是吉利翁河 。市区分老城区和新城区两部分，北部的老区临近海湾，风光独特，古迹众多，多数建筑物都有典型的欧洲古典风格，如总统府（原荷兰总督府），此外还有早年华人聚居地——草埔等。南部的新区则充满现代感，是雅加达的政治、金融中心。

雅加达属于热带雨林气候，年平均气温为27℃。受赤道影响，11月至次年4月吹西北季风，5~10月吹东北季风。整个地区由更新世沉积层构成，南部地区为冲积层的一部分，土地肥沃，植物四季常青，鲜花盛开不衰。雅加达的官方语言为印尼语，此外还有爪哇语、巽他语。

雅加达城区地图

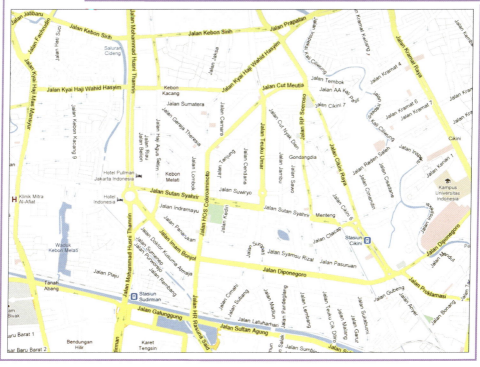

雅加达游玩前须知

什么时间旅游最适合

　　雅加达濒临雅加达湾，属热带雨林气候，终年高温潮湿，阴晴不定，年平均气温27℃，年平均降水量2000毫米，1月份降雨最多。所以最佳旅游时间是5月至9月的旱季。

1 行前早知道

2 出行必备功课

3 新加坡

4 吉隆坡

5 曼谷

6 普吉岛

7 巴厘岛

8 雅加达

最IN风向标——旅游穿衣指南

雅加达终年如夏，游客一般只需准备夏季服装。如果要去山区高地旅游，则需准备羊毛衫、夹克衫等服装。外出游览时，衣着以轻便为宜，平时穿T恤衫、短裤即可。若参观博物馆、寺庙、行宫，以及参加普通宴请，男士需穿长裤衬衣、女士穿长裙即不为失礼。如出席正规宴会，则需着装整齐，但男士若穿上印尼长袖巴迪衬衣，可适应一切场合。印尼白天阳光强烈，遮阳帽或阳伞是必备之物。如在雨季，外出别忘带上雨具。

不可不知的生活点滴

当地货币先了解

印度尼西亚的法定货币是印度尼西亚盾（Rupiah）简称印尼盾。印尼盾纸币面额有1000、2000、5000、10 000、20 000、50 000、100 000，硬币有100、200、500、1000印尼盾。人民币和印度尼西亚盾的汇率换算为：1人民币元＝1452.9印度尼西亚盾。

在印度尼西亚消费时，主要以现金为主，大多数情况下使用当地货币，只有部分商店能用美元和刷卡消费。

在雅加达如何付小费

在雅加达并没有给小费的规定，如果你对接受的服务感到满意而给点小费肯定是受欢迎的。宾馆的行李搬运工和带你参观的导游都希望能够得到一些小费，出租车司机也希望能得到一点附加车费。准备一些小面额的印尼盾（1000/2000/5000）和1美元以备不时之需。小费一般不要超过10 000印尼盾。

当地电压及插头

　　雅加达的民用供电系统交流电压为220～240伏特，其中大多数酒店的电压是220伏特，插头多为圆脚双插，建议游客自备转换器。

当地风俗习惯全了解

　　雅加达的人讲究礼节，问候时双手合十至前额表示诚意和衷心祝福。男士对女伊斯兰教教徒（一般戴面纱者）不要主动伸手要求握手。去当地人家里做客，在主人没请你就座前，客人不可贸然就座。在长者、客人座位前经过，一般要弯腰并将右手伸至右膝处，以示对他们的敬重。伊斯兰教教徒一般不喝酒，对你不太熟悉的人千万别随意敬酒、劝酒。印尼人忌讳别人摸头部，认为头部是神圣不可侵犯的部位，代表着一个人的尊严。印尼人忌讳别人左手递东西，如实在腾不开右手不得不用左手递时，一定要说声"对不起"，以示歉意。印尼人在叫人、招呼人时忌讳用手召唤，尤其是用食指勾唤，认为这是不敬行为。

实用信息一个都不能少

必须牢记的紧急联系方式

雅加达信息查询：108

印度尼西亚信息查询：100

从雅加达打国际长途：104

报警电话：00-62-21-5250110

医疗急救电话：118

印度尼西亚国家紧急救援（SAR）：00-62-21-5502111

小贴士 通信费用

从印度尼西亚往中国国内打电话，请拨001或008-86-区域号码-对方电话号码。中国移动、联通GSM已开通印尼国际漫游。移动用户如果打电话回中国大陆，费用在43 000～62 000印尼盾/分钟之间，发短信2800～3300印尼盾/条。

大使馆及领事馆

中国驻雅加达领事馆

- 地址：Jl. Mega Kuningan No.2，Jakarta Selatan 12950，Indonesia
- 电话：0062-21-5761037
- 传真：0062-21-5761038
- 办公时间：周一至周五8:30～12:00，14:00～17:00'
- 网址：http://id.china-embassy.org

不可不知的实用网址

酒店预订网（包含雅加达酒店介绍，预订等信息）

www.indo.com/hotels/index.html

酒店预订网（包含酒店介绍、预订、景点、线路等信息）

http://directrooms.com/indonesia/hotels/

必须了解的医疗服务

一般去雅加达旅行的游客是不需要"国际预防免疫证书"的，但是去之前一定要咨询当地的医院，携带旅行时应该带的药物，这样可避免旅途中生病带来的麻烦。

名　　称	地　　址	电　　话
RS Bersalin ASIH医院	Jl. Panglima Polim 1/34 Kebayoran Baru，Jakarta 12160	0062-21-2700610 （3 Line）
RS Bersalin Budi Jaya 医院	Jl. Dr. Sahardjo No. 120，Jakarta Selatan	0062-21-7501524
RS Harapan Kartini医院	Jl Ampera Raya No. 1，Kemang Jakarta 12560	0062-21-7804381 （2 Hunting）

当地物价先知道

雅加达物价不高，特别是纺织品和衣服更是物美价廉。城市街道中有许多小市场从早开到晚，在这里买东西可讨价还价。

↘ **餐饮类：** 餐厅用餐的费用60 000印尼盾，酒吧的啤酒价格约24 000印尼盾，蜻蜓俱乐部的鸡尾酒价格约100 000印尼盾，星巴克咖啡价格约为27 500印尼盾。

↘ **服装类：** T恤衫价格约30 000印尼盾，牛仔裤价格约75 000印尼盾。

1 行前早知道

2 出行必备功课

3 新加坡

4 吉隆坡

5 曼谷

6 普吉岛

7 巴厘岛

8 雅加达

市区景点

景点

① 独立清真寺

独立清真寺（Istiqlal Mosque）建成于1979年，占地面积93.5公顷，是印尼最大的清真寺。大清真寺主体建筑是一个直径45米的白色大圆屋顶覆盖的中央礼拜大厅，可同时聚集12万人祈祷。环绕大厅周围是5层楼的附属楼堂，附有宽敞的走廊厅堂，整个建筑全部用大理石铺设，其中仅大理石柱就有4400根。这里也是伊斯兰教重大活动和仪式举行地点，印尼总统及政府要人也经常到这里做礼拜。

典故解读

雅加达独立清真寺是国家为永久纪念在印尼独立解放战争牺牲的烈士所建。1950年为建此寺专门成立了筹建委员会，1961年8月24日由前总统苏加诺亲自奠基开工修建，1978年2月全部竣工，由第二人总统苏哈托主持落成典礼。

玩家指南

⊙ 地址：Jl. Taman Wijaya Kusuma Pasar Baru Sawah Besar Jakarta Pusat DKI Jakarta 10110

🚌 交通：可从市内的库答车站（Jl. stasiun NO.1）及Gam-bir车站（Jl. Merdeka Timur）乘车前往

⊙ 开放时间：8:00～17:00

💴 门票：免费

景点 ② 印尼国家博物馆

印尼国家博物馆（Indonesian National Museum）又称"中央博物馆"，建成于1868年，是印尼规模最大、收藏最丰富的博物馆。博物馆是一座欧式的白色建筑。博物馆一共有两层，分为旧馆和新馆两部分，旧馆根据品种分类设置不同展馆，展品从碑刻到陶瓷，从饰品到兵器，从人类头盖骨化石到民居遗址，应有尽有，让人目不暇接。新馆展示更多的是近现代的印尼面貌。参观这里一定会使你对印尼的历史和文化有更全面的了解。

·······典故解读·······

印尼在公元3～7世纪建立了一些分散的封建王国。13世纪末至14世纪初，在爪哇建立了印尼历史上最强大的麻喏巴歇封建帝国。15世纪，葡萄牙、西班牙和英国先后侵入。1596年荷兰侵入，1602年成立具有政府职权的"东印度公司"，1799年年底改设殖民政府。1942年日本占领印尼，1945年日本投降后，印尼爆发八月革命，8月17日宣布独立，成立印度尼西亚共和国。1947年后，荷兰与印尼经过多次战争和协商，于1949年11月签订印荷《圆桌会议协定》。根据此协定，印尼于同年12月27日成立

联邦共和国，加入荷印联邦。1950年8月印尼联邦议院通过临时宪法，正式宣布印度尼西亚共和国成立。

·······玩家指南·······

⌂ **地址：** Jl. Medan Merdeka Barat 12，10110

🧭 **交通：** 可乘坐汽车从Blok M到Kota，或乘汽车从Pulogadung到Monas

☯ **开放时间：** 周二至周四8:30～14:30，周五8:30～11:00，周六8:30～13:30，周一和公共假日不开放

¥ **门票：** 成人750印尼盾，17岁以下儿童250印尼盾

右侧边栏：
1 行前早知道
2 出行必备功课
3 新加坡
4 吉隆坡
5 曼谷
6 普吉岛
7 巴厘岛
8 雅加达

景点
3

独立广场

宽广的独立广场（Lapangan Merdeka）是为了纪念该国独立而建造的，在当地有如中国天安门广场般的地位与规模。空旷而辽阔的独立广场地面是用花岗岩铺就的，其间和四周点缀着一排排挺拔的棕榈树、椰子树和一丛丛娇艳的各色花朵，树下绿草茵茵，石径幽幽。广场的北边是印尼总统府，东北边有印尼最大的独立清真寺，西街上有国防部大院和印尼国家博物馆，东边是火车站。但最醒目的建筑当属民族独立纪念碑，该纪念碑位于独立广场中央，高达137米，塔顶的火焰部分用30公斤纯金打造而成，它也是世界上独有的"金塔尖"。乘电梯可直达碑顶，可将雅加达城市风光尽收眼底。

可见，印尼人民非常崇敬水牛，更崇敬雄牛精神，所以用雄牛来为广场命名。

·······典故解读·······

在雅加达市区，还有一个十分著名的广场——雄牛广场，这是为了纪念印尼人民推翻殖民统治而命名的广场。印尼有一种野生水牛，个头不高，但强悍力大，不仅敢和老虎搏斗，还能用头上的尖角戳死老虎。荷兰殖民主义者统治印尼期间，印尼人民痛恨殖民主义者，把殖民主义者比作老虎，把自己比作勇敢善斗的水牛。

·········玩家指南·········
- 地址：Kota Simalungun, Simalungun
- 交通：步行即可抵达
- 开放时间：周二至周四9:00～14:00，周五9:00～13:00，周六、周日9:00～15:00
- 门票：免费

景点 ④ 安佐尔梦幻公园

安佐尔梦幻公园（Taman Impian Jaya Ancol）是一所大型游乐场所，园中可分为新型设施区，别墅区和艺术市场。设施区内可以满足各种人群的娱乐需要，包括人造波浪大型游泳池、水族馆、网球场、回力球场、高尔夫球场、保龄球场、跑车场、跑马场、海滩、夜总会露天电影院、蒸汽浴室、赌场、按摩院以及专为儿童准备的娱乐场等。别墅区内可欣赏典型的印尼民族特色的建筑。艺术市场以展出印尼民间工艺品为主，而且还可以现场为游客制作绘画作品。傍晚时分，公园内的露天舞台上载歌载舞，气氛十分活跃。

⋯⋯⋯典故解读⋯⋯⋯

回力球与其他球类运动相比，可能大家会比较陌生，据说是由西班牙南部的巴斯克人最先发明的。目前主要在南欧、拉美及美国佛罗里达州流行。回力球直径5厘米，比赛开始，发球员将回力球在地板上拍击，待球用柳条篮接住后猛地向前墙投掷出去，对方接住弹回的球，再将球回掷到前墙上。回力球可以在空中接球，也可以在球从前墙或后墙第一次弹回时接住。如果不能把球打回去，对手便加1分。凡从前墙反弹的球，不论落在何处均为好球。

⋯⋯⋯⋯⋯玩家指南⋯⋯⋯⋯⋯

🔗 **地址：** Jl. Pasir Putih Raya Ancol Pademangan Jakarta Utara DKI Jakarta 14430
🚗 **交通：** 从市区乘坐出租车或者三轮都可到达
⏰ **开放时间：** 10:00～22:00
💲 **门票：** 10 000印尼盾

1 行前早知道
2 出行必备功课
3 新加坡
4 吉隆坡
5 曼谷
6 普吉岛
7 巴厘岛
8 雅加达

景点 **5** 印度尼西亚缩影公园

烬的火山，可以看到马都拉人赛牛，也可目睹伊里安人狂欢，可参加巴厘人的葬礼，也可出席爪哇人传统的结婚盛典，还可以嗅到竹筒米饭的香甜。

印度尼西亚缩影公园（Beautiful Indonesia in Miniature Park）占地120公顷，于1972年破土动工，1975年4月20日落成，又称"迷你公园"。在缩影公园内，可观赏印尼全国27个省的不同景观。这里有印尼各地的民居、湖泊、公园、纪念塔、购物中心、露天剧场、缆车、火车、水上脚踏车等各种实物的模型，制作惟妙惟肖，是展示印尼各民族传统文化的露天博物馆。在这里可以欣赏苏门答腊的热带风光，看到肃穆幽雅的白色寺庙和中爪哇岛上世界闻名的婆罗浮屠的小佛塔，也可以漫游伊里安查亚岛上的"热带原始森林"，看到古老陈旧的独木小舟，用树干搭成的高层茅草棚以及椰树丛中金碧辉煌的宫殿等。

·····典故解读·····

在公园大门的一侧，建有一座环形银幕电影院，其外形像一只金色的海螺，占地600平方米，馆内设有800个座位，银幕非常大，专门放映介绍印尼风俗习惯、历史地理、经济文化的纪录片。当电影开映时，观众虽然坐在椅子上，但总感觉到一会儿是乘飞机穿越印尼的大峡谷，一会儿是俯瞰喷射熔岩和灰

·····玩家指南·····

🏠**地址**：Jl. Raya TMII Ceger Cipayung Jakarta Timur DKI Jakarta 13550

🚌**交通**：从市区可乘坐专线旅游大巴到达

⏰**开放时间**：8:00～17:00

🎫**门票**：6000印尼盾

周边景致

景点 茂物

茂物（Bogor）位于爪哇岛西部，熔岩高原脚下的山间盆地之中，海拔265米，周围有萨拉克火山、庞朗奥火山、哈里蒙火山和格德火山。虽属热带气候，但由于雨水充沛，年平均气温25℃，这里植被茂盛，是著名的避暑胜地。这里有世界闻名的热带植物园，市郊名胜有瑟苏矿温泉，还有河流以及红色的房屋、清真寺、教堂、树木、花卉和附近Mount Salak风景区。如

今，这里更是印尼举办国际会议的常备会场，茂物也因此被外国人评为"雅加达的后花园"。

·····典故解读·····

印度尼西亚爪哇岛上的历史名城茂物是个名副其实的"世界雷都"。资料显示，此地平均每年有322个雷雨天，有时雷雨交加，有时空雷无雨，年平均打雷次数达14 000次，即每天约38次，堪称世界上打雷最频繁的城市。

·····玩家指南·····

🧭 **地址**：Bogor，Jawa Barat
🚌 **交通**：从雅加达机场乘坐巴士，或乘坐火车、出租车均可抵达
🕐 **开放时间**：不同景点开放时间不同，以实际为主
¥ **门票**：不同景点门票价格不同，以实际为主

1 行前早知道
2 出行必备功课
3 新加坡
4 吉隆坡
5 曼谷
6 普吉岛
7 巴厘岛
8 雅加达

雅加达旅行攻略

如何抵达

雅加达是印度尼西亚的交通中心，有飞往世界各地的航班。通往国内各大城市，无论是乘坐飞机，火车还是汽车，都十分便利。

航空

雅加达只有一个机场苏加诺-哈达国际机场，承担着印尼国内城市以及国际城市的航空交通。每天都有许多航班通往新加坡、马来西亚、泰国、中国等国家。

苏加诺-哈达国际机场

苏加诺-哈达国际机场（Soekarno Hatta Airport）是雅加达唯一一座机场。机场拥有三座航空大厦，分别供国际航线和国内航线使用。国内城市的航班可以随时购买机票。从雅加达乘坐飞机离开需要缴纳离境税，国际航班的离境税是100 000印尼盾，国内航班为20 000印尼盾。

从机场前往市区

从机场前往雅加达市区可以乘坐出租车或机场巴士等交通工具。

↘ 机场巴士

机场巴士的运营时间为22:00至凌晨3:00，每隔30分钟发一班车。价格约15 000印尼盾。

↘ 出租车

雅加达的出租车价格便宜，起价为3000印尼盾，每公里加1300印尼盾。出租车电话：0062-21-325 607。

铁路

从雅加达乘坐火车前往其他城市，是最方便、快捷的出行方式。雅加达有四个火车站，距离市中心很近。

↘ Gambit火车站

Gambit火车站是雅加达最重要的火车站，发出开往印尼各大城市的列车。到茂物、万隆、日惹、梭罗、三宝垄和泗水有直达列车。

↘ Pasar Senen火车站

从Pasar Senen火车站主要发出开往雅加达以东地区的经济型列车。

↘ Tanah Abang火车站

Tanah Abang火车站主要发出开往雅加达以西的城市列车。

↘ Gondangdia 火车站

Gondangdia 火车站比较小，但交通最便利，周围有许多酒店和旅馆。前往茂物和哥打的火车从这个火车站出发。

公路

雅加达有四个长途巴士站发出开往印尼各大城市的班车，每天往返于各城市间的班车有很多，车票可以提前预订也可随时到车站购买。

↘ Kalideres车站

Kalideres车站位于雅加达城市西北方，长途巴士主要通往雅加达西部的城市，比如前往默拉克的路程需要3小时，票价14000印尼盾。

↘ Kampung Rambutan车站

Kampung Rambutan车站在雅加达市区以南约18公里处，长途巴士主要通往雅加达南部的城市，比如：前往茂物的车程需要1小时，价格约10000印尼盾；前往万隆车程需4小时，价格约30000印尼盾。

↘ Pulo Gadung车站

Pulo Gadung车站位于雅加达以东12公里处，主要发出开往中爪哇、东爪哇、苏门答腊和巴厘岛的汽车。

↘ Lebak Bulus 车站

Lebak Bulus车站位于雅加达南16公里处，主要发出开往日惹、泗水和巴厘岛的汽车。

渡轮

↘ Pelabuhan Tanjung Priok 码头

Pelabuhan Tanjung Priok 码头是丹戎不碌港的1号码头，位于雅加达东北方。从这里发出开往世界各地的客轮，如果打算乘坐轮船出行需要提前了解相关信息。从雅加达市中心到达码头可以乘坐125路公交车，价格1500印尼盾，搭乘摩托出租车价格2500印尼盾，乘坐出租汽车价格253000印尼盾。

必须掌握的市内交通

雅加达的市内交通算不上发达，但出门有公交车以及出租车代步，丝毫不影响人们的出行热情。

239

公交车

BusWay是雅加达的公交车专道，乘车收费3500印尼盾，乘客需进站收费，并非在车上购买，车上有一名司机和两名男性服务员，车辆干净且安全性较高，游客若有本地朋友陪同可以试乘。公交车通常不关门，有一名司机负责驾车，另外两名负责招揽客人。

出租车

雅加达的出租车起步价为3000印尼盾，之后每公里加收1300印尼盾。市内的出租车都有空调，乘坐时要跟司机说清楚目的地，并要求计程收费。雅加达比较安全可靠的是蓝鸟公司的蓝色出租车和silver bird的黑色奔驰车。

蓝鸟出租车电话：0062-21-325 607或0062-21-3143000。

到雅加达游玩必做的事

雅加达的娱乐方式多种多样，无论是丰富多彩的音乐表演，还是当地传统的皮影戏，都吸引了无数的游客驻足。来到雅加达不能错过SPA，城市里的酒店几乎都有SPA服务，享受一次SPA服务一定会令人难忘。

TOP1：享受SPA服务

雅加达采用各种对人体有益的花、草、根、茎的精华综合精油，来按摩全身，以强化按摩的触感，是一种体贴而无压迫感的按摩方式，可消除疲劳，促进血液顺畅，接着再将牛奶或乳酪涂于全身使其吸收，最后浸泡于漂满花瓣的浴缸中享受真正的放松、领略生活的美妙，加上身处于与大自然合而为一的世外桃源，绝对会有超五星级的体验与感受。

TOP2：看一场电影

印尼人非常热爱电影，无论是中国的功夫片还是印度爱情片，或好莱坞的枪战片，都受到雅加达人的欢迎。雅加达的电影院引进美国大片的上档速度要比中国国内快，所以来到雅加达不妨看一场电影，体会雅加达人的乐趣。

TOP3：品尝当地美食

雅加达地处热带，当地不产小麦，主食以大米和玉米为主。当地人用香蕉叶或棕榈叶把大米或糯米包成菱形蒸熟吃，称为"克杜巴"。"沙爹"、"登登"、"咖喱"

等是人们生活中不可缺少的。"沙爹"是牛羊肉串，用炭火烤，烤熟后蘸辣椒、花生酱一起吃，味道极其鲜美。"登登"是牛肉干，吃的时候用油炸。总之当地的小吃美食极为丰富，不妨尝一尝。

人气餐厅大搜罗

煎香蕉、糯米团、鱼肉丸、炒米饭等是印尼的特色菜。印尼人的口味比较重，喜欢在菜里加入椰浆、胡椒、丁香、豆蔻、咖喱等香料。不喜欢这样口味的人也不用担心，雅加达除了当地餐馆还有许多中餐厅，除了印尼菜还有中餐、欧式菜、泰国菜、越南菜、日本菜、朝鲜菜、印度菜等众多口味供游客选择。

Jasa Bundo餐厅

这是一家巴东餐厅，经营着早餐、午餐和晚餐。餐厅装修简单，但布置得极为整洁、干净，让客人可以放心用餐。餐厅内的食物主要是苏门答腊经典美食。

- 地址： JI Jaksa 20A
- 电话： 0062-21-3905607
- 价格： 主菜10 000印尼盾

Pappa kafe餐厅

这是一家24小时营业的餐厅，看上去像彻夜举办酒宴的地方。餐厅装修得比较前卫，墙上展示着客人们的涂鸦，客人们可以一边欣赏MTV，一边吃薄烤饼。餐厅的特色菜是印尼炒饭和牛排，味道很不错。

- 地址： JI Jaksa41
- 电话： 0062-21-3192345
- 价格： 主菜20 000印尼盾

Ali K Baba餐厅

Ali K Baba餐厅是一家中东风格的餐厅，主要经营午餐和晚餐。餐厅里播放着阿拉伯音乐、有特色的黎巴嫩食品。餐厅提供印尼各地区的特色菜肴，极受当地人欢迎。

- 地址： JI H Agus Salim57
- 电话： 0062-21-3193 8147
- 价格： 主菜25 000印尼盾

1 行前早知道
2 出行必备功课
3 新加坡
4 吉隆坡
5 曼谷
6 普吉岛
7 巴厘岛
8 雅加达

Paprika餐厅

Paprika餐厅是雅加达最独特的餐厅之一，经常会出现在电影的镜头里。餐厅装修风格比较前卫，布置着现代流行的装饰，玻璃擦得透亮。餐厅的服务周到细致，各种风味菜肴也是各具特色。

- 地址：Jl Wahid Hasyim
- 电话：0062-21-3144113
- 价格：主菜40 000印尼盾

Sabang Food Court

Sabang Food Court是一家极受当地人欢迎的餐厅。餐厅装修得简单舒适，让来这里用餐的客人有宾至如归的感觉。这个装修简单的一站式美食中心提供印尼各地区的特色菜肴。

- 地址：Jl H Agus Salim 57
- 电话：0062-21-3160821
- 价格：主菜25 000印尼盾

靠谱住宿推荐

在雅加达住宿有很多选择，从星级酒店到普通宾馆，从国际连锁酒店到当地家庭旅馆，总有一种住宿方式适合出门在外的游客。

高级酒店

Hotel Aryaduta Semanggi 酒店

Hotel Aryaduta Semanggi 酒店是一家五星级酒店，位于雅加达的商务区。酒店内设有餐厅、酒吧、室外游泳池、SPA、日杂店以及24小时的客房服务。酒店内的客房宽敞明亮，布置得舒适，配备了有线电视、无线网络等设施供客人使用。

- 地址：Jl. Garnisun Dalam No.8, Karet Semanggi, Jakarta South
- 电话：0062-21-5460101
- 价格：一卧室套房900 000印尼盾，两卧室套房960 000印尼盾，三卧室套房1 120 000印尼盾

Fraser Residence Sudirman Jakarta 酒店

这家五星级酒店坐落在雅加达的金三角商业区。酒店的客房配备有平面电视、iPod基座、洗衣机、浴室等设

施。酒店的餐厅、酒吧、咖啡厅、健身中心和蒸汽浴室等为客人提供了娱乐休闲的好去处。酒店距离周围的广场和购物中心只有10分钟的车程。

⌂ 地址: Jl. Setiabudi Raya, No. 9 Sudirman，Jakarta South
☎ 电话: 0062-21- 5794 7038
¥ 价格: 尊贵单卧室公寓1386000印尼盾，豪华两卧室公寓1400000印尼盾，豪华一卧室公寓1812000印尼盾，尊贵两卧室套房3558000印尼盾

Gran Mahakam 酒店

Gran Mahakam酒店是五星级酒店，位于雅加达时尚的Blok-M区一座欧洲风格建筑内。酒店为客人准备了户外游泳池、水疗中心、健身中心、餐厅、酒吧、温泉等休闲服务。客房装修高雅，配备有木制家具、保险箱、冰箱和吹风机等设施。

⌂ 地址: Jln. Mahakam I No.6，Blok M，Jakarta South
☎ 电话: 0062-21-7209966
¥ 价格: 豪华双人或双床间846000印尼盾，超值豪华双人间或双床间990000印尼盾，小型套房1260000印尼盾，俱乐部套房1410000印尼盾，行政套房1550000印尼盾

家庭旅馆

Rasuna Icon旅馆

Rasuna Icon旅馆的交通比较便利，距离附近的购物场所和广场只有10分钟的路程。旅馆的客房装修简单，设计优雅，不仅配备有齐全的寝具、家具等设备，还为客人准备了公用设备方便了客人的生活，比如厨房、休息区、浴室等。

⌂ 地址: Jalan Karet Pedurenan No.3，Karet Kuningan, Setiabudi
☎ 电话: 0062-21-5201642
¥ 价格: 一室公寓355000印尼盾，行政一室公寓450000印尼盾，套房420000印尼盾，行政套房490000印尼盾

Ibis Jakarta Arcadia 旅馆

Ibis Jakarta Arcadia 旅馆拥有良好的地理位置，距离周围的商场、影院、餐厅等只有500米。旅馆内设有24小时的服务台，随时为客人提供储存行李、洗衣、兑换外币等服务。客房配备了齐全的设施，包括电视、沏茶/泡咖啡设施、迷你吧、办公桌等。

⌂ 地址: Jalan K H Wahid Hasyim No 114，Jakarta Central
☎ 电话: 0062-21-2300050
¥ 价格: 标准双人间295000印尼盾，标准双床间360000印尼盾

行前早知道 1
出行必备功课 2
新加坡 3
吉隆坡 4
曼谷 5
普吉岛 6
巴厘岛 7
雅加达 8

243

青年旅舍

Alpine 旅舍

Alpine旅舍位于雅加达的商务区，距离周围的商场、影院、娱乐场所很近，交通极为便利。旅舍的客房干净舒适，空间很大，配备了齐全的设施，为客人提供优质的住宿环境。

- 地址：Jl.Gunung Sahari Raya No.35，Jakarta Central
- 电话：0062-21-62640010
- 价格：高级双人或双床间270000印尼盾，家庭间290000印尼盾

Prasada Mansion 旅舍

Prasada Mansion旅舍位于雅加达市中心，交通极为便利。旅舍的客房装修舒适，设备齐全，价格便宜，为游客营造舒适的住宿环境。旅舍的公用设施也有许多，如厨房、休息区、餐厅等供客人使用。

- 地址：Jl. Jalan Komando Raya no 6 Karet Gusuran，Jakarta South
- 电话：0062-21-5292 0299
- 价格：标准双人或双床间350000印尼盾

Thamrin Condotel 旅舍

Thamrin Condotel 旅舍坐落于雅加达市中心，交通便利。旅舍为游客提供了游泳池，非吸烟客房，汽车租赁和班车接送等服务。客房的装修和装饰极具现代化，设施齐全，价格公道，有的客房还可以欣赏海景，吸引了许多年轻游客的到来。

- 地址：Jalan Kebon Kacang Raya，Kebun Melati
- 电话：0062-21-2357 9777
- 价格：标准双人或双床间298000印尼盾，高级海景双人间或双床间310000印尼盾

特色酒店

Alila Jakarta 酒店

Alila Jakarta酒店是一家豪华酒店，距离周围景点很近，方便出行游玩。酒店拥有游泳池、餐厅、酒吧、健身中心、温泉浴场等娱乐休闲的去处。客房配备了平面有线电视、私人浴室等，住宿环境舒适，受到客人的好评。

地址：Jl. Pecenongan Kav 7-17，Jakarta Central
电话：0062-21-2316008
价格：豪华双人或双床间750 000印尼盾，行政套房130 0000印尼盾，行政双床间900 000印尼盾，尊贵双人或双床间960 000印尼盾，俱乐部套房1 750 000印尼盾

Grand Tropic Suites Hotel

Grand Tropic Suites 酒店距离雅加达的市中心比较近，出行比较方便。酒店提供了室内游泳池、SPA 水疗、小市场、咖啡厅、餐厅、健身房等娱乐休闲设施。客房的设备齐全，布置得舒适典雅，令客人宾至如归。

地址：Jl. Letjen S. Parman Kav. 3
电话：0062-21-5641555
价格：一卧室套房521 000印尼盾，豪华双卧室套房536 000印尼盾，行政双卧室套房636 000印尼盾，家庭套房728 000印尼盾

小资情调初体验

雅加达的娱乐方式多种多样，夜生活也丰富多彩。酒吧、夜总会、舞厅每到夜晚来临总会吸引年轻人来狂欢。劲爆的音乐，欢快的舞蹈，可口的美酒，令人深陷其中无法自拔。

酒吧

Bugils 酒吧

Bugils的印尼语意思是 "疯狂西方人"，也就是说这里是西方人的最爱。酒吧采用荷兰风格装饰，非常漂亮，经常会举办各种派对活动。酒吧除了可口的美酒，还可品尝到欧洲的啤酒和蘸着蛋黄酱的薯片。

地址：Jl Jenderal Gatot Subroto
营业时间：11:00至深夜
价格：120 000印尼盾

Dragonfly 酒吧

Dragonfly 酒吧在当地非常有名气，几乎家喻户晓。服务员都是俊男靓女，吸引了许多年轻人的目光，酒吧不仅有各种啤酒、鸡尾酒，还有可口的菜肴和餐前小菜。

地址：Jl Gatot Subroto Kav 23
营业时间：中午至深夜
价格：125 000印尼盾

1 行前早知道
2 出行必备功课
3 新加坡
4 吉隆坡
5 曼谷
6 普吉岛
7 巴厘岛
8 雅加达

Sportsman's Bar酒吧

这是一家很受体育爱好者欢迎的酒吧，在品尝美酒和放松心情的同时还可以观看体育节目。这里也被称为绅士酒吧，付账的客人98%为男士，这是雅加达的一种社会风格。

🏠 地址：Jl Palatehani6-8，Blok M. Kebayoran Baru
🕐 营业时间：中午至深夜
¥ 价格：130 000印尼盾

夜总会

BATS夜总会

这是一家位于酒店内的夜总会，是雅加达最热门的夜总会。时尚的音乐，疯狂的舞姿，吸引着无数青年来这里享受丰富的夜生活。

🏠 地址：Jl Jend Sudirman Kav 1
🕐 营业时间：21:00～凌晨4:00
¥ 价格：140 000印尼盾

Retro夜总会

Retro夜总会位于酒店内，方便酒店的客人娱乐休闲。每当周末就会有大量的年轻人加入，人们一起狂欢，歌舞升平，度过这漫漫长夜。

🏠 地址：Jl Gatot Sutroto Kav 2-3
🕐 营业时间：21:00～凌晨3:00
¥ 价格：150 000印尼盾

剧院

Gedung Kesenian Jakarta 剧院

Gedung Kesenian Jakarta 剧院是雅加达当地的传统剧院，经常会定期的上演传统舞蹈和戏剧，有时还会上演欧洲的古典音乐。

🏠 地址：Jl Gedung Kesenian 1
🕐 营业时间：依据演出时间而定
¥ 价格：50 000～100 000印尼盾

Bharata Theatre剧院

Bharata Theatre剧院虽然面积不大，却承载着雅加达人的文化。这里主要上演当地传统的艺术表演，展现了雅加达人的真实生活。

- 🏠 地址：Jl Kalilio 15
- 🕐 营业时间：依据演出时间而定
- ¥ 价格：50 000～100 000印尼盾

购物狂想曲

雅加达有许多购物场所，购物中心、大型商场、集市、跳蚤市场等可以满足不同顾客的需求。雅加达的手工艺品比较有名，纺织品和服装的价格很便宜，可以买到当地和世界各地的各种品牌。

百货商场

Sarinah百货商场

Sarinah百货商场是雅加达的大型商场，商场内除了出售蜡染和印尼手工艺品外，还出售各种生活用品。商品齐全可以满足不同消费者的需求。

- 🏠 地址：Jl Thamrin
- 🕐 营业时间：10:00～22:00

Pasaraya百货商场

Pasaraya与Sarinah一样都是雅加达的大型百货商场，只是规模大很多。游客可根据自己的爱好和兴趣选择购物地点，在购买时记得要谈好价格。

- 🏠 地址：Jl iskandarsyah ll/2
- 🕐 营业时间：9:00～19:00

市场

Pasar Pagi Mangga Dua批发市场

Pasar Pagi Mangga Dua是雅加达最大的批发市场，每天来这里的人络绎不绝。这里不仅批发商品，也做零售，市场的服装和鞋子价格便宜，质量也很好。市场的对面是电脑和电子产品城，可以根据自己的需要前往。

1 行前早知道
2 出行必备功课
3 新加坡
4 吉隆坡
5 曼谷
6 普吉岛
7 巴厘岛
8 雅加达

247

- 地址：Jl Mangga Dua
- 营业时间：9:00～19:00

Jalan Surabaya大街

Jalan Surabaya大街位于雅加达的中心区域，这里是有名的古董市场。放眼望去沿街500米都是卖古董的地摊，可以来这里淘喜欢的宝贝。

- 地址：Jalan Surabaya
- 营业时间：9:00～18:00

购物中心

Plaza Senayan购物中心

Plaza Senayan购物中心是位于史纳延广场的一个高档商场。购物中心楼高三层，每层楼功能不同，一楼主要是名牌精品店，二楼是食品和娱乐休闲，三层是各种餐厅。商场齐全的设施和多重的购物选择，受到当地人以及游客的喜爱。

- 地址：Jl. Asia Afrika，Senayan，South Jakarta
- 营业时间：8:30～21:00

Mal Taman Anggrek购物中心

Mal Taman Anggrek，即"胡姬花园商城"是印尼最大的购物中心。中心内有卡拉OK酒廊、游泳池、台球、室内溜冰场等娱乐场所。当然购物中心也有许多世界顶级品牌入驻，不定期举办的大型展览活动也吸引了不少游客的目光。

- 地址：Anggrek West Jakarta
- 营业时间：8:30～21:00

EX广场购物中心

EX广场购物中心是雅加达集娱乐、休闲、购物于一体的综合性购物中心。从国际知名品牌服装到当地特色印染，从尖端电子产品到当地的手工艺品，应有尽有。中心内的餐厅、咖啡厅等除了提供各色美食，也会让游客在购物的劳累中得到休息和放松。

- 地址：Jl.MH Thamrin Kav. 28-30

不可不知的雅加达特产

　　雅加达有许多特色产品，如一些手工艺品，种类繁多，独具特色，咖啡、黄姜、蛇皮果也是当地的特色产品。购物时不妨买一些送给亲朋好友或留作纪念。

特产1：巴迪布

　　巴迪布是雅加达人采用传统印染的一种布，做工极为精细。巴迪布的图案颜色鲜艳明快，有的以黑、红、黄色为主，有的以蓝、褐、白色为主。手工制成各种对称的，不对称的，几何的，花鸟的图案。一般纯手工制作的，费事费力，极具艺术价值，价格也比较高，而机织的则比较便宜。

特产2：黄姜（姜黄）

　　黄姜又叫姜黄，是东南亚国家的一种天然香料，当然中国也有，但和印尼的品种、口味、颜色有所不同。印尼的黄姜有天然的黄色，可以用来调色，比如咖喱呈现的黄色就是加了黄姜的缘故。黄姜是印尼人生活中不可缺少的调料，无论是做米饭还是炒菜，都少不了用黄姜调味。此外，印尼人用黄姜制成专门给女人喝的饮料，有美容养颜，缓解疼痛的效果。

特产3：咖啡

　　印尼的咖啡在收获后要经过层层加工制作，首先在收获后要剥掉外壳，然后需要在仓库里储存一年的时间，最后要经过手工细细挑选，经过一个半小时的两次烘烤才能烤出味道醇美的咖啡。在当地的一些咖啡作坊，向游客提供不同的咖啡成品，还可以自己研磨咖啡。

特产4：蛇皮果

　　由于地理位置及气候的优势，使得印尼的蛇皮果味道最好。和其他水果相比蛇皮果的确不够漂亮，外形像没熟透的水梨，比荔枝大一些，但蛇皮果的味道很不错，有菠萝的香味，脆脆甜甜的，果肉很饱满。

1 行前早知道

2 出行必备功课

3 新加坡

4 吉隆坡

5 曼谷

6 普吉岛

7 巴厘岛

8 雅加达

9 马尼拉

　　马尼拉被誉为"亚洲的纽约"，是一座历史悠久，东西方文化交融的城市。漫步市区街头，随处可见街边布满苔藓的古老建筑，设计风格别致，工艺极为精湛。在马尼拉的圣地亚哥城堡、马拉坎南宫以及马尼拉城市中心著名的"围墙内的城市"走一遭，便可了解马尼拉人民以及菲律宾悠久而丰富的历史文化。

马尼拉印象零距离

马尼拉知识知多少

马尼拉是菲律宾的首都，是全国最大的港口和政治、经济、文化中心，也是亚洲最欧化的一座城市，有"亚洲的纽约"之称。马尼拉地处马尼拉湾的东岸，巴石河的入海口，由16个区组成。马尼拉城区由帕西格河分为南北两部分，河南岸是行政区和住宅区，包括国会大厦、政府各部、各国使馆等。河北岸主要为商业、金融和工业集中地。马尼拉是一个传统与现代并存的都会，古老的建筑物与新式高楼大厦交错林立，现代化的购物商场与旧式的街摊小店相映成趣、庄严肃穆的博物馆与热闹的酒吧交相辉映。

菲律宾语是菲律宾的官方语言，在全国通用。这种语言又称塔加洛语，在语言分类上属于南海群岛语系，除了在菲律宾使用外，也广泛运用于中国澳门、马来西亚沙巴州、印度尼西亚北部地区和新加坡。马尼拉属热带季风性气候，冬季干燥，夏季湿润，年平均气温27℃，年温差小，一年四季都适合旅游。

马尼拉城区地图

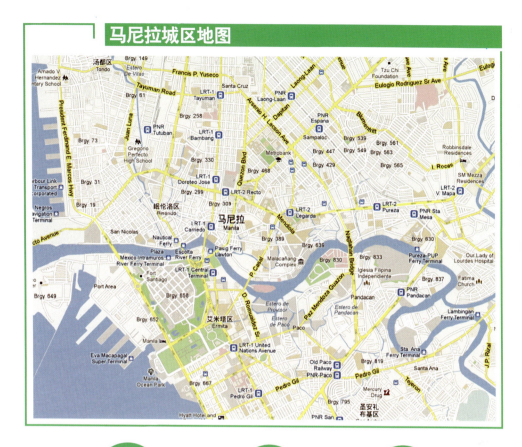

6 普吉岛

7 巴厘岛

8 雅加达

9 马尼拉

10 金边

11 万象

12 仰光

13 信息补给站

马尼拉游玩前须知

什么时间旅游最适合

　　马尼拉属于热带季风性气候，1～6月为旱季，7～12月为雨季，全年平均气温27℃。由于马尼拉的雨季较为酷热，又有台风吹袭，因此最佳的旅游时间为12月～次年5月，这期间的气候比较凉爽。如果游客介意交通的拥堵，应尽量避开重大节日期间出行。

最IN风向标——旅游穿衣指南

如果选择12月~次年5月去马尼拉旅游，需要多带一些夏季衣物，如在夜间出行，最好带些御寒衣物。此外机场以及大型购物中心会开很强的冷气，体质弱的人需要带一件薄开衫，避免一冷一热引起感冒。

不可不知的生活点滴

当地货币先了解

比索（Peso）是菲律宾货币单位，1比索等于100分。纸币面值有10、20、50、100、200、500和1000比索。硬币面值有5分、10分、25分、1比索和5比索。

美元只在部分高档场所通用，1人民币元可以兑换6.8比索，1美元可以兑换42.9比索。因此建议从中国国内出发的游客携带美元，可得到更划算的汇兑。

20比索	50比索	100比索
200比索	500比索	1000比索

小贴士

马尼拉的大部分商场和酒店都接受诸如Visa、Mastercard、Americard 和 American Express等国际信用卡。ATM机在非银行工作时间常常处于脱机状态，无法取款，单次最高取款为5000比索。

在马尼拉如何付小费

在马尼拉旅游，支付小费已经成为约定俗成的事。小费的金额一般为账单金额的10%，而如果账单中已包含服务费，则可选择性地支付小费。

当地电压及插头

马尼拉的电源电压是110伏特，插座是"美标"的，美标转换器的型号是STY-1-AP2，比较小巧，容易携带，中国国内的很多电器商店都可以买到。

当地风俗习惯全了解

马尼拉人的姓名大多为西班牙语姓名，顺序为教名、母姓首字、父姓。他们喜爱打听私人情况，因此，在与人谈话时要小声。在马尼拉，收受或赠送礼物不要当众打开，否则客人会有被当众羞辱的感觉。马尼拉人很忌讳13这一数字和星期五。他们认为"13"是"凶神"，是厄运和灾难的象征。马尼拉人不爱吃生姜，也不喜欢吃兽类内脏和腥味大的东西。此外，菲律宾人还不喝牛奶和烈性酒。

在马尼拉，忌进门时脚踏门槛，当地人认为门槛下住着神灵，不可冒犯。有些当地人家特别讲究屋内整洁、干净，他们常常习惯于进屋前先脱鞋。菲律宾人忌红色，认为红色是不祥之色，也忌鹤和龟以及印有这两种动物形状的物品。在跟人打交道时，不能"面无表情"，或是"三缄其口"，若面无表情或一声不吭，他们会认为你不怀好意，或误认为不愿意和他们打交道。另外，和菲律宾人接触时，要注意手势和衣着，唤人时要用手掌向下摆动招呼。在寺庙、赌场、高级餐厅等正式场所不能穿凉鞋或沙滩装。

实用信息一个都不能少

必须牢记的紧急联系方式

电话号码查询：114
急救：117

报警：116或117
消防：160-16

小贴士

在菲律宾接听电话40比索/分钟，收短信免费，发短信13比索/条（移动），13.5比索/条（联通），在本地拨打电话33比索/分钟。GPRS国际漫游资费收费标准为0.3比索/KB，所以发短信用飞信发比较合算。

大使馆及领事馆

中国驻菲律宾共和国大使馆

📍 地址：1235 Acacia Street Dasmarinas Village Makati City Metro Manila
☎ 电话：0063-2-844 3148，8437715
📠 传真：0063-2-845 2465，8439974

不可不知的实用网址

菲律宾的旅游指南（包含马尼拉文化、交通、购物等信息）

www.manilaview.com

菲律宾旅游官网（包含旅游线路、景点、当地新闻等信息）

www.tourism.gov.ph

必须了解的医疗服务

去马尼拉旅游时一定要带上必备药品，当然，当地医疗机构也要熟知一二。下面是一些当地医院的信息。

名　称	地　址	电　话
Metropolitan Hospital	SLK Bldg 1357 J. Masangkay St.	0063-2-2550401
St. Luke's Medical Centre	Cathedral Heights	0063-2-7244363
University of Sto. Tomas Hospital	Medical Arts Building	0063-2-7126348

当地物价先知道

　　马尼拉的物价和中国国内较相似，以下列举，仅供参考。

　　↘ **食品类**：椰子价格18比索/个，芒果价格20比索/ 2个，苹果价格15比索/个，鸡肉价格100比索/千克，牛肉价格200比索/千克，可口可乐价格20比索/罐，烧包价格20比索/个，鸡蛋价格5比索/个，饮用水价格40比索/大桶，烤鸡价格200比索/只。

　　↘ **出行类**：出租车起步价为30比索/2公里，之后每公里13.6比索。公交车价格6.8比索。

6 普吉岛
7 巴厘岛
8 雅加达
9 马尼拉
10 金边
11 万象
12 仰光
13 信息补给站

市区景点

景点
1

圣奥古斯丁教堂

圣奥古斯丁教堂（St. Agustin Church）始建于1571年，是菲律宾最古老的石造教堂。在经历了5次地震和两次世界大战后，它依然屹立不倒，这更为它蒙上了一层神秘的面纱。教堂属于巴洛克式建筑风格，沿墙壁设有许多壁龛，存放着西班牙人的遗骸。教堂最突出的特征是石块上的浮雕，细致精美，栩栩如生。礼拜堂的穹顶上绘有《圣经》中的人物，立体效果十分显著，中心处是奥古斯丁像和耶稣像。这些精美的绘画出自于技艺高超的意大利画师之手。圣奥古斯丁教堂是菲律宾历史的见证者，并于1993年被联合国教科文组织列为世界文化遗产。

······ **典故解读**

在菲律宾被西班牙殖民统治期间，西班牙为了让菲律宾人改信上帝，于是在马尼拉和其他地方建造了很多教堂，圣奥古斯丁教堂是最早建成的教堂之一。最初，圣奥古斯丁教堂是用竹子和泥巴建造的，1574年被入侵的海盗烧成灰烬。1575年在原址上重建，1583年毁于火灾。第三次重修时，教堂的墙壁用了石头，但是柱子等部分仍然采用木材，1586年再次毁于火灾。这次火灾过后，殖民当局决定全部用石头来重建圣奥古斯丁。1587～1607年，工匠们经过20年的辛苦劳动，终于在原址上建造成了这座高大宏伟的全石质教堂。之后，信仰天主教的菲律宾人数的日益增加，加上不断进行扩建，圣奥古斯丁教堂很快成为马尼拉乃至整个菲律宾的宗教和文化中心。

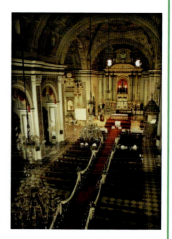

······ **玩家指南**

⌂ 地址：General Luna Street, Manila

🚗 交通：可以沿着General Luna Drive开车即可到达

⏰ 开放时间：周一至周日7:00～7:30，17:00～18:00

💰 门票：80比索/人

普
6 吉
岛

巴
7 厘
岛

雅
8 加
达

马
9 尼
拉

金
10 边

万
11 象

仰
12 光

信
息
13 补
给
站

景点 **2** 圣地亚哥城堡

圣地亚哥城堡（Fort Santiago）是古代的皇城，西班牙占领菲律宾后，城堡成为西班牙人对付潜在入侵者的主要防御地。1590年西班牙总督圣地亚哥将原本用木栅栏围成的城寨改建成石城堡，城墙外有护城河，城墙上设有炮台架，内部还有众多深幽的水牢，在"二战"时用来关押百姓和游击队员。关押菲律宾国父黎刹的囚室现已改为黎刹纪念馆供游人参观，里面陈列了大量黎刹生前的文献和资料。这座传奇的古堡建筑最具特色的是城门上关于圣地亚哥故事的木雕画以及城墙外的土地上已建的宽阔高尔夫球场。

……典故解读……

黎刹是华侨后裔，祖籍福建晋江，早年学医，后来组织菲律宾人民反抗殖民统治。关于黎刹还有一段凄美的爱情故事。当年黎刹为一位爱尔兰姑娘治愈了眼疾，这位姑娘被他的善良和才华所打动，爱上了他。后来黎刹被囚禁于水牢，姑娘几乎每天都要来城堡外，争取能见他一面。1896年12月30日，35岁的黎刹在被押往刑场行刑前，答应了那位姑娘的请求，在古堡院子里的草地上与她举行婚礼。行礼完毕，黎刹即被押赴刑场，就地枪决。在当年他们举行婚礼的草地外，有一串长长的金属脚印延伸到古堡大门，据说这是当时黎刹被押赴刑场所走的路线。

………玩家指南………

📍 **地址**：Santa Clara Street (Intramuros) Manila

🚇 **交通**：可以乘坐地铁LRT1到达Central Terminal 站下车即可到达

🕐 **开放时间**：周二至周日8:00～18:00

💴 **门票**：成人40比索/人，儿童和学生15比索/人

景点
3

市中市

市中市（Intramuros）是最初的马尼拉旧址，是1571年西班牙人为了统治菲律宾而建造。市中市总面积为1平方公里，城堡四周均是壕沟和中世纪风格的城墙，建筑物散发着古典欧式气息，城内有总督官邸和12座教堂，共设有7座城门，所以这里被称为围墙城市。市中市精美的雕塑、美丽的喷泉，还有古老的马车乘载游人穿梭，让人感觉宛如身临欧洲小镇一般。累了就在街边的咖啡馆喝杯咖啡，欣赏乐队和歌手的表演，轻松而惬意。

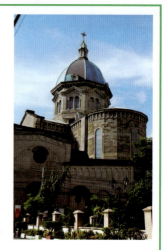

·······典故解读·······

1521年，麦哲伦探险队首次环球航海时抵达菲律宾群岛。直到1542年，洛佩兹继麦哲伦之后第二个来到这里，为了在亚洲炫耀西班牙帝国的"功绩"，按照西班牙王子菲律普的名字，把群岛命名为菲律宾群岛。1565年，宿雾岛被西班牙人占领，从此拉开300年的西班牙统治历史。1898年，美西战争爆发，西班牙战败，签下"巴黎和约"，美国接管菲律宾，统治30余年。"二战"期间，菲律宾被日本占领，战争结束后，菲律宾再次沦为美国殖民地。直到1946年7月4日，菲律宾才真正赢得独立。

·············玩家指南·············

🏠 **地址**：Intramuros, Manila, Metro Manila

☯ **交通**：可乘坐轻轨LRT在United Nations站下车，然后步行20～25分钟到达，或乘坐去往Bonifacio Drive的吉普车、出租车到达

🕐 **开放时间**：以具体景点而定

¥ **门票**：以具体景点而定

景点 **4** 椰子宫

椰子宫（Coconut Palace）建于1981年1月，是一座两层楼、六角形蜿蜒展开的菲律宾式建筑，也是一座引人入胜的艺术品。椰子宫的建造共使用了2000棵树龄在70年以上的椰子树。在椰子宫内随处可见用椰树做成的物品，椰屋、椰椅、椰床、椰垫、椰毯、椰帘、椰纸……最令人震撼的还是餐厅内镶嵌着4.7万块不同形状的椰壳片的、长11米的餐桌，以及一个从钟身、钟面的数字到指针全都用椰子树及椰子壳制成的、高达2米的大型落地座钟。这座宫殿如今不仅是旅游景点，也是菲律宾最著名的结婚圣地，这座宫殿也极好地显示了菲律宾人在建筑方面的才能和独创性。

······典故解读······

椰子宫的建造也可算是菲律宾总统夫人伊梅尔达相当疯狂的一项工程。当得知教皇约翰·保罗二世准备出访菲律宾的计划后，她下令修建了这个庞大的宫殿。不过宫殿的修建与菲律宾是椰子盛产王国有一定的关系。菲律宾早在16世纪就开始栽种椰树，现在30%左右的农地都种植着椰子，将近1/3的菲律宾国民从事跟椰子有关的产业。菲律宾椰子的品种和产量均

占世界的1/3，居世界首位，其单位面积产量也居世界之首。为了向国内外游客展示"椰子之邦"的风貌，菲律宾按博物馆的形式建造了这座椰子宫。

·············玩家指南·············

🎧 **地址**：Eduardo A. Makabenta, Pasay

🚗 **交通**：可乘坐公交车在BBL Bus Station下车，或乘坐地铁LRT1线在Vito Cruz站下车即可到达

⏰ **开放时间**：周二至周日9:00～16:00

💰 **门票**：100比索/人

6 普吉岛
7 巴厘岛
8 雅加达
9 马尼拉
10 金边
11 万象
12 仰光
13 信息补给站

景点 5 马拉坎南宫

方。如今马拉坎南宫已成为最受欢迎的观光景点，向游客开放。

····· 典故解读 ·····

马拉坎南宫原为西班牙总督的别墅，在1825年西班牙政府将其买下以供政府官员作为避暑的居所，后来菲律宾被美国统治后，又成为美国总督的居所，直到菲律宾独立，成为菲律宾共和国的官邸。

····· 玩家指南 ·····

⌂ **地址：** 1000 Jose P Laurel Sr，Manila

🚌 **交通：** 可乘坐公交车或搭乘地铁LRT2线在Legarda站下车即可到达

⏱ **开放时间：** 周四13:00～15:00，周五、周六9:00～15:00，周日、周一不对外开放。团体参观开放时间为周二、周三13:00～15:30，周四9:00～12:00，有导览解说。周二、三仅供团体参观

¥ **门票：** 成人20比索/人，儿童10比索/人

马拉坎南宫（Malacanang Palace）是历代总统的宫邸，为18世纪西班牙式的建筑。建筑非常雅致，其设计更显得别出心裁，其内部装修极尽奢华，宫殿廊道上陈列着许多菲律宾各个历史时期最具代表性的艺术珍品、历代帝王像，以及西班牙的名画，除此之外，馆内还陈列着各种高级日常用品，各式各样的服饰、鞋子，地下室甚至还备有专用的手术室。富丽堂皇的大客厅是接待外宾的地

景点 **6** 黎刹公园

　　黎刹公园（Rizal Park）是纪念菲律宾独立运动中的英雄约瑟·黎刹的纪念地。黎刹公园中央矗立着黎刹的铜像和纪念碑，而公园正门则葬有黎刹的遗骨。黎刹公园东边是一个人工池，北边有专门种植中国、日本、意大利花卉的国际庭园，这里繁花似锦，绿草如茵，已经成为菲律宾人休闲散步的好地方。公园内拥有全国最大的检阅台，是国家举办庆典时的重要场所之一。另外，黎刹公园也是观看世界著名的马尼拉湾日落的理想地点之一。

······典故解读·

　　黎刹是菲律宾的作家和思想家，祖籍福建刺桐上郭村（今泉州晋江罗山上郭村）。1882年赴欧洲学习，和流亡的菲律宾爱国志士组织爱国团体，创办刊物，掀起"宣传运动"，成为启蒙运动中最杰出和最有影响的人。在当时以犀利的文笔揭露了殖民当局的罪行和菲律宾尖锐的社会问题，推动了菲律宾民众的觉醒，1896年被殖民当局以"煽动叛乱"罪将其处死。

··············玩家指南·

地址：Roxas Boulevard, Manila

交通：可以乘坐地铁LRT1线到达United Nations Avenue站下车即可到达

开放时间：8:00～18:00

门票：免费

景点 7 华人公墓

华人公墓（Chinese Cemetery）面积为54公顷，围墙高10米，是由华人区长Lim Ong和Tan Quien Sien创建，埋葬着不能回归故里的华人。墓园内有干净整齐的街道，划分有序的街区，种满花草的庭院，装饰豪华的一层或二层建筑，其中有许多建筑是由大理石砌造而成，有的墓地房子内设有真正的汽车，空调，冰箱等日常用品。算得上是世界上最大、最华丽的华人墓地了。每年11月1日和2日是万圣节和万灵节，不计其数的菲律宾籍华人家庭会聚在这里，向祖先供奉食物和鲜花，以表思念之情。

典故解读

菲律宾的华人华侨尽管只是社会中的少数群体，却在该国的经济和社会发展中起到重要的作用。10世纪，就有中国商人南下菲律宾，他们带去中国商品、融入当地社会的同时，也传播中国的思想和文化。如今，汉字在菲律宾也不罕见。走在街头，常可见到有人穿着印有汉字的T恤衫，餐具、茶叶罐等器具上也常印有"寿"、"福"等字样。

玩家指南

🏠 **地址：** Tan Ban Yao Road, Manila

🧭 **交通：** 可乘坐轻轨从Jose Abad Santos站下车，步行到公墓南门，也可乘坐Monumento号吉普尼到Aurora Blvd下车后向东走到达南门

⏰ **开放时间：** 7:30～19:00

🎫 **门票：** 免费

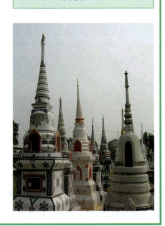

周边景致

景点 ① 大雅台

大雅台（Tagaytay）是马尼拉的一处火山和火山湖观赏区，在大雅台上能俯瞰整个塔尔湖和塔尔火山。大雅台高出海平面610米，塔尔湖长24公里，宽14公里，水深70米，湖中水波不惊，平静得像一面镜子。湖中有一座小岛，形成了湖中有山，山中有湖的景致。岛上的塔尔火山是世界上最小的火山，只有300米高。塔尔火山曾有20次以上的活动记录，目前仍在活动中，时不时地冒出烟雾，形成特殊的景致。

典故解读

火山湖其实是在火山喷发后，因喷火口内大量浮石被喷出来和挥发性物质的散失引起颈部塌陷而形成的洼地，大多数成漏斗状。后来，由于降雨、积雪融化或地下水使火山口逐渐储存大量的水，从而形成火山湖。

---- 玩家指南 ----

⌂ **地址：** Tagaytay City, Calabarzon, Philippines
♪ **交通：** 可从EDSA LRT站附近的BLTB公交站搭乘往Mendz方向的车，大约需要1小时
⊙ **开放时间：** 8:00～18:00
¥ **门票：** 免费，大雅台野餐公园门票30比索/人

6 普吉岛
7 巴厘岛
8 雅加达
9 马尼拉
10 金边
11 万象
12 仰光
13 信息补给站

景点 **②** **百胜滩**

　　百胜滩（Pagsanjan）以急流和瀑布著称，是世界著名的旅游景点。百胜滩拥有一条全长约10公里的山间峡谷，游客可乘船溯溪而上，然后再顺流返回，期间可观看到峡谷山石间构成的溪、瀑、潭、流等各种景观。著名的百胜滩瀑布，水量极其充沛，在这里能乘坐木筏穿过瀑布，感受奔流直下的瀑布那种千军万马般的气势。在此除了欣赏百胜滩的自然景色，感受急流泛舟活动外，游客还可看到野生动植物。

·······典故解读········

　　所谓瀑布，就是从河谷纵剖面岩坎上倾泻下来的水流。据说在瀑布边心情会舒畅，因为瀑布周围的空气中含有很高的负离子，这种成分对人体很有好处。当瀑布不能分裂成小水滴时，自身带正电，同时使周围的空气得到负电，从而产生负离子，这叫做"瀑布效应"。人类根据这一原理，也发明了负离子空气净化器等产品。

·······玩家指南········

⊕ 地址：Pagsanjan River, Laguna, Calabarzon

🚌 交通：可在位于EDSA的BLTB车站（BLTB Co. Bus Terminal）乘坐巴士，每天一班，中午12:00发车，每天15:00到达百胜滩，或在马尼拉城市广场（Manila City Hall）的劳得广场（Lawton Plaza）乘坐吉普尼也可到达

⊙ 开放时间：8:00～18:00

¥ 门票：800比索/人

马尼拉旅行攻略

如何抵达

　　马尼拉的交通比较发达，无论是航空、铁路还是水运都会以最便捷、快速的方式将游客带到想去的地方。

航空

　　马尼拉通航中国的城市有北京、上海、厦门以及广州。前往马尼拉旅行，可以乘坐飞机在马尼拉国际机场降落。马尼拉国际机场是马尼拉唯一的一座机场，距市中心约10公里。

　　马尼拉国际机场有三个候机楼，分别是国内、国际和菲律宾航空专用。如果在机场内需要转机，可以乘坐机场内部的免费巴士。马尼拉国际机场承担着马尼拉至世界各个主要国家的航空交通。

　　机场到市区的主要交通工具是出租车。在机场出租车排队处可以购买机场的优惠券，拿着印有定价和出租车牌照号的小票乘坐出租车，可以按上面的价钱付车费，价格300～500比索。也可以到机场门口直接乘坐出租车，不过要看清计价器是否归0，价格一般为110～120比索。

铁路

　　菲律宾的铁路以马尼拉为起点，分南北两条线路。北线通往圣费尔南多，中途可到达碧瑶，南线通往雷加斯比。

水运

　　马尼拉有两个港口，分别为北港和南港。每天都有许多渡船驶向菲律宾的各个岛屿。WG&A Supper Ferry、Negros Navigation和Sulpicio Lines是马尼拉最大的三家渡船公司，一般乘船的时间表会在当天的报纸上列出，此外在网站或旅行社也可查询。

必须掌握的市内交通

　　马尼拉的市内交通和其他东南亚国家一样，有三轮车、公交车、计程车，此外还有一种经过改良的特有交通工具——吉普尼。在马尼拉还可以租车出行，总之无论哪种出行方式都很方便、快捷。

轻轨

马尼拉有3条轻轨线连接着马尼拉整个城市。第一条轻轨系统建于20世纪80年代，是东南亚国家里最早建成的轻轨系统。LRT有两条线路，LRT-1为黄线，LRT-2为紫线。票价4站以内12比索/人，4站以上15～18比索/人。第三条轻轨是MRT，只有一条线路，为MRT-3蓝线，票价为10比索/人。在乘坐时必须本人购票，在车站入口要看清到站方向，然后进行安检。换乘时需要出站购票，再进站，因为马尼拉的轻轨线路之间没有转换站。

公交车

马尼拉的公交车行驶于主干道上，班次很多，乘坐起来比较方便。公交车分为两种：空调车和普通车，价格为5～10比索或2.5～3比索。一般在车的前面会标出车的行驶方向，上车后再购买车票，要保留好车票，下车需要将车票交回。

吉普尼

吉普尼是马尼拉一种特色交通工具，是经过改良的车，可以容纳10～14人，票价在30比索以内。由于当地天气炎热，车上的窗户没有玻璃，车两侧没有车门，乘客可以在车后随意上下车。吉普尼可以招手即停，是在马尼拉市内理想的代步工具。

出租车

马尼拉有两种出租车，一种是黄色的，起步价为70比索，另一种是白色的，起步价为30比索。正规的出租车在挡风玻璃上贴有Meter Tested的标志，上车要求打表，否则价钱会很高。

人力三轮车

三轮车是亚洲国家特有的交通工具，在城乡结合或乡村等近距离的路程是比较受欢迎的一种交通工具，起步价约6比索，在乘坐之前要讲好价钱。

租车

在马尼拉只要有护照、机票和国际驾照就可以租用汽车。当地的主要租赁汽车公司有AVIS和HERTZ。Chauffeur Driven Service出租汽车公司可以雇司机。

到马尼拉游玩必做的事

马尼拉是一个美丽的城市，拥有丰富多彩的娱乐项目。无论是观赏一场斗鸡，还是和大自然亲密接触，都会让人难以忘怀。此外，在菲律宾赌博是合法的，这里有不少赌场，可以小试身手，但千万不要上瘾哦。

TOP1：挥杆高尔夫

在马尼拉的娱乐活动中，高尔夫是最受人们喜爱的。马尼拉拥有世界一流的高尔夫球场地，包括很多冠军级场地。由于马尼拉气候宜人，这里终年都适合打高尔夫球。

TOP2：在街头卡拉OK高歌一曲

马尼拉人热爱卡拉OK几乎到了痴迷的程度。在马尼拉的餐厅、酒吧、咖啡厅，甚至是大街上，随时都会有人高歌一曲。在马尼拉唱歌是一件严肃的事，无论歌手唱得怎样，都会受到尊重。有时演唱从独自哼唱到手舞足蹈，甚至上千人围观互动。

TOP3：观赏斗鸡

斗鸡是菲律宾的"国技"，已经有数百年的历史。斗鸡比赛分为两种：一种是斗鸡主人组织的比赛；另一种是由政府组织的比赛，按斗鸡的重量分为不同的等级。当地人认为斗鸡是勇敢和力量的象征，比赛设立的奖金数额较高，这吸引了很多养鸡主的参与，有时电视台还会进行直播。

人气餐厅大搜罗

马尼拉的饮食具有多元化的特点，既有米饭、粥、面条、饺子等中国食品，也有西班牙菜、美国菜、法国菜、意大利菜等西方菜系。不过最受当地人喜爱的还是菲律宾本土的菜肴，菲律宾菜肴的特点是使用醋、大蒜等调味，像烤乳猪、菲律宾春卷、椰子甜粽以及烤猪腿等，不仅受到当地人的喜爱，就连来这里的游客都赞不绝口。

当地餐厅

Harbor View餐厅

Harbor View餐厅位于马尼拉湾码头的尽头，是一处比较安静的餐厅。在这里用餐不仅可以品尝多种新鲜的海鲜，还可以欣赏到金色的夕阳。

- 📍 地址：South Blvd，Rizal Park
- 📞 电话：0063-2-5241532
- ¥ 价格：主菜180～340比索

Josephine Restaurant

Josephine Restaurant餐厅在马尼拉很受年轻人喜爱。餐厅位于火山观赏区大雅台，客人可以一边用餐一边欣赏火山湖的美景，经常有新人在这里举行婚礼。餐厅的菜式主要以海鲜为主，招牌菜有Oyster Rockefeller、Baked Tahong、Asadong Alimango等。

- 📍 地址：Nasugbu Highway，Tagaytay City，Calabarzon
- 📞 电话：0063-2-4131801
- ¥ 价格：200～1000比索

Rickshaw Bar & Resto 餐厅

Rickshaw Bar & Resto 餐厅是马尼拉比较实惠的餐馆，餐馆经过简单装修，被收拾得一尘不染，为客人营造舒适的就餐环境。餐厅的餐点有各种口味的面，盖浇饭套餐、汤和冰茶。

- 📍 地址：1723 Adriatico St，Malate
- 📞 电话：0063 2-52 6129
- ¥ 价格：主菜 80～140比索

中餐厅

Li Li Chinese Restaurant

Li Li Chinese Restaurant是一位香港人开的餐厅，店里主要经营广东美食。餐厅的厨师来自香港，所以菜肴的味道更加正宗，受到游客的喜爱。店内的装修采用中西结合的风格，显得格外典雅。

- 📍 地址：1588 Pedro Gil Corner M.H. Del Pilar Street Malate，Manila
- 📞 电话：0063-2-2451234
- ¥ 价格：300～850比索

特色餐厅

Spiral餐厅

Spiral是马尼拉的一家高档餐厅，装修得极其豪华，餐厅内的装饰都是经过精心设计和挑选的，为食客提供了舒适的用餐环境。餐厅采用自助餐的形式，西班牙菜、地中海菜、中国菜、日本菜、韩国菜等一应俱全，为客人提供多种选择。

 地址：Ccp Complex Roxas Boulevard, Pasay
 电话：0063-2-5515555
 价格：600～1000比索

Seafood Paluto Restaurants

Seafood Paluto Restaurants是位于马尼拉Paluto海鲜市场的一家餐厅。市场内拥有各种新鲜的海鲜，除了本地的虾、蟹，还有国外新鲜的海鲜皇帝蟹和龙虾等，受到人们的喜爱。顾客可以买一些送到餐厅让厨师加工，享受新鲜的海鲜大餐。

 地址：Macapagal Boulevard, Pasay City
 价格：150～600比索

Travel Café餐厅

Travel Café餐厅是菲律宾旅游局专门为游客设立的。客人来到这里不仅可以享用各种丰富的美食，还可以接受专人提供的旅游行程安排服务，因此这家餐厅受到许多游客的喜爱。餐厅提供各种菲律宾食品，这里的咖啡豆十分正宗。特色食物有柚子大虾沙律、咖啡、菲律宾春卷等。

 地址：2/F Greenbelt 5, Ayala Center, Legaspi Street, Legaspi Village, Makati
 电话：0063-2-7296644
 价格：300～680比索

靠谱住宿推荐

马尼拉的住宿选择多种多样，可以根据自己的实际情况选择投宿地点。无论是星级酒店，普通酒店还是家庭旅馆都会带给游客舒适的享受。一般在旅游淡季或提前预订，会有比较大的折扣。

高级酒店

Luxor Suites酒店

Luxor Suites酒店位于马尼拉市中心的一座购物中心内。酒店设有一个室外游泳池免费停车场和各种公寓、套房等服务设施。酒店的客房配备了平面电视、沙发、保险箱、洗衣机等设施。酒店拥有良好的地理位置，无论出行，还是用餐或购物都比较方便。

🏠 **地址：** Robinsons Adriatico Residences，Tower 3 Lobby
💲 **价格：** 一室公寓2500比索，两卧室套房6500比索，一卧室套房3500比索，三卧室套房10 000比索

Aloha Hotel

Aloha酒店位于马尼拉的罗哈斯大道，交通极为便利。酒店设餐厅、温泉浴场、水疗中心、卡拉OK室、旅游咨询台等休闲服务设施。酒店的客房经过细致的装修，配备了浴室、迷你吧、有线电视和更衣室等。酒店附近有购物场所和游玩景点，非常方便。

🏠 **地址：** 2150 Roxas Boulevard，Malate 1004
☎ **电话：** 0063-2-5268088
💲 **价格：** 市景经典双人或双床间2900比索，海景双人或双床间4000比索

Riviera Mansion Hotel

Riviera Mansion 酒店位于马尼拉的娱乐区，去往附近的购物及娱乐场所非常方便。酒店的客房装修得简单舒适，配备了浴室、办公桌、有线电视、电话等设施，为客人营造出舒适的住宿环境。酒店提供免费的停车场、24小时服务台和洗衣等服务。

🏠 **地址：** 1638 A. Mabini St. Malate 1004
☎ **电话：** 0063-2-5234511
💲 **价格：** 豪华双人或双床间2232比索，豪华三人套房2768比索，尊贵双人或双床间2500比索

家庭旅馆

Best Western Hotel La Corona Manila

这家旅馆距离马尼拉湾只有1公里，房间经过简单细致的装修，配备有有线电视、保险箱、沏茶/泡咖啡设备、浴室等设施。旅馆距离国际机场只有7公里，距离

购物中心的餐饮、娱乐和购物场所只有**15分钟**车程。

- ⌂ 地址：1166 M.H. del Pilar cor. Arquiza Sts.，Ermita 1000
- ☎ 电话：0063-2-5242631
- ¥ 价格：标准双人间2625比索，套房4125比索，豪华双人或双床间3225比索

City Garden Suites旅馆

City Garden Suites旅馆坐落在马尼拉的市中心。旅馆设有24小时服务台，随时为客人提供复印、传真、洗衣、租车等服务。旅馆的客房有套房、豪华间、普通间等多种住宿选择，适合不同的人群。客房配备了无线网络、沏茶/泡咖啡设施、迷你吧、DVD播放机等齐全的设施。

- ⌂ 地址：1158 A. Mabini Street Ermita 1000
- ☎ 电话：0063-2-5361451
- ¥ 价格：高级双人间2500比索，小型套房4100比索，豪华双床间2900比索，一卧室套房3300比索

Paragon Tower Hotel

Paragon Tower 旅馆位于马尼拉的市中心。客房经过细心的装修，旅馆设有按摩服务、屋顶餐厅、有线电视以及洗衣服务，旅馆前台为客人提供24小时服务。

- ⌂ 地址：531 A. Flores St. Ermita，Manila 1000
- ☎ 电话：0063-2-5265541
- ¥ 价格：标准双人间2100比索，豪华四人间2800比索，高级双人或双床间2300比索，家庭间3300比索

青年旅舍

Lotus Garden Hotel

Lotus Garden 旅舍位于马尼拉的市区，旅舍提供有健身室、餐厅、体育酒吧等休闲设施。客房配备了有线电视、沏茶/泡咖啡设备、木家具、迷你吧、浴室等设施。

- ⌂ 地址：1227 A. Mabini St. cor. P. Faura St. Ermita 1000
- ☎ 电话：0063-2-522 1515
- ¥ 价格：高级双人间2300比索，高级双床间 2500比索

Casa Bocobo Hotel 旅舍

Casa Bocobo 旅舍位于马尼拉市区，附近的景点和购物场所很多，方便游客出行。旅舍的客房经过简单的装修，配备了平面电视、无线网络、浴室、写字桌等设

6 普吉岛
7 巴厘岛
8 雅加达
9 马尼拉
10 金边
11 万象
12 仰光
13 信息补给站

施。旅舍的24小时前台随时为客人提供优质而全面的服务。

 🏠 地址: 1000 J.Bocobo street，Ermita 1000
 ☎ 电话: 0063-2-5263783
 ¥ 价格: 标准双人间1990比索，标准双床间2490比索

特色酒店

Centara Hotel Manila 酒店

Centara Hotel Manila酒店是马尼拉的豪华酒店，酒店的所有客房都可以享有海湾景致。酒店设有餐厅、SPA中心、屋顶游泳池、健身中心、酒吧、咖啡厅等娱乐场所。客房配有空调，平面电视、沏茶/泡咖啡设施、保险箱等齐全的设施。

 🏠 地址: 2108 M.H. Del Pilar Street，Malate，1004
 ☎ 电话: 0063-2-7691234
 ¥ 价格: 高级双人或双床间3929比索，豪华双人或双床间4175比索，顶级双人或双床间4420比索

Orchid Garden Suites 酒店

Orchid Garden Suites酒店是马尼拉的豪华酒店，为客人提供安静的住宿环境。客房装修豪华，设计独特，为客人提供了套房、家庭间、行政套房、公寓等多种选择。酒店提供停车场，24小时服务前台以及免费的班车接机等服务。

 🏠 地址: 620 Pablo Ocampo Street，Malate 1004
 ☎ 电话: 0063-2-5239870
 ¥ 价格: 标准双人或双床间2749.45比索，家庭间4079.82比索，行政套房3481.15比索，顶楼公寓7438.58比索

Gran Prix Manila酒店

Gran Prix Manila 酒店是马尼拉城内的豪华酒店，距离附近的购物场所以及景点都很近。酒店的餐厅提供多个国家的饮食，包括美式、日式、中式和菲律宾的特色饮食。酒店的客房装修豪华，布置得很温馨，配备有齐全的设施供客人使用。

 🏠 地址: 1325 A. Mabini Street，Ermita 1004
 ☎ 电话: 0063-2-353 3319
 ¥ 价格: 高级双人间1500比索，套房2599比索，豪华双床间1999比索

小资情调初体验

马尼拉可以说是一个不夜之城，每当夜幕降临，人们便开始五光十色的夜生活。酒吧、夜店、迪士高舞厅、KTV等娱乐场所吸引着人们流连忘返。

酒吧

Hobbit House酒吧

这是一家俱乐部酒吧，每天都有菲律宾乐队进行现场演奏，吸引无数热爱音乐的人。入场费为100～150比索，还可以品尝到各种美酒。

- 地址：A Mabini St.
- 电话：0063-2-5217604
- 营业时间：19:00～凌晨3:00

Café Penguin 酒吧

这是一家位于画廊里的酒吧，从周二至周六的下午18:00～次日凌晨2:00营业。在享用美酒的同时还可以欣赏一些名画。

- 地址：604 Remedios St.
- 电话：0063-2-3037355

Library酒吧

这是一家卡拉OK酒吧，每天都会上演一些滑稽哑剧，吸引喜爱热闹的年轻人。到了周末会延长营业时间。

- 地址：1179A Adiratico St.
- 电话：0063-2-5222484
- 营业时间：19:00～凌晨2:00

咖啡厅

Marta's Cakes咖啡厅

Marta's Cakes咖啡厅在马尼拉比较受欢迎，咖啡厅装修风格比较童真，各种鲜艳的色彩把店铺塑造成了一个儿童乐园。店主曾受墨西哥糕点师的指导，因此店内的蛋糕具有墨西哥的风味。店内的蛋糕

造型可爱，深受小朋友的欢迎，如Pound Butter Scream Cupcake、Dulce de Leche Cookies、Ice Cream Cones等。

地址：G/F Serendra Piazza，McKinley Parkway，Bonifacio Global City，Taguigs
电话：0063-2-5009984
价格：130～200比索

The Coffee Bean Tea Leaf咖啡厅

The Coffee Bean Tea Leaf是一家由洛杉矶人开的咖啡厅。店内有各种特色的咖啡和甜品，在咖啡中加入雪糕和冰的咖啡是这家店的招牌饮品，此外还有南瓜拿铁、薄荷拿铁、蛋糕、特色茶、沙律等，味道不错，值得品尝。

地址：Makati Avenue，Población，Makati City
电话：0063-2-7297095
价格：50～180比索

购物狂想曲

马尼拉的购物场所很多，有些在亚洲甚至是全世界都有很大的名气。从规模庞大的购物中心到廉价的市场，从大型商场到特色小店。商品从服装到电器，从手工艺品到生活用品应有尽有。

商场

SM City North EDSA

SM City North EDSA商场占地面积为43万平方米，是菲律宾最大的商场，内有800多间商店。商场分为四个部分，分别是City Center、The Annex、The Block和停车场大楼。商场设有百货公司、超级市场、自助商场、大型露天剧院以及电影院等购物、娱乐场所。

地址：SM City North Edsa，North Avenue corner EDSA，Quezon City
交通：乘坐地铁MRT3到North Avenue站下即到

SM Mall of Asia

SM Mall of Asia商场面积达38万平方米，曾经是亚洲最大的购物商场，现在位居菲律宾第二。商场内拥有600家商店，出售世界各大知名品牌、本土品牌以及当地特产和工艺品等。商场内设有冬奥会规模的巨型溜冰场、IMAX电影院、电玩中心、儿童活动区等娱乐场所，吸引了大量的游客和孩子来这里购物休闲。

 地址：Marina Way，Pasay
 交通：乘坐公交车在Saulog Transit站下车，或乘坐轻轨LRT1号线即可到达

Greenbelt商场

Greenbelt商场是马尼拉较大的商场，分为五个部分。其中第三部分和新成立的第五部分集结了世界各大知名品牌和当地设计师开设的服装店，比较受年轻人的欢迎和喜爱。此外商场内还设有了高级餐厅和许多绿化空间。

 地址：Legaspi Street，Makati City
 交通：乘坐公交车在Fort站下车，或乘坐轻轨MRT3号线即可到达

Glorietta商场

Glorietta商场面积为25万平方米，是马尼拉的高级购物中心。Glorietta商场距离Greenbelt商场很近，内部设有500间商店，拥有很多国际知名品牌服装以及各种商品。商场内设有餐厅、健身俱乐部、电影院等娱乐设施，顾客不仅可以购买心仪的商品，还可以在商场玩得尽兴。

 地址：Ayala Avenue Ayala Center
 交通：乘坐公交车在Fort站下车，或乘坐轻轨MRT3即可到达

市场

Tiendesitas跳蚤市场

Tiendesitas跳蚤市场根据所售卖的商品可分为"古董村"、"时装村"、"宠物村"、"植物村"、"美食村"、"手工艺村"。面积约3万平方米，内设450个小摊位。跳蚤市场的商品一般价格比较便宜，还可以和店主讲价。这里会定期举行展览，晚上还有音乐表演，游客可以来这里购物和娱乐。

 地址：E. Rodriguez Avenue（C5）
 交通：乘坐公交车在Megamall站下车，或轻轨MRT3号线即可到达

6 普吉岛
7 巴厘岛
8 雅加达
9 马尼拉
10 金边
11 万象
12 仰光
13 信息补给站

Salcedo Village周末有机市场

Salcedo Village周末有机市场是马尼拉专门出售各种有机农产品的市场，市场一般在周末开放。每到周末这里便会聚集许多来购买新鲜、健康农产品的人群。市场除了农产品，还有许多小吃，包括猪手、蜜糖、炭烧鸡翅芝士等。

📍 地址：Velasquez Park，Salcedo Village，Makati City，Metro Manila

🚇 交通：乘坐轻轨MRT3 在Buendia Station下车即到

不可不知的马尼拉特产

在马尼拉购物绝对是不错的体验，当地的购物场所很多。马尼拉的特色产品很受欢迎，如篮子、刺绣、丝织品、垫子以及一些特色的水果干，可以购买送给亲朋好友。

特产1：篮子

菲律宾的篮子以其精巧的样式，独特的花纹闻名。编织篮子的材料有很多，如竹子，藤，棕榈树等。根据篮子的不同用处可以设计成许多样式，有的篮子是盛装物品的，有的篮子是做装饰用的。在马尼拉有许多售卖篮子的小店，不妨逛一逛。

特产2：刺绣

马尼拉的刺绣可以说是当地独特的艺术表现形式，精细的花工，色彩的搭配世界闻名。当地男人刺绣衣服称为"描龙大家乐"，女式刺绣棉布成衣叫做"贾拉洛"，配以独特的布料，穿插着钩针纺织花纹，成就了不可多得的特色服装。在围巾、提包、手绢上也可以见到精美的刺绣。

特产3：丝织品

菲律宾有一种用菠萝或香蕉纤维制成的丝织品，呈透明状。用这种丝织品配以精巧的绣工，制成当地的塔加拉族服饰，具有传统色彩，值得珍藏。

特产4：芒果干

芒果又名"望果"，果实圆润，味道甘醇，具有清热生津，解渴利尿等功能。菲律宾将芒果制成果干，根据品种的不同可以制成橙黄、橙红或金黄色等，色泽鲜艳，酸甜可口。

特产5：垫

在马尼拉，各种用当地天然香兰叶编制的特色垫子受到游客的喜爱。经常用在当地的酒店和宾馆里，编织的样式和色彩非常漂亮。垫子是菲律宾的特色工艺品，购买一些送给友人是不错的选择。

6 普吉岛

7 巴厘岛

8 雅加达

9 马尼拉

10 金边

11 万象

12 仰光

13 信息补给站

10 金 边

　　金边在20世纪70年代之前被唤作"印度支那的小巴黎"，但遭受连年战祸后，不免有些凌乱，或许只有我们放慢脚步，耐心品味，才能真正体会到它的魅力。这座从战火与苦难中脱身而出的城市拥有众多古迹和风景名胜，如王宫、国家博物馆等，都吸引着我们去发现、去探索。

金边印象零距离

金边知识知多少

　　金边是柬埔寨的首都，位于四壁湾西岸，坐落在湄公河与洞里萨湖之间的三角洲地带。虽没有其他国家首都的气派与华丽，却到处弥漫着古朴而又祥和的气息，金边的西部为新区，有现代化的建筑、宽阔的林荫大道和众多的公园、草坪

等，公园内花草繁茂，空气清新，是人们休憩的好去处。金边的王宫与曼谷王宫一样有名，建筑风格也有相似之处。这个城市有它独特的魅力，或许只有放慢脚步，耐心品味，才能真正体会得到。

　　景色秀丽的金边，还有各种美味可口的热带水果和喷香的烧烤，让旅途劳顿的人到了晚上也能好好犒劳一下自己。金边的细腻还能从手工艺品上看出来，玲珑而简单的编织，小巧的银器，都会让人爱不释手。

　　金边属于热带季风气候，全年高温炎热，年平均气温为27℃。根据降水的多少，分为雨季和旱季。每年的6~10月是雨季，气温在27~35℃之间，而11月~次年5月是旱季，旱季又分为寒冷的旱季和炎热的旱季，寒冷的旱季从11月~次年2月，气温在17~27℃之间，炎热的旱季为3~5月，气温在29~38℃之间。

　　柬埔寨语是柬埔寨整个国家通用的语言，属于南亚语系。柬埔寨语以金边音为标准，其国语为高棉语，现代柬埔寨语中也吸收了不少外来词汇。

金边城区地图

金边游玩前须知

什么时间旅游最适合

　　每年11月～次年5月是柬埔寨的旱季，气温在25～32℃之间，是最佳旅游季节。若能赶上为期三天的送水节，百万民众及游客还可以和柬埔寨国王一起参加庆典，感受属于这个民族的喜悦。6～10月是雨季，因受西南季风的影响，气温徘徊在33℃左右，天气酷热潮湿，不宜出行。

6 普吉岛

7 巴厘岛

8 雅加达

9 马尼拉

10 金边

11 万象

12 仰光

13 信息补给站

最IN风向标——旅游穿衣指南

多数柬埔寨人除出席正式活动外，都穿着随便，经常能看到男人和女人穿着格罗麻（Krama）——在衣领处有一道狭窄开口的棉布长衣。这种格罗麻长衣很轻薄，很宽松，长衣、长袖可用来防蚊和挡太阳。在旅馆和餐厅则最好加上一件夹克以防因冷气开得过大而感冒。金边的冬天天气特别暖和，气温在25～32℃之间，阴天的早晨，当地人有穿棉袄的，中午特别热，可穿短袖，出行需要涂防晒霜。

不可不知的生活点滴

当地货币先了解

柬埔寨的货币名称是瑞尔（Riel），纸币面值有100、200、500、1000、2000、5000、10 000、20 000和50 000瑞尔。硬币只用于收藏。1人民币元=634.22瑞尔。

和大多数亚洲国家一样，在柬埔寨的很多地方可以使用美元，旅馆、餐馆、景点门票、机票、船票、出租车、摩托、纪念品等都可支付美元。但人力三轮车、长途巴士用瑞尔支付会更便宜，个别餐馆也用瑞尔标价。瑞尔兑美元的汇率变化较大，因此不要一次兑换太多。可在国家银行、旅馆和街头货币兑换处兑换货币，其他银行不办理。在街头货币兑换处很多且方便，汇率也合理，而在旅馆的兑换率通常会比街头的低5%。

100瑞尔	200瑞尔	500瑞尔
1000瑞尔	2000瑞尔	5000瑞尔
10 000瑞尔	20 000瑞尔	50 000瑞尔

在金边如何付小费

在这里小费不是必须支付的，但如果适当给些小费，会增加服务者的工作热情，在自身条件允许的情况下，如果你愿意，每天离开之前，可以支付250～5000瑞尔给清洁房间的人，在用餐或酒吧消费时，可以给予1美元作为小费。

当地电压及插头

柬埔寨的电压是220伏特，和中国电压一样。中国电器插头一般能直接用柬埔寨的插座，大部分不需要转换，只有部分地区的插座与中国不同，为德式两孔插座，中国电器插头不能直接使用，需插头转换器。酒店前台一般有备，但数量有限，建议提前在国内购买。

当地风俗习惯全了解

柬埔寨的佛教徒占全国人口85%以上，其中绝大部分信奉小乘佛教。寺院遍及全国，僧王及僧侣普遍受到尊重。通常，男子无论社会地位高低，一生都要出家一次。进佛寺参观时，要衣着整洁，免冠脱鞋。全国通行合十礼，即以两手掌合并，立于胸前，稍微俯首，指尖高度视对方身份而定，对方身份越高，指尖高度越高。在社交场合也行握手礼。金边的人民平时衣着较朴素，很多人光脚或穿拖鞋，但正式社交场合较为讲究，大多穿西服或正式的民族服装。柬埔寨民族传统服装主要有纱笼、筒裙、凤尾裙、水布等。他们以食米饭为主，喜欢吃辛辣食物，如辣椒、葱、姜、蒜、还喜欢吃生菜、薄荷和腌鱼等。进餐时多用筷子或刀叉，农村还保持手抓饭或盘腿席地就餐的习惯。

实用信息一个都不能少

必须牢记的紧急联系方式

金边市警察局值班室：00855-12-999 999
金边市警察局救援：00855-12-923 923

6 普吉岛
7 巴厘岛
8 雅加达
9 马尼拉
10 金边
11 万象
12 仰光
13 信息补给站

匪警：117，00855-23-724 016

金边市消防（火警）：118，00855-23-723 555

医疗急救：119

金边市甘密医院：00855-23-723 840

金边市龙华医院：00855-23-987 288

金边市宏恩医院：00855-12-892 958

小贴士

　　移动手机开通国际漫游可在柬埔寨使用，金边的长途电话多为IP电话，打回中国内地的价格最低为300瑞尔/分钟。大部分酒店可为住客代寄普通信件和明信片，寄明信片的邮资为1800瑞尔。网吧较为普及，上网费用约4000瑞尔/小时。

大使馆及领事馆

中国驻柬埔寨大使馆领事部

⌂ 地址：156Blvd. Mao Tse Tung，Phnom Penh，Cambodia，P.O.B.26

☏ 电话：00855-12-901 923，00855-12-901 937

🖷 传真：00855-23-720925

🕐 时间：（领事部签证室）周一至周五8:30～11:30，下午不对外办公

中国驻柬埔寨大使馆经济商务参赞处

⌂ 地址：432C Blvd. Monivong，Phnom Penh，Cambodia

☏ 电话：00855-23-721 649

🖷 传真：00855-23-223 023

✉ 电子信箱：jingshangchu@online.com.kh

不可不知的实用网址

　　该网站介绍了关于金边的各种住宿，对于第一次去金边旅游的人来说非常实用。

www.boddhitree.com/boddhitree_aram.php

　　该网站介绍了金边的住宿、餐厅、酒吧价格等信息。

www.goldentemplehotel.com/

该网站提供金边的各种美食、餐饮信息。

www.fcccambodia.com/phnom_penh/restaurant_bar.php

必须了解的医疗服务

去金边旅游，健康是一个比较重要的问题，热带气候可能会导致一些疾病。所以如果了解金边的医疗条件，会为旅行减少许多麻烦。

名　　称	地　　址	电　话
Camette Hospital	3 Monivong，Phnom Penh	0855-23-426 948，0855-23-724 891-2
Chuen Min Hospital	148 Mao Tse Thoung，Street 245，Phnom Penh 12311	0855-23-721120，0855-12-842 686
Kossamak Hospital	80 Yothapol Khemarak Phomin，Street 271，Phnom Penh 12157	0855-23-883 047，0855-23-882 947，0855-18-814 878
Friendship Clinic Khmer and Chinese	181E0 Norodom，Phnom Penh 12302	0855-23-213 539

当地物价先知道

柬埔寨制造及加工业较落后，多数日用消费品需从国外进口，一般日用品价格较贵。由于当地普通民众收入低，加之市场狭小，日常用品供应种类及数量较少。

↘ **食品类：** 快餐约9667瑞尔，全脂牛奶约8900瑞尔/公升，啤酒约2000瑞尔/ 0.5升，可口可乐约4000瑞尔/ 2升，面包约4500瑞尔。

↘ **服装类：** 连锁店的夏装约21 333瑞尔，阿迪达斯鞋约90 000瑞尔。

6 普吉岛
7 巴厘岛
8 雅加达
9 马尼拉
10 金边
11 万象
12 仰光
13 信息补给站

市区景点

景点
1

王宫

王宫（Royal Palace）建于1866～1870年，由柬埔寨的顶尖建筑师所设计的，目前是国王居住、办公和会见外宾的地方。王宫是一座外有金色屋顶、黄墙环绕的建筑群，除皇家居住区不对游客开放外，大部分建筑物都可以参观，主要有加冕宫、银殿、银殿内花园、拿破仑三世阁、检阅台、前花园等。初到王宫内，宽阔的场地上绿茵的草地、粗壮的树木和座座宫殿组成的画面，尤为让人心动。在王宫的所有建筑中，银殿最为华丽，地面用5000多块镂花银砖铺就。大殿内供奉着高约60厘米、由整块翡翠雕成的佛像，以及佛身上镶嵌着9584颗钻石的金佛像，还有银佛、铜佛以及许多雕刻极为精美、价值连城的艺术品。王宫内所收藏的古迹宝物甚为丰富，建筑精细华丽，环境也很幽静，是不能错过的名胜景观。

⋯⋯典故解读⋯⋯

王宫附近有一些著名的建筑，北面是国家博物馆，馆内收藏着很多古代文物。博物馆门前东面有一大片草地，是每年举行御耕节活动的地方，再向北是乌那隆寺，那是佛教摩诃尼伽耶派僧王主持的寺庙。王宫东面是一个绿草茵茵的广场，每年的送水节、独立纪念日等重大节日庆祝活动在这里举行，当举行阅兵式等活动时，国王和重要官员便在王宫的检阅台上进行检阅。王宫南面是波东瓦岱寺，是佛教达摩育特派僧王主持的寺庙。寺庙东面是一片长方形广场，其北面与王宫东面的广场相连，南面与独立广场和洪森公园相接。如果时间充足，一定要参观这些地方。

⋯⋯玩家指南⋯⋯

🏠 **地址：** Samdach Preah Theamak Lethet Ouk, Phnum Pénh
🚌 **交通：** 步行即可到达
⏰ **开放时间：** 8:00～11:30，14:00～17:00
💴 **门票：** 25 000瑞尔/人

景点 **②** 塔山寺

塔山寺（Wat Phnom）建于14世纪，原名金边寺，是金边的发祥地，也是当地人宗教活动的圣地和休闲广场。这座金边的地标性建筑，高23米，加上塔高共28米，是金边市内最高的建筑物，而且政府明文规定，市内所有的建筑物的高度都不可超过塔山寺。初到塔山寺，首先映入眼帘的是草木葱茏，百花争艳的场景。在寺院入口处可以看到七头蛇神雕饰，这其实是由七条眼镜蛇组成的，象征着"风调雨顺"。塔山寺脚下是一个圆形公园，公园里花木繁茂，空气清新，是人们休憩的好场所。

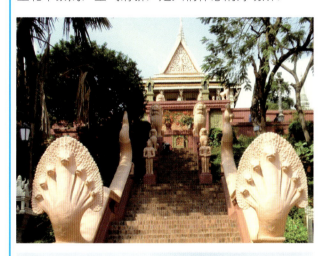

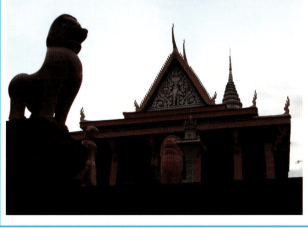

······典故解读······

传说600多年前，在四臂湾畔住着一位妇女，人们都叫她"敦奔"，即"奔大妈"的意思。她是一位虔诚的佛教徒。有一天奔大妈到河边打水，看见一棵大树在水面上盘旋。奔大妈招呼邻居，把树拖上河岸。后发现树上有一个洞，里面藏有4尊铜铸佛像和1尊石神像。奔大妈认为这是天赐之物，就把她家西面的一座小山加高，把大树锯成柱子，在山顶建起一座寺庙，在庙里供奉4尊铜佛像，石神像则供在东山脚下，并请僧侣住在西山脚下。这座寺庙，人们称之为"奔大妈山寺"（瓦普农敦奔），这个村庄也就被称为"普农奔"（金边），也就是华侨称"金奔"为"金边"的来历。由此塔仔山成为金边的奠基之地。

·········玩家指南·········

⊙地址：Sangkat Wat Phnom
🚌交通：可在市区乘笃笃车前往
🕐开放时间：7:00～17:30
💰门票：4000瑞尔/人

景点
3

乌那隆寺

乌那隆寺（Wat Ounalom）始建于1443～1444年，是金边最大、最古老的寺院。寺内有金边最大的佛塔，而环绕周围的则是五座较小的佛塔。1890年住持僧王从斯里兰卡迎回佛骨舍利子供于塔内，从此乌那隆寺名声大振。于1979年重修后，接受了柬埔寨全国各地的无数穷苦青年学习和研究高棉文化，从而更好地保存高棉文化。现在这里也是柬埔寨佛教组织的总部，参观时可以看到僧侣们读书、讨论的生活场景。

·······典故解读·······

据说，寺内收藏了一位古代不知姓名的圣人的眉毛，从而有"乌那隆"的名字，因为"乌那隆"就是"圣眉"的意思。而因塔中供奉佛舍利子，很多达官显贵喜欢在寺中修建骨灰塔，把先人的骨灰存放在佛的身边，现已骨灰塔林立，逐渐形成了塔群。

··············玩家指南··············

⌂ 地址：Sangkat Chey Chum Neas Blvd Samdach Sothearos

🚌 交通：沿13街往北走，到154街右转即到

🕐 开放时间：8:00～11:30，14:00～17:30

¥ 门票：免费

景点 **4** 独立纪念碑

这座纪念碑坐落在塔仔山下，底座宽36米，总高37米，有四根巨柱支撑着宝塔，宝塔为莲花蓓蕾形，共7层，每层四周都装饰有柬埔寨的文化象征——蛇神那迦，气势宏伟，风格独特。

······**典故解读**·······

此碑为纪念1953年11月9日柬埔寨摆脱法国殖民统治而建，由柬埔寨著名建筑师梵·莫尼旺（Van Moly Vam）设计，1958年3月动工，1962年11月建成，此后每年独立节期间，柬埔寨的国王或国王代表都会在此举行隆重的庆典，到访的外国元首也会来此敬献花圈。

·············**玩家指南**············

🏠**地址：** Phnom Penh，12209
🚇**交通：** 位于王宫南侧独立广场中央，步行即可到达
¥**门票：** 免费

景点 ⑤ 国家博物馆

国家博物馆（National Museum）建筑采用人字屋顶和雕花门、高棉古寺庙建筑样式，与法国殖民风格融为一体，是金边经典建筑之一，也是世界上收藏高棉物质文化遗产最为丰富的博物馆之一。馆内藏品跨越不同的历史时期，既包括史前阶段，也包括吴哥朝代早、中、晚等不同阶段的文物。藏品主要有四类：石器、青铜器、瓷器和木器。另外还收藏了少量的油画、纺织品以及图片和其他档案资料。国家博物馆让人们更加直观地了解和认识了柬埔寨的文化遗产。

······ 典故解读 ······

建立国家博物馆的最初设想由法国策展人乔治·格罗斯列（George Groslier）提出，1920年4月13日，在柬埔寨国王西索瓦（King Sisowath）主持下举行了开馆式，法国驻柬埔寨最高长官亨利·波都温（Henri Bodouin）出席开馆仪式。博物馆建馆后一直由法国人担任馆长，直到1966年才有第一位柬埔寨人Chea Thay Seng被任命为该馆馆长。红色高棉执政时期，博物馆一度被迫闭馆，部分藏品由于无人照管而受损严重。尽管历经曲折，该博物馆还是于1979年4月3日重新开馆。

·············· 玩家指南 ··············

地址：968 Vithei Charles de Gaulle，Phoum Salakan-seng，Khom Svaydangum，Siem Reap

交通：步行前往即可抵达

开放时间：8:00～11:30，14:00～17:00

门票：12 000瑞尔/人

景点 ⑥ 四臂河

四臂河（Four Arms River）是东南亚庞大水系的一部分，进入金边，湄公河接纳两条支流，一条是洞里萨河，另外一条是百色河。因为从空中俯瞰像四条手臂交握，所以又叫四臂河。游客可乘坐游船观赏四臂河风景，但更重要的是可以了解柬埔寨人最朴素的水上人家生活。同时可以欣赏到夕阳下的柬埔寨王宫美景。

6 普吉岛

7 巴厘岛

8 雅加达

9 马尼拉

10 金边

11 万象

12 仰光

13 信息补给站

·······典故解读·······

　　青藏高原融化的雪水流到云南叫做澜沧江，出了云南叫做湄公河，进入泰国叫做湄南河，进入金边与洞里萨河交汇后叫做百色河，又叫四臂河。

·······玩家指南·······

⌂ **地址：** 54 Sivatha Road，Siem Reap
🚢 **交通：** 如想游船可从河滨公园上船，全程约1.5小时
🕐 **游船时间：** 8:00～18:00
¥ **门票：** 游船船票有12 000瑞尔和24 000瑞尔两种，均含水果和点心，24 000瑞尔的点心种类更丰富

周边景致

景点 ## 万谷湖

　　万谷湖（Boeung Kak）最吸引游客的是那远离喧嚣与城市浮华的环境。黄昏时分，闲坐在临湖而建的木板阳台上，喝着当地特色的新鲜果汁，听着随风飘来隐约的音乐，看夕阳慢慢沉入湖面，这好似一个梦境，但在万谷湖这一切都是真实的。这里会让你忘记凡尘琐事，把不快统统抛到九霄云外，是个放松身心的好地方。

·······典故解读·······

　　在万谷湖的周围有许多环境优雅的旅馆，大多数都用木桩支撑建于水面上，很有中国江南水乡的感觉。而且有的旅馆还有面朝湖面的房间，待在房间里就可以览尽湖面风光，又可享受到肆意的阳光和新鲜的空气。夜晚的万谷湖，气氛十分活跃，商家们打开灯光，放起音乐，美妙的夜生活就这样开始了。如果您愿意，在这里还可以享受到不错的西餐。

·······玩家指南·······

⌂ **地址：** 42 street 19z（off street 19）
🚢 **交通：** 从市中心乘摩托车（1000瑞尔左右）即可抵达
🕐 **开放时间：** 全天
¥ **门票：** 免费

金边旅行攻略

如何抵达

尽管金边的交通不是很发达，但由于金边的面积不大，各景点间距离不远，人们的出行没有受到太大的影响。无论是航空、铁路、公路还是水运，都会把你带到你想去的地方。

航空

乘飞机前往金边可以在金边国际机场降落，金边国际机场（Phnom Penh International Airport）是金边唯一一座机场，距离金边市区8公里。每天有飞往东南亚各国大城市的航班，与中国的北京、上海、广州、香港等城市也有直航班机。从金边飞往柬埔寨国内的航班一般价格比较高，乘坐前要做好选择。

从机场前往市区

从机场前往金边市内可以乘坐出租车或笃笃车。

↘ **国际机场协会出租车**

机场内的出租车，价格在9美元左右，乘坐前可以拨打电话00855-23-846 507 或00855-23- 853 176咨询。

↘ **笃笃车**

笃笃车是东南亚国家特有的，机场外有很多，票价一般在7美元左右，乘坐前要商量好价格。

铁路

柬埔寨的铁路交通以金边为中心，有两条线路。其中线路1是通往波贝的线路，全长385公里，可直通曼谷。线路2是通往西哈努克市的线路，是柬埔寨的大动脉，全长270公里。金边的铁路交通不发达，且运输能力较低，乘坐之前要咨询清楚。

公路

金边至柬埔寨的各大城市有多辆长途汽车行驶，也有通往越南的国际长途汽车，既方便又快捷。游客不仅可以在汽车站乘车，也可以在各汽车公司的办事处乘车。

↘ 长途汽车站

金边的长途汽车站位于中央市场的东北方，车站里有通往柬埔寨各大城市的长途汽车，如暹粒、西哈努克港、磅清扬、乌栋、磅湛，还有到越南胡志明市的国际长途汽车。

↘ 湄公快运

湄公快运（Mekong Express）是金边当地著名的客运公司，提供前往暹粒和西哈努克城等主要城市的公路客运服务。

水运

金边至暹粒每天都有船通航，当然乘船也是很好的出行方式，可以观看岸边的美丽风景。船票价格在30 000～35 000瑞尔之间。

必须掌握的市内交通

金边的市内交通不是很发达，如公交车、地铁等公共交通在金边还没有盛行。但即使是这样也丝毫不影响人们的出行，出租车、自行车、笃笃车以及当地的特色摩托出租车可以使游客快速、方便地到达目的地。

出租车

金边的出租车一般都不打表，需要在乘坐之前讲好价格，以免引起麻烦。金边的Bailey's Taxis和Taxi Vantha公司提供24小时服务，可以拨打电话：00855-12-890 000或00855-12-855 000咨询。

自行车

自行车目前是最低碳环保的出行方式，无论在金边还是其他城市都值得推荐。金边城市不大，空气清新、环境优美，可以骑着自行车游览各个景点。在位于Ph107街的Japan Rentals 可以租到自行车，价格为1000瑞尔。

笃笃车

笃笃车是东南亚的特色出行方式，价格便宜，随叫随停，受到当地人的喜爱。金边的笃笃车可以乘坐4人，并且有遮挡阳光的车棚，费用在1500～2000瑞尔之间。

6 普吉岛

7 巴厘岛

8 雅加达

9 马尼拉

10 金边

11 万象

12 仰光

13 信息补给站

摩托出租车

在金边的大街小巷随处可见戴着棒球帽的摩托车司机，这些司机一般都会讲英语，会很热情地为你介绍值得一去的地方。车费在1000～3000瑞尔之间。

到金边游玩必做的事

柬埔寨是一个宗教国家，历史悠久，民风淳朴。来这里旅游，游览大自然是不错的选择。

TOP1：体验"竹车"旅行

竹车是在一个木质框架上铺上木板或竹板，然后架在类似于火车底部的架子上的一种火车，车尾用皮带连接发动机。当地人称竹车为Norry，可载重3吨，容纳10～15人，时速为15公里，是世界上独一无二的火车。来到金边不妨乘坐一次这样的火车，感受当地人的独有生活吧。

TOP2：骑自行车游览金边的风景

金边的城市不大，自然风光优美。与其乘坐汽车游览市区，不如骑着自行车出行，在金边的马路上驰骋。不仅可以游览主要的景点，还可以进入金边的小村庄和当地居民聊上几句。金边人热情好客，一定会让你有宾至如归的感觉。

TOP3：体验盲人按摩

在金边游玩了一整天，一定又困又乏，不妨放松身心躺下来体验一次盲人按摩吧。金边的Seeing Hands Massage 4和Krousar Thmey提供这样的服务，按摩师娴熟的手法，到位的力度能帮你赶走一天的疲惫。

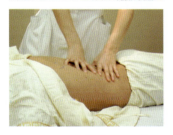

人气餐厅大搜罗

柬埔寨是亚洲文化的交汇处，这就决定了金边的饮食文化融合了亚洲各个国家的特点。在金边除了可以吃到正宗的中国菜、越南菜和泰国菜，还可以吃到印度菜、菲律宾菜、日本菜、意大利菜甚至是法国菜。

中餐厅

意先餐厅

意先餐厅是金边的老字号餐厅，创办于1996年。餐厅的菜式丰富，取料上乘，受到客人的一致好评。餐厅的老板和厨师是中国人，这里的川菜和上海菜比较正宗，经常受邀为来柬埔寨访问的中国领导服务。特色菜有上海老鸭煲、剁椒鱼头、剁椒笋壳鱼、螃蟹煲。

地址：Sihamoni Wang Boulevard 697A，Phnom Penh
电话：00855-23-428 3187
价格：2800～4000瑞尔

当地餐厅

新莲花餐厅

新莲花餐厅是一家经营东南亚小吃的餐厅，在金边开有许多分店，从6:30一直营业到23:00。餐厅内除了有炸排骨、酸鱼汤、香茅烧鸡肉、紫菜豆腐汤、金边果条等柬埔寨菜式，还有牛肉粉、滨海、滨潮、滨顺等越南菜式，受到食客的欢迎和喜爱。

地址：Sihamoni Mong Road 260E
电话：00855-23-224 183
价格：2500～5000瑞尔

Amok Restaurant & Café

这是一家金边当地人时常光顾的餐厅，烤鱼配以椰了、柠檬草是餐厅的一大特色，来这里的人都会品尝。

地址：2 Ph278
电话：00855-23-912 319
价格：主菜3000～6000瑞尔

特色餐厅

Bali Café餐厅

Bali Café餐厅是一家露天餐厅，在品尝美味菜肴的同时，还可以欣赏周围景色。餐厅的豆腐菜系比较有名，可以说是餐厅的一大特色，受到食客的喜爱。

地址：379 Sisowath Quay
电话：00855-23-982 211
价格：主菜2000～4000瑞尔

6 普吉岛
7 巴厘岛
8 雅加达
9 马尼拉
10 金边
11 万象
12 仰光
13 信息补给站

297

Boat Noodle Restaurant

这是一家船上面条餐厅，餐厅的泰国菜肴比较正宗，价格非常实惠，只是遇到客人多的时候服务会慢一些。

- 地址：Ph294
- 电话：00855-23-200 426
- 价格：主菜3000～12000瑞尔

Khmer Borane Restaurant

这家餐厅位于王宫附近，在这里可以吃到正宗的皇家菜色，如棕榈糖鱼、柚子沙拉、煸炒牛肉等。

- 地址：389 Sisowath Quay
- 电话：00855-23-229 426
- 价格：主菜1500～3000瑞尔

靠谱住宿推荐

金边市内聚集了很多酒店，几乎可以满足所有游客的需求。虽然大多数酒店是普通酒店，但服务质量非常好。

高级酒店

Raffles Hotel Le Royal

Raffles Hotel Le Royal酒店是一间豪华酒店，设有一个水疗中心和7个餐饮场所。客房配备了有线电视、迷你吧、私人浴室以及无线网络，还为客人准备了吹风机等生活用品。酒店还设有泳池、桑拿室和一个健身房，方便游客休闲娱乐。

- 地址：92 Rukha Vithei Daun Penh, Sangkat Wat Phnom，Phnom Penh
- 电话：00855-23 981 888
- 价格：高级双人或双床间870 000瑞尔，地标双人或双床间900 000瑞尔，行政套房1 350 000瑞尔

Sofitel Phnom Penh Phokeethra

Sofitel Phnom Penh Phokeethra酒店设有游泳池、温泉浴场以及健身中心。酒店的客房宽敞明亮，铺设了木质地板，配备了有线电视、保险箱、iPod基座和迷你吧等设施。距离金边国际机场只有7公里。

- 地址：26 Old August Site, Sothearos Boulevard, Sangkat Tonle Bassac，Phnom Penh
- 电话：00855-23-218 328
- 价格：高级套房4 809 000瑞尔，小型套房990 000瑞尔，高级双人间475 000瑞尔，豪华特大号床间760 000瑞尔

The Plantation Urban Resort and SPA

The Plantation Urban Resort and SPA度假酒店位于金边市中心，无论是购物还是观光都具有良好的地理优势。酒店的客房整洁宽敞，配备有室外游泳池、健身设施、平面电视、迷你吧和浴缸等设施。酒店还设有健身中心、水疗馆、旅游咨询台等，为客人提供便利的服务。

🏠地址：# 28 street 184，Phnom Penh
💴价格：高级双人间195 000瑞尔，豪华双人间210 000瑞尔，豪华泳池景双床间和双人间240 000～270 000瑞尔

家庭旅馆

Macau Phnom Penh Hotel

Macau Phnom Penh旅馆位于金边市中心，距离商业区和娱乐区比较近，游客出行比较方便。旅馆的客房干净、整洁，服务周到，配备了空调、有线电视、淋浴设施、吹风机、迷你吧和沏茶/泡咖啡等设备。旅馆还设有水疗中心、健身房、餐厅、停车场等，方便客人的居住。

🏠地址：78 ABCD St 360，Sangkat Beong Keng Kang III，Phnom Penh
📞电话：00855-23-210 627
💴价格：高级双人和双床间80 000瑞尔，高级三人间120 000瑞尔，豪华双人和双床间95 000瑞尔

Angkor International Hotel

Angkor International 旅馆位于市中心，客房的设施齐全，服务周到。客房配备有无线网络、高棉家具、空调、迷你吧、有线电视、私人浴室等设施，方便客人使用。旅馆距离金边夜市只有500米，距离中央市场仅1公里。

🏠地址：50 Street 148，Phnom Penh
📞电话：00855-23-217 609
💴价格：双人或双床间60 000瑞尔，三人间和家庭间90 000瑞尔

Circuit Hotel & Café旅馆

Circuit Hotel & Café旅馆位于金边市中心靠近商业区，无论购物还是游览，出行很方便。旅馆的客房配备有无线网络、有线电视、私人浴室以及冰箱和电话等设施。旅馆二楼设有咖啡厅，并提供当地特色菜和西式美食。

🏠地址：42 St 154，Sangkat Phsrthmey III，Khan Daun Penh，Phnom Penh
📞电话：00855-23-889 889
💴价格：双人间54 000瑞尔，双床间81 000瑞尔

6 普吉岛
7 巴厘岛
8 雅加达
9 马尼拉
10 金边
11 万象
12 仰光
13 信息补给站

青年旅舍

Lucky Star Hotel

Lucky Star旅舍距离购物中心只有5分钟步行路程，距离金边国际机场有15分钟车程。旅舍的客房配备了空调、平面电视、保险箱、沏茶/泡咖啡设备、私人浴室等设施。旅馆还设有亚洲餐厅、前台服务、停车场等，方便为客人服务。

⌂地址：#14 Street336，Sangkat Phsar Deumkor，Khan Toul Kork，Phnom Penh
☏电话：00855-23-880 023
¥价格：高级双人或双床间45 000瑞尔

Royal Inn

Royal Inn旅舍提供24小时前台服务和设备齐全的商务中心。客房铺设木质地板，装修现代化，配备了浴室、无线网络、有线电视等设施。距离金边中心的Sontepheap花园、Silver Pagoda银塔和国家博物馆仅有15分钟的步行路程。

⌂地址：#128D8，Sothearos Blvd，Tonle Bassac，Chamkamorn，Phnom Penh
☏电话：00855-23-214 824
¥价格：经典单人间75 000瑞尔，标准双人或双床间90 000瑞尔，高级三人间135 000瑞尔，高级双人或双床间110 000瑞尔，豪华双人或双床间132 000瑞尔，小型套房带露台166 000瑞尔

特色酒店

Himawari Hotel Apartments

Himawari Hotel Apartments是一家公寓酒店，酒店设有商务中心、餐厅、游泳池、健身房、网球场等。客房宽敞明亮，装修舒适，配备了齐全的洗浴、休闲、用餐的设施，方便客人使用。酒店距离王宫只有10分钟步行路程，距离金边国际机场有20分钟车程。

⌂地址：313 Sisowath Quay，Phnom Penh
☏电话：00855-23-214 555
¥价格：套房390 000瑞尔，两卧室公寓630 000瑞尔

Frangipani Fine Arts Hotel

Frangipani Fine Arts酒店是一家豪华酒店，服务周到、环境优雅。酒店的客房采用柬埔寨的装修风格，独具当地特色。客房配备了无线网络、有线电视、DVD播放机和浴缸等设施。距离王宫、银塔、咖啡馆和精品店只有几步之遥，距离金边国际机场只有10分钟的车程。

地址: #43 Street 178，Sangkat Cheychumneas，Khan Daun Penh，Phnom Penh
电话: 00855-23- 585 959
价格: 小型双人套房140 000瑞尔，小型双床套房145 000瑞尔，高级套房190 000瑞尔

King Grand Boutique Hotel

King Grand Boutique Hotel是一家高级酒店，服务一流，设备齐全。酒店拥有一个屋顶热水池、餐厅和24小时接待台。酒店的客房干净整洁，配备了CD机、DVD播放机、有线电视、保险箱、迷你吧和沏茶/泡咖啡等设备，供客人使用。

地址: No 18 street 258，Sang Kat Chak Tomuk，Khan Daun Penh，Phnom Penh
电话: 00855-23-215 848
价格: 标准双人间135 000瑞尔，豪华三人间225 000瑞尔，豪华双人或双床间150 000瑞尔，泳池景豪华双人间195 000瑞尔

小资情调初体验

夜晚的金边看上去并不热闹，但这丝毫不影响人们寻找快乐的兴致。夜总会、舞厅、KTV和最近几年崛起的酒吧随时欢迎游客的光临。

酒吧

Elephant Bar酒吧

这间酒吧位于豪华的五星级酒店Hotel Le Royal内。在这里不仅可以品尝到啤酒、鸡尾酒等各种酒类，还可以打台球、享受免费的薯条和辣椒汁。

地址: Ph92
营业时间: 16:00至凌晨
价格: 酒类3000～6000 瑞尔

Pink Elephant酒吧

这是一家位于河边的简易酒吧，酒吧的饮料和小吃价格极为便宜。每当夜晚来临，酒吧附近还会有许多擦鞋的小贩和书摊。

地址: 343 Sisowath
营业时间: 16:00～凌晨3:00
价格: 2500～4000瑞尔

6 普吉岛
7 巴厘岛
8 雅加达
9 马尼拉
10 金边
11 万象
12 仰光
13 信息补给站

301

Heart of Darkness酒吧

这间酒吧是一处经典的去处，每当夜幕降临，很多人纷纷来这里享受午夜狂欢。酒吧不仅有各种小吃，还有很棒的音乐，随着音乐跳一支舞也是不错的体验。

- 地址：26 Ph 51
- 营业时间：17:00至凌晨2:00
- 价格：3000～5000瑞尔

电影院

Movie Street电影院

电影院主要放映最新的欧洲和好莱坞电影。在包厢内通过大屏幕观看最新电影，是不错的体验。

- 地址：Sihanouk Blvd
- 营业时间：13:00～24:00
- 价格：1、2、3张票4000、5000、6000瑞尔

咖啡馆

Jars of Clay咖啡馆

这是一间位于俄罗斯商场里的咖啡馆，星冰乐、奶昔和特色咖啡味道让人赞不绝口。咖啡馆经常会推出新的饮料，价格不贵，受到食客的喜爱。

- 地址：39 Ph 155
- 营业时间：周二至周六9:00～21:00
- 价格：2000～4000瑞尔

Java Café咖啡馆

这家咖啡馆的咖啡来自世界各地的不同地方，咖啡的口味纯正，味道浓郁，品质极高，所以价格比较高。

- 地址：56 Sihanouk Blvd
- 营业时间：周二至周日9:00～21:00
- 价格：3000～6000瑞尔

购物狂想曲

柬埔寨轻工业不是很发达，许多生活用品以及小商品都要依靠进口来满足国人的需求。不过当地的热带水果和传统特色艺术品值得购买。

特色专卖店

Artisana D'Angkor

这里出售高品质的雕刻复制品和精美的丝绸。很多生活拮据的年轻人在这里学习祖先的制作艺术。

🔘 **地址：** Siem Reap 855500
🕐 **营业时间：** 8:00~18:00

市场

中央市场

中央市场是金边市区最繁忙的市场，位于市区东部。市场内有很多小摊位，出售服装、小家电、日用品、工艺品、珠宝、旅游纪念品、佛像、二手书、明信片等物品，此外还有水果、花卉、蔬菜，甚至是电脑、摄影器材和办公家具。

🔘 **地址：** 11 Street 146，KH7 Makara，Phnom Penh 12252
🕐 **营业时间：** 周二至周日6:00~19:00

购物中心

苏利亚购物中心

苏利亚购物中心是金边规模比较大、最具现代化的商场。商场是由华人投资建设的。商场内的商品有服装、生活用品、电器等，还有各大知名品牌及店铺入住商场，为游客提供全方位的购物空间。

🔘 **地址：** 2 Street 300，KH7 Makara，Phnom Penh
🕐 **营业时间：** 周一至周日8:00~19:00

不可不知的金边特产

金边的特产比较多，如一些具有当地特色的纺织品、木雕等艺术品。木雕的原料有黑檀、紫檀以及铁木，可以到当地的中央市场购买，但要大胆地杀价，有时会有意想不到的收获。

特产1：纺织品

金边的"格罗麻"是一种可以制成腰带及帽子的布，有棉质和绢制两种，具有柬埔寨的风格。

特产2：棕糖

棕糖是柬埔寨特有的产品，是用棕糖树的汁熬制而成，类似于中国的红糖。棕糖树需要成长15~20年才可以采汁，制作过程简单，是绝对没有污染的绿色食品。

特产3：木雕

柬埔寨的名贵树种有黑檀、紫檀和铁木，人们将木头雕刻成具有当地特色的摆件或挂件出售给游客，价格往往与木质、大小及手工粗细有关，所以在购买时要仔细分辨。

6 普吉岛
7 巴厘岛
8 雅加达
9 马尼拉
10 金边
11 万象
12 仰光
13 信息补给站

303

11 万象

　　万象是一个袖珍之城，所以游客可以在很短的时间内领略到这座城市的独特风情。初入万象，估计每个人都不敢相信眼前的景色，这与每个人想象中的现代化大都市相差甚远，但是这里茂密的植被、金色的塔峦、神秘的北部石瓮平原、古老的南部石庙等绝佳的景致足以让你流连忘返。

万象印象零距离

万象知识知多少

　　万象是老挝的首都，坐落在湄公河北岸的平原上，与泰国隔河相望，每到旱季，湄公河大半个河床的浅滩显露出来，中间仅剩下一条小小的溪流，人们可以涉水走到泰国。宽阔的滨河大道横贯全市，街道两侧香蕉、椰子、槟榔等高矮树木交错生长，相映成趣。万象市区的北面是著名的老挝中寮万象平原，郁郁葱葱的森林构成了一道天然的屏障。万象是老挝繁荣的商业中心，如今工矿企业占全国的3/4。

　　老挝气候属于热带和亚热带类型，境内产象，向来就有"万象之邦"的称号。不过，老挝首都"万象"这个名称与大象并没有关系，在当地"万象"的含义是"檀木之堡"。万象是当地华侨对这座城市名称的音译，由于说起来顺口，听起来悦耳，这个名称便沿用下来。在此之前，万象还曾有过一些其他名称。老挝语是该国的官方语言，但也使用泰语、法语和汉语等，特别是老挝语和泰国语大致可以相通，因此泰国人与老挝人都能用各自的语言交谈。

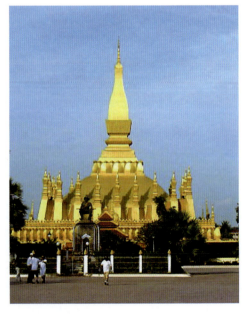

万象城区地图

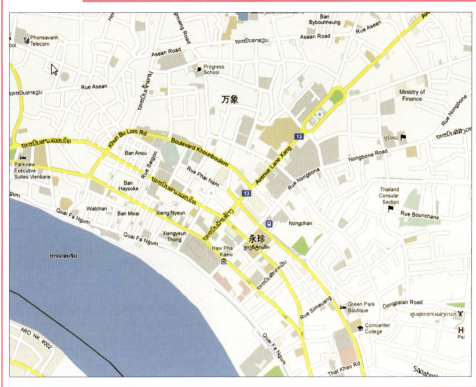

万象游玩前须知

什么时间旅游最适合

万象属于热带、亚热带季风气候，年平均气温26℃，分为雨季和旱季。雨季为5～10月，旱季为11月～次年4月。万象的天气比较凉爽和干燥，最为突出的是每年的11月～次年2月，天气凉爽，不冷不热，因此这个季节最适合旅游。

6 普吉岛

7 巴厘岛

8 雅加达

9 马尼拉

10 金边

11 万象

12 仰光

13 信息补给站

最IN风向标——旅游穿衣指南

万象的夜晚多雨，每年雨水最多的时候，下雨往往连绵数天，所以去万象可以着短袖T恤，并准备薄外套预防下雨天气变凉。

不可不知的生活点滴

当地货币先了解

老挝货币叫基普（LaoKip），简称LAK，又叫基朴（Kip）。基普的面值有500、1000、2000、5000、10000、20000、50000和100000基普。

人民币在老挝并不流通，但是流通美元和泰铢，游客可以到老挝后在酒店、银行和旅馆等地兑换美元、泰铢或基普，但一般银行的汇率是最好的。

通常来说在机场、边境兑换，汇率会比较低，因此只需兑换一些，够用就可以了，然后到了市区再兑换。需要提醒的是，在出行前最好了解一下汇率走势，知道大概的汇率，汇率高时可以多兑换一些，低时就兑换当天够用的就可以了。

老挝的高级酒店、餐馆、旅行社和其他商业机构普遍都接受VISA卡，但是Master Card和American Express卡则比较少见，在一些地区的中心城市，可以用VISA卡提取现金，但要收取一定的手续费。中国银联卡在老挝境内不能使用。

500基普

1000基普

2000普基

5000基普

10000基普

20000基普

50000基普

100000基普

在万象如何付小费

在万象不流行给小费，但游客可以适当给予一些小费以表对饭店服务员、行李搬运工出色服务的感谢。小费的支付视服务品质而定，并无一定的标准。在服务场所付小费，一般为5000～50 000基普。

当地电压及插头

老挝的电压是220伏特，同中国一样，但是老挝的插座为美式两孔或三孔插座，国内的两孔扁插可以正常使用，但其他类型需要插头转换器。插头转换器可以直接向酒店前台索要，也可以在国内大型商店购买美标插头转换器。

当地风俗习惯全了解

老挝人特别好客，在万象旅游的日子，每天你都会被邀请喝啤酒、聊天、到农村吃饭或为你举行传统的欢迎仪式。如果你是从泰国或越南而来，会感到老挝恰似一个平静的港湾，因为这里没有像邻国那样的噪音、污染等问题。老挝遵循着自己的传统和生活方式，美国的生活方式在万象几乎没有市场，在农村就更不用说了。

老挝人社交习俗可以用这样几句话来概括：老挝友人重礼宾，待人态度极诚恳；传统"栓线"迎宾客，表达情意分外亲；惯同客人饮坛酒，意为同你不隔分；大多国民信佛教，恪守"五戒"感情真；"过午不食"为教规，忌吃"十肉"不忌荤。

老挝人与客人相见时，惯施合十礼（即双手十指并拢，合掌举起）。施合十礼有以下规矩：对僧侣、王族、长辈、上司等身份比自己高的人，合掌要置于额前；对晚辈、下级等身份比自己低者，手掌置于颌下；对平辈或普通人等，合掌要置于脸前。现在一般多以平等处之。施合十礼的同时，问候"你好"。目前虽说也流行握手礼，但一般女子仍多用合十礼。

6 普吉岛

7 巴厘岛

8 雅加达

9 马尼拉

10 金边

11 万象

12 仰光

13 信息补给站

老挝人大多信奉佛教，也有信仰天主教、基督教和道教的，其佛教徒主要守持"五戒"，但不持"素"，只忌食"十肉"（即人、象、虎、豹、狮、马、狗、蛇、猫、龟），日进二斋，过午不食。老挝人忌讳别人触摸他们的头，认为头是最神圣的部位，任何人都不能随意侵犯。他们忌讳用左手传递东西或食物，认为左手不干净，使用左手被认为是对人的污辱。

实用信息一个都不能少

必须牢记的紧急联系方式

移民局电话及传真：00856-21-217 494
海关总署电话及传真：00856-21-223 519
中国东方航空公司万象办事处电话及传真：00856-21-212 300
老挝航空公司电话：00856-21-212 051，传真：00856-21-212 056
救护车：195
火警：190
警察：191
旅游警察：251128
老挝紧急电话：00856-20-2285 1488

小贴士

在老挝拨打中国电话：0086＋区号＋用户号，在老挝拨打中国手机：0086＋用户号。

大使馆及领事馆

中国驻老挝大使馆

📍 地址：Wat Nak Road，Sisattanak，Vientiane
📞 电话：00856-21-315 100
📠 传真：00856-21-315 104
🕐 办公时间：周一至周五8:00～11:30，14:00～17:00

不可不知的实用网址

国家旅游综合信息网（介绍老挝的酒店以及旅游地图等信息）
www.visit-laos.com

老挝旅游网（介绍老挝的住宿，酒店以及老挝的奇闻逸事等）

www.laos-travel.net

必须了解的医疗服务

到一个新的地方去旅行，最先应该了解那里的医疗条件，才能保证在旅途中有个健康的身体和愉快的心情。

名　　称	地　　址	电　话
Aek Udon International Hospital / Aek Udon Apartment Hospital	555/5 PosriRd Udonthani, Laos	0066-4234 2555
Raksakol Hospital	1446/47 RawbmeungSt Tambon Thatxeungxum Sakonnakhone	0066-4273 3997
Ubonrak Thonburi Hospital	46/4 BuraphanaiRd Tambon Naimuang Ubonrasathani	0066-4526 0300

当地物价先知道

万象的物资供应相对匮乏，物价较贵，但一般生活用品在老挝均可买到。

↘ **餐饮类：** 一碗牛肉面价格1.5～2美元，自助餐厅的价格为35000～150000基普。

↘ **饮料类：** 纯净水价格为3000～5000基普，一般饮料价格为5000～8000基普，老挝啤酒价格为6000～8000基普/罐。

↘ **服装类：** T恤和衬衫的价格约为10～50美元，牛仔裤价格约为10～15美元，凉鞋价格约为8～10美元。

市区景点

塔銮寺

塔銮寺（Pha That Luang）是老挝最宏伟的寺庙，这是历代皇室及高僧存放骨灰的地方。老挝国徽中的图案就是以金色塔銮为主要标志。塔銮为灰砖结构，由一个主塔和30个卫星塔组成，主塔顶部镀金，锥形塔尖直插云霄，塔身在阳光照射下，金光闪烁。塔銮寺在老挝人民心目中被视为神圣之地，每年11月都会在此举行塔銮盛会，这是民间规模最大的庙会，也是全国最隆重、最盛大的宗教节日。

于这座塔是国王所建，所以老挝人习惯称它为"塔銮"。塔銮在18世纪时曾多次遭到破坏，现存的塔是1930年按着原样重新修建的。

----- 玩家指南 -----

📍 地址：Pha That Luang, Vientiane
🚌 交通：乘坐笃笃车即可到达
🕐 开放时间：8:00～16:00
💰 门票：5000基普/人

典故解读

塔銮意为皇塔或大塔，始建于公元737年，也有人说建于公元3～6世纪之间，还有人说是2000多年前阿育王所建。此塔初建时只是一座小塔，建在一个四方形的石墩之上。1566年，澜沧国王塞塔提腊（Satthathirat）在小塔的基础上建筑大塔，并在大塔周围建造了纪念佛祖30种恩泽的30座小塔。塔建成以后，被国王命名为"帕塔舍利洛迦朱拉玛尼"，意思为"佛祖骨塔"，塔下埋有佛祖的舍利骨。由

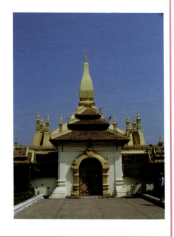

景点 ② 玉佛寺

玉佛寺（Haw Phra Kaew）是三层高的华丽建筑，是澜沧王国的塞塔提腊国王于1565年下诏而建的，主要用来供奉从琅勃拉邦（Louangphrabang）带来的碧玉佛像。寺庙后毁于战火，1936～1942年得以重建。重建后的寺门采用繁复的洛可可式雕饰，墙上也有许多浮雕，都是佛教故事，回廊里有许多石雕佛像，充分显示出玉佛寺曾经是皇家寺院的高贵地位。尤其是殿内有一座高大的"祈雨"佛雕，十分优雅精美，让人过目难忘。而且佛寺还收藏了木雕、门雕及形态各异、大小不一的金、玉、水晶佛像等，堪称佛教博物馆。

·······典故解读·······

玉佛曾经是中南半岛上所有国家取得霸主地位的君王一定要掌控的东西。玉佛起初存放在清迈王国。1547年塞塔提腊王统治清迈后，由于当时清迈战火不休，塞塔提腊王为保存好玉佛，将其带回琅勃拉邦。1560年塞塔提腊国王迁都万象，下令建造存放玉佛的寺庙。1778年暹罗军队入侵老挝，将玉佛供奉到曼谷一座同名的寺庙里至今。1829年玉佛寺被战火烧毁，直到1936年老挝王国政府和法国的当权者才对玉佛寺进行重建，并于1942年完工。

·······玩家指南·······

🏠 **地址**：Haw Phra Kaew, Vientiane, Vientiane Prefecture

🌏 **交通**：从万象市中心徒步即可到达

⏰ **开放时间**：周二至周日8:00～11:30，14:30～16:30，节假日不开放

¥ **门票**：5000基普/人

景点 **3**

香昆寺

香昆寺（Xieng Khuan）又名佛像公园，是在1958年由Luang Pu Bunleua Sulilat建造的。公园里布满近百座大小不一的佛教和印度教的雕塑，是印度教和佛教哲学思想、传说的完美体现，其中包括印度教三大主神之一的湿婆（Shiva），毗湿奴（Vishnu），阿朱那（Arjuna），以及其他众神。最出名的是那尊比例看起来有点奇怪的40米长的大卧佛，几乎在所有老挝旅游宣传的资料上都能看到。此外，门前的球型塔式建筑也比较有特色，这个塔式建筑象征着宇宙，里面分三层，代表着天堂、人间和地狱三重世界。第一层建筑是一些人类受罪的模拟画和雕像，这就是所谓的地狱。沿着狭窄的楼梯爬到顶层，便可看见一座金佛坐镇，意味着来到天堂，即可俯瞰香昆寺的全貌。

来到河对岸的泰国廊开（Nong Khai），1978年开始，Sulilat和他的信徒又在廊开创造了另一个类似的公园——Sala Kaew Koo。

····· **典故解读** ·····

Bunleua Sulilat于1932年在泰国出生，曾拜一位居住在越南的印度教隐士为师，拜师过程也充满传奇色彩，据说Sulilat有一天走在山中，不小心掉进一个山坑里，就跌落在这位隐士面前。后来Sulilat发展出融合了佛教、印度教教理的信仰，并有一大群追随者。1975年，Sulilat从万象

····· **玩家指南** ·····

- ⌂ **地址：** Thanon Tha Deua
- ✈ **交通：** 在早市对面的公交枢纽站乘坐巴士即可抵达
- ⊙ **开放时间：** 8:00～日落
- ¥ **门票：** 5000基普/人，带相机另加3000基普/人

6 普吉岛

7 巴厘岛

8 雅加达

9 马尼拉

10 金边

11 万象

12 仰光

13 信息补给站

景点 ④ **沙格庙**

沙格庙（Wat Si Saket）由国王阿诺旺（Anouvong）于1818年下令建造的。寺庙占地面积大，气势恢弘，融汇了多种建筑艺术，饰以金、银箔和彩色玻璃，令人称奇，现已成为珍藏老挝古代文化艺术品的中心。在回廊内侧的墙上有许多小壁盒，里面供奉着年龄、尺寸和材质各不相同的佛像，共计2000多个，其中300多个是老挝风格的。墙壁上悬挂着以描述佛教徒生活为主的壁画。寺庙后有一个木质长容器，是在老挝泼水节时用它把净水泼洒在圣像上，以获得祝福。

典故解读

虽然沙格庙是按照早期的曼谷风格建造的，但由于阿诺旺曾经在曼谷宫廷里受过教育，庙中建有与塔銮寺类似的高墙回廊，而且在庭院里还栽种了很多椰子树、香蕉树和芒果树。在暹罗人镇压阿诺旺反叛时，正是建筑风格上的相似才使沙格庙免遭毒手，而其他寺庙都被夷为平地。在1924～1930年，法国人又对寺庙进行了修复。所以沙格庙是万象唯一在暹罗战争中幸存的寺庙。

···········玩家指南··········

🏠 **地址**：Avenue Lane Xang

🚌 **交通**：从市中心徒步可到，离玉佛寺很近

⏰ **开放时间**：周二至周日8:30～11:30，14:00～16:30，公共节假日关闭

¥ **门票**：5000吉普

景点 ⑤ **老挝国家历史博物馆**

老挝国家历史博物馆（Lao National History Museum）是东南亚最大的博物馆之一，收藏有老挝各个历史时期、各种类型风格的珍贵文物，最惊人的是博物馆展出了各个历史时期的重大事件，从1893～1945年的法国殖民时期，1945～1954年争取独立时期，1954～1963年反抗美帝国主义时期，1964～1969年的临时政府时期，一直到1975年共产党取得胜利，是一个了解老挝历史的好地方。

1893年老挝被法国殖民者占领，万象成为法国殖民的统治中心，国家历史博物馆曾经是法国总督官府。法国殖民统治不久，老挝人民就开始了反殖民统治的斗争。1901年，沙湾拿吉地区（Savannakhét）爆发了富把都领导的反法武装起义。1911年在老听族头人昂欧克率领下，开展了抗捐抗税的斗争，并发展成大规模的武装起义。1918～1922年，上寮苗族人民在巴塞的领导下，也展开了反法武装斗争。1945年日本开始侵占老挝，1949年法国又重返老挝。1950年，老挝抗战政府成立，并组建了以苏发努冯亲王为主席的伊沙拉阵线中央委员会，在其领导下，终于在1954年结束了法国在老挝的殖民统治，赢得了国家的独立。

……玩家指南……

🏠 **地址**：Rue Samsenethai
🚌 **交通**：从市中心步行即可抵达
🕐 **开放时间**：8:00～中午，13:00～16:00
¥ **门票**：3000吉普

景点 **6** 丹塔

……典故解读……

历史上，老挝在公元7～9世纪属真腊国，9～14世纪属吴哥王朝，公元1353年建立的澜沧王国是老挝历史上的鼎盛时期；1779年至19世纪，老挝被暹罗征服，所以丹塔不仅从外观上比较旧，其历史痕迹也是比较厚重的。

丹塔（That Dam）又名黑塔，它的修建年代可追溯到兰纳王朝或澜沧王朝早期。如今外表已经开始风化，远远望去丹塔被草地包围，黑色的尖顶指向蔚蓝的天空，不远处有几座食堂和美国大使馆。但据说这座佛塔表面曾经涂有一层黄金，是1828年暹罗人入侵万象时运走了黄金。当时隐藏在丹塔洞里的一条长有7个头的大龙试图保护万象免受敌军的侵袭，以营救当地的人民，后来人们称它为救世主，这也为丹塔带来了神秘感。

……玩家指南……

🏠 **地址**：That Dam，Vientiane
🚌 **交通**：从市中心步行即可抵达
🕐 **开放时间**：全天
¥ **门票**：免费

景点
7

凯旋门

凯旋门（Patuxai）掩映在郁郁葱葱的棕榈树中，是万象的又一标志性建筑。凯旋门是1960年为纪念老挝反殖民战争的牺牲者而建的一座大型纪念碑，1969年基本完工。到了万象，游客不来凯旋门，几乎不可能，因为它就位于市中心，是游览许多景点的必经之路。远看很像巴黎的凯旋门，但在它的拱门基座上，是典型的老挝寺庙雕刻和装饰，充满佛教色彩的精美雕刻展示了老挝传统的民族文化和艺术。登上凯旋门的顶部，可以饱览整个万象的风光。凯旋门旁两座音乐喷泉更如同两颗璀璨的明珠，把中心大道点缀得分外妖娆。

---- 典故解读 ----

早年法国入侵老挝后，为了炫耀胜利，曾打算按照法国凯旋门的形式在万象市中心修建一座缩小版的纪念碑，但后来战败撤离万象，仅留下一地的痕迹。1975年，老挝共产党解放全国，万象市民的庆祝游行队伍曾从这座建筑物的大门通过。为纪念这一历史性事件，特将此建筑物正式命名为"凯旋门"。20世纪60年代末，中国政府捐资1000万人民币元帮助老挝政府重新修缮了凯旋门和广场，使它成为今天的开放式公园。凯旋门凝聚着中国人民对老挝人民的友情，也在中老友谊的篇章里增添了亮丽的一笔。

---- 玩家指南 ----

🏠地址：Thannon Lan Xang
🚌交通：从市中心徒步可以到达
🕐开放时间：8:00～17:00
¥门票：10000吉普

周边景致

南鹅湖

海岸的外侧，是河流泥沙或海流作用堆积而成的新陆地。随着人们生活水平的不断提高，旅游业的不断发展，无论是哪种岛都陆续被开发成旅游景点，供人们欣赏游玩。

南鹅湖（South Goose Lake）原名为塔拉大水库，河区附近的山峰被水淹没大半，露出的部分如同一座座小岛，共计三百多座，故又名千岛湖。南鹅湖总面积约390平方公里，对于老挝人来说，这里就是他们心中的海，所以这里不仅受到外来游客的青睐，也是当地居民节假日休闲度假的宝地。

这里不仅可以驱船游览湖光山色，还可以吃到老挝的风味海鲜，而且岸边还坐落着老挝唯一的一家赌场，吸引无数的人前来试手气。

········· **玩家指南** ·········

 地址：South Goose Lake, Vientiane
 交通：可直接从万象驱车前往，或者乘坐到达南鹅湖巴士前往
 开放时间：全天
 门票：免费

······ **典故解读** ······

四面环水的小块陆地成为岛屿，其中面积较大的称为岛，面积特别小的称为屿，按岛屿的成因可分为大陆岛、火山岛、珊瑚岛和冲积岛四大类。大陆岛是大陆向海洋延伸露出水面的岛屿，火山岛因海底火山持久喷发，岩浆逐渐堆积，最后露出水面形成的，珊瑚岛是由热带、亚热带海洋中的珊瑚虫残骸及其他壳体动物残骸堆积而成的岛屿，而冲击岛一般位于大河的出口处或平原

景点 ② 万荣

万荣（Vang Vieng）是老挝一个著名的休闲旅游地，以众多的岩洞而闻名。岩洞里布满了许多钟乳石奇景，现在已开发出8个岩洞供游人参观，内有石芽、石柱、石廊、石瀑等。岩洞中的泉水清澈无比，可以在里面嬉戏玩耍。南松河（Nam Song）就围绕在万荣周边，河岸风光秀丽，很适合漂流，附近的村庄是了解和体验当地民俗风情的好地方。

·······典故解读·······

漂流就是驾着无动力的小舟，利用船桨掌握方向，在时而湍急，时而平缓的水流中顺流而下的一种户外运动方式。漂流曾是人类一种原始的涉水方式。最初起源于爱斯基摩人的皮划艇和中国的竹木筏，当时只是为了生活和生存需要。它真正成为户外运动，是在"二战"之后，当时一些喜欢户外活动的人尝试着把退役的充气橡皮艇作为漂流工具，逐渐演变成今天的水上漂流运动。漂流是一项与自然环境交融的自助水上运动项目，因此，在漂流之前要了解关于漂流的情况及安全须知，真正收获一份融入大自然的惬意与精彩。

·······玩家指南·······

⊙ **地址**：Vang Vieng, Vientiane
🚌 **交通**：可以直接从万象乘坐直达的大巴
🕐 **开放时间**：全天
💲 **门票**：免费，但娱乐项目单独收费

万象旅行攻略

如何抵达

万象是老挝的交通中心，可以乘坐飞机、汽车、渡船到达老挝的其他城市或国家。尽管万象的交通不是很发达，但并不影响人们的出行。无论哪种出行方式，都会快速、便捷地带你到达目的地。

航空

老挝的航空业不发达，万象也只有一个机场。万象的机场主要通航中国、泰国、柬埔寨、越南等周边国家。前往万象的航班主要在瓦岱国际机场降落。

瓦岱国际机场

瓦岱国际机场（Vientiane Wattay International Airport）位于万象以西3公里处，是万象唯一的机场。万象至昆明、台北、金边、曼谷、清迈、河内等城市有定期的航班通航。机场设有银行、商店区、免税店、餐馆、邮政局、饮料台等服务设施及机构，方便旅客的出行。机场至万象市的交通主要是出租车，价格约20美元。

公路

老挝的主要交通工具是汽车，中国的昆明每天都有班车开往万象，全程需要36个小时。泰国的国际长途汽车只需90分钟即可到达万象。万象市有三个汽车站。

长途汽车北站

长途汽车北站是老挝国内和国际长途汽车的主要发车站，从这里可以到达国内的任何地方。乘坐笃笃车即可到达车站，价格大约5000基普。

Si Muang长途汽车站

Si Muang长途汽车站发出的汽车主要开往老挝国内的南方城市巴色（Pakse），沿途会经过砂凯克和沙湾拿吉。

Talat Sao长途汽车站

Talat Sao长途汽车站的汽车主要开往老挝国内的南方城市和泰国的廊开。

渡轮

你可以搭乘慢速的货船去琅勃拉邦（船票为26美元，逆流而上需要4天到一周时间）。渡船从Kiaw Liaw Pier码头开出，码头就位于Ban Kao Liaw旁的Rte 13公路向北延伸的分叉路口西边3.5公里处。你需要提前一天来这个码头预订船票。渡船会在几个地方停靠，乘客可睡在甲板上。

必须掌握的市内交通

　　万象的交通不是很发达，几乎没有市内公共交通系统，在大城市里的堵车现象在这里根本见不到。人们出行的代步工具是笃笃车。

摩托车"笃笃"

　　摩托车"笃笃"是一种经过改装的机动三轮摩托车，后边有一个车厢能容纳7~8人。摩托车"笃笃"类似于大城市的出租车，随叫随停，价格很便宜，只是舒适程度差了些。

到万象游玩必做的事

　　万象是一个有山有水，充满活力的城市。来到万象一定要充分享受自然魅力和古都风韵。

TOP1：前往欣卡纳瀑布

　　欣卡纳瀑布是当地非常有名的旅游景区，深受当地人以及游客的喜爱。每天早上9:00就会看到人们携妻儿老小来这里避暑。附近出售食品和饮料的小商贩也很多。

TOP2：参观玉佛寺

　　玉佛寺建于500多年前，其中的博物馆展示了寺庙的历史及文化。来万象旅游玉佛寺是值得游览的一个景点，也是了解万象人民生活和习俗的最佳之地。

TOP3：在湄公河边小憩

　　在清晨或黄昏时分，坐在湄公河畔看着缓缓的水流，欣赏岸边风景，最好要一杯老挝咖啡，完全放松自己。

6 普吉岛
7 巴厘岛
8 雅加达
9 马尼拉
10 金边
11 万象
12 仰光
13 信息补给站

人气餐厅大搜罗

　　万象菜的特点是酸、辣，配以当地特色香料，独具一格。糯米饭是当地人最爱的主食，用手将糯米饭捏成饭团蘸着鱼露、辣椒等调料吃，味道很特别。万象的特色菜肴有烤鱼、烤鸡、炒肉末加香菜、凉拌木瓜丝、酸辣汤等。

特色餐厅

Vegetarian Buffet餐馆

　　这是一家自助式的素食餐馆，晚餐时可以点菜，对那些受够了炒菜和糯米饭的素食者来说，这里简直是天堂。

⌂ 地址：Th Saysetha
☏ 电话：00856-21- 666 488
¥ 价格：5000～15000基普

Khop Chai Deu 餐馆

　　这是一家老挝最受欢迎的餐馆，有老挝菜、中国菜、印度菜或西餐多种风味的菜肴供客人选择。来到万象的人都会被这里的多样菜式吸引。

⌂ 地址：Th Setthathirat
☏ 电话：00856-21-223 022
¥ 价格：30 000～50 000基普

河畔户外小吃摊

　　这里有很多的摊贩售卖鲜美的老挝和中国佳肴。这里很受当地人欢迎，可以自由挑选一些喜爱的食品。

⌂ 地址：Th Fa Ngum Vientiane
¥ 价格：20 000～30 000基普

靠谱住宿推荐

　　万象的住宿档次多样，豪华酒店、家庭旅馆、青年旅舍等多种形式供游客选择。无论哪种档次的住宿，价格都比较实惠，享受到的服务质量也比较高。

高级酒店

Salana Boutique Hotel

Salana Boutique 酒店为游客提供时尚的住宿体验，设有水疗中心和餐厅。客房进行了现代化的装修，配备有平面电视和免费无线网络以及沏茶/泡咖啡设备和迷你吧。酒店距商场只有1.1公里，距国际机场5公里。

🏠 **地址：** Chao Anou Rd，112 Vat Chan Village，Chanthabouly District，Riverfront
☎ **电话：** 00856-21-254 254
¥ **价格：** 高级双人间120 000基普，豪华双人间130 000基普，套房170 000基普

AV Hotel

AV 酒店位于万象市中心，酒店客房配有平面电视、免费无线网络、深色木制家具、冰箱和热水淋浴等设施。酒店距离早市场仅有300米。

🏠 **地址：** Samsenthai Road，Chanthabouly District
☎ **电话：** 00856-21-265 085
¥ **价格：** 行政双人间38 000基普，家庭套房70 000基普，高级双床间38 000基普，行政套房56 000基普

Aroon Residence Hotel

Aroon Residence 酒店距离凯旋门只有5分钟步行路程。客房的装修结合了传统与现代风格，配备有电视、冰箱、私人浴室以及私人阳台等，方便客人使用。酒店的24小时前台服务可以预订万象周边的观光旅游，同时还提供汽车、摩托车和自行车出租服务。

🏠 **地址：** Ban Hatsady Neua，Chanthabouly District，Saylom Road
☎ **电话：** 00856-21-263 023
¥ **价格：** 标准双人或双床间37 000基普，高级双人或双床间43 000基普，行政双人间50 000基普

家庭旅馆

Sabaidee@Lao Hotel Vientiane

Sabaidee@Lao Hotel Vientiane旅馆坐落在万象中心地段，为客人提供按摩、旅游行程安排、免费无线网络等服务。客房装修简单舒适，设备齐全，有有线电视、迷你吧、沏茶/泡咖啡设备以及私人浴室。

🏠 **地址：** Pangkham Road，Sisaket Village，Chanthabouly District，Vientiane
☎ **电话：** 00856-21-222 229
¥ **价格：** 标准双人或双床间70 000基普，高级双人间80 000基普

6 普吉岛
7 巴厘岛
8 雅加达
9 马尼拉
10 金边
11 万象
12 仰光
13 信息补给站

Mali Namphu Guest House

  Mali Namphu Guest House是一家家庭旅馆，距离瓦岱国际机场只有15分钟车程。旅馆的门面不大，建筑风格具有法式风情，房间清静整洁。客房配有空调、私人浴室、有线电视和写字台。

- 🏠 地址：114 Pangkham Road，Vientiane
- ☎ 电话：00856-21-215 093
- ¥ 价格：标准双床间33 000基普，标准三人间45 000基普，豪华双人间35 000基普

Family Hotel

  Family Hotel是一家家庭旅馆，位于万象市中心。客房铺设木质地板，为客人准备了当地特色家具、电视、衣柜、迷你吧和私人浴室。

- 🏠 地址：Pangkham Road，Vientiane
- ☎ 电话：00856-21-260 448
- ¥ 价格：标准双床间33 000基普，标准单人间27 000基普，标准双人间38 000基普

青年旅舍

Keomixay Hotel

  Keomixay Hotel是一家青年旅舍，坐落在市中心，到达万岱国际机场只有5分钟车程。客房铺设了木地板，配备有迷你吧和有线电视等设施。24小时前台为客人提供行李寄存、旅游咨询等服务。

- 🏠 地址：Asian Road，Nong Duang Village，Vientiane
- ☎ 电话：00856-21-265 155
- ¥ 价格：标准双人或双床间31 000基普

Lane Xang Princess Hotel

  Lane Xang Princess 旅舍是一家商务酒店。客房配备有32英寸纯平电视、保险箱、咖啡设施、私人浴室，还为客人提供吹风机和拖鞋。客人在享受贴心服务的同时，还可以观赏屋顶花园，享受城市美景。

- 🏠 地址：27 Ban Hatsadi Tay，Chantabury，Opposite Talat Sao（即早市对面）
- ☎ 电话：00856-21-241 222
- ¥ 价格：豪华双人或双床间45 000基普

特色酒店

Rashmi's Plaza Hotel Vientiane 酒店

Rashmi's Plaza Hotel Vientiane酒店设有一个温泉浴场和屋顶游泳池。客房为客人提供DVD播放机、平面电视、迷你吧和冰箱，公寓和套房还设有一个小厨房。酒店距离瓦岱国际机场只有20分钟车程。

🎧 地址：KM 3，Thaduea Road，Ban Buengkhayong-Tai，Sisattanak District
📞 电话：00856-21-254 299
💰 价格：一室公寓套房165 000基普，豪华双人间和双床间180 000基普

City Inn Vientiane 酒店

City Inn Vientiane酒店位于万象市中心，酒店的客房设有大理石地板、木制家具、有线电视以及沏茶和泡咖啡设施。酒店的24小时前台为客人提供行李寄存、汽车或自行车出租服务。

🎧 地址：Rue Pangkham，Vientiane
📞 电话：00856 21-218 333
💰 价格：豪华双人或双床间72 000基普，小型套房96 000基普，行政套房108 000基普

Don Chan Palace, Hotel & Convention 酒店

Don Chan Palace是一家5星级酒店，拥有5个餐厅，一个室内游泳池和一个温泉浴场。酒店的客房很宽敞而且装饰现代化，配有迷你吧、有线电视和私人

浴室。客人可以在健身中心和桑拿浴室放松心情，也可以享受按摩、卡拉OK、台球等休闲方式。

🎧 地址：06 Rue Fa Ngum，Sisattanak District，Vientiane
📞 电话：00856-21-244 288
💰 价格：经典双人或双床间190 000基普，高级双人或双床间210 000基普

小资情调初体验

每到周末，万象人会聚在一起举办派对，他们往往也喜欢新人的加入。愉快地融入万象的生活，体验不一样的风俗吧。

Life, Coffee, Break咖啡馆

这家咖啡馆采用20世纪70年代的装修风格，员工服务热情周到。在这里不仅可以品尝到老挝本地的咖啡，还有其他国家出产的咖啡。随意点一杯咖啡再配一些小点心或三明治，尽情享受悠闲的时光吧。

6 普吉岛
7 巴厘岛
8 雅加达
9 马尼拉
10 金边
11 万象
12 仰光
13 信息补给站

地址：Th Pangkham
营业时间：9:00～19:00
价格：5000～7000基普

水果奶昔屋

水果奶昔屋是万象最受欢迎的水果奶昔店。根据水果的季节性特点，每个时节推出不同的水果奶昔，如12月至次年2月推出草莓口味，5月至7月推出百香果口味。

地址：Th Samsenthai
营业时间：7:00～21:00
价格：4000～7000基普

酒吧

Khop Chai Deu酒吧

这间酒吧从中午营业直到午夜，里面装修温馨而浪漫，服务员服务热情，很多外地游客经常光顾。

地址：Th Setthathirat
营业时间：12:00～24:00
价格：5000～8000基普

Déjà Vu酒吧

酒吧内部装修简单，白天看上去很平常，夜晚来临，绚丽的灯光让这里变得与众不同。时尚的音乐、香醇的鸡尾酒吸引了大量的客人来这里消磨闲暇时间。

地址：Nam Phu
营业时间：13:00～凌晨2:00
价格：5000～10 000基普

剧院

Lao Traditional Show剧院

这里每天20:00都会上演老挝的传统综艺节目，包括传统舞蹈表演、情歌演唱和音乐演奏等多种艺术形式，是一个了解老挝文化和历史的好去处。

地址：Th Manthaturath
营业时间：每天18:00～24:00
价格：入场费70 000基普

购物狂想曲

万象的大多数生活用品以及其他商品都是从别的国家进口，价格往往很高。但也有一些独具当地特色的旅游纪念品，购买时要货比三家看好价格再做决定。

集市

早市（Morning Market）

这是万象最大的市场，由一栋新楼和一栋旧楼组成。旧楼以经营电器产品、手机、传统手工艺品、服装、首饰为主。新楼出售杂货、医疗、CD和VCD以及餐饮为主。这里的商品质量值得信赖，价格适中，值得逛一逛。小吃也很受欢迎，特别是米线的摊位，常常围满很多人在等待品尝。

🏠 地址：Morning Market，Vientiane
🕐 营业时间：8:00～18:00

特色精品店

Baan Khily画廊

画廊的建筑历史悠久，但内部被设计得独具特色。画廊内收藏有很多老挝的手工艺品，包括桑树皮做成的纸，书籍等。楼上的旋转展厅别具一格，来到这里的人也可以在阳台上喝茶聊天。

Saoban特色店

店里出售当地特色的手工艺品，有竹编包、丝绸围巾等，都是从周围村庄收集而来的。

🕐 营业时间：8:00～18:00

Pathana Boupha古董店

Pathana Boupha古董店的店面是一栋法式建筑，里面收集了大量的皇室钱币、照片、工艺品、珠宝和纺织品。这些东西都是从老挝私人收藏获得的，具有很高的艺术价值。

Thithpeng Maniphone珠宝店

Thithpeng Maniphone珠宝店在1975年之前是向皇室提供珠宝的店铺，之后才向大众开放。主要出售经过细心打造和设计的各种珠宝首饰，包括金、银制品，还有剑和矛。

不可不知的万象特产

万象的大多数生活用品虽然都是进口的，但一些独具当地特色的旅游纪念品，还是值得购买。

特产1：老挝咖啡

老挝的咖啡世界闻名，这里盛产的咖啡豆具有世界水准，远销欧洲及越南，深受各国人士的喜爱。

特产2：纺织品

老挝的纺织品做工精细、价格合理，受到当地人以及游客的喜爱。万象的早市拥有许多纺织品制成的成品，如民族挂包、服装和装饰用的被褥。

6 普吉岛
7 巴厘岛
8 雅加达
9 马尼拉
10 金边
11 万象
12 仰光
13 信息补给站

12 仰光

　　仰光四季常青，风景如画。作为"佛塔之国"首都的仰光，佛塔、寺庙遍布全城。作为具有东方民族色彩的现代化城市，街道虽狭窄，但井井有条，房屋虽交错排列，但错落有致 。仰光拥有很多古迹和风景名胜，如光彩夺目的大金塔、清澈如镜的茵雅湖等，都让人赞不绝口。走在仰光的大街小巷，感觉它是一个远离城市喧嚣的地方，是在经历过火灾、战火和经济萧条后，依然保持着自己独有魅力的城市。

仰光印象零距离

仰光知识知多少

　　仰光原为缅甸的首都，是缅甸最大的城市，位于伊洛瓦底江三角洲的东部，是全国的经济、文化和交通中心。由于靠近出海口，海船进出方便，仰光成为缅甸最重要的交通枢纽和沟通腹地物资的集散地。城市面积约578平方公里，约有500万人口，是缅甸的第一大城市。缅甸整个国家分为7个省和7个邦，省是缅族主要聚居区，邦多为各少数民族聚居地。缅甸的地势低平，土壤肥沃，因属于海洋性气候，常年气候温和湿润，年平均气温只有26.2℃。全年最热的月份气温有35～38℃；5～10月是雨季，年降水量在2500毫米。一年四季常青，风景如画，景色宜人。

　　缅甸语是官方语言，英语为通用语言。仰光、曼德勒等城市居住着很多华人，可用汉语沟通。缅甸的出租车司机会一些英语，但需要耐心慢语方能简单沟通。最好在出门前找旅馆的店员用缅文将要去的景点或者地址写在纸上，可以省去很多麻烦。

仰光城区地图

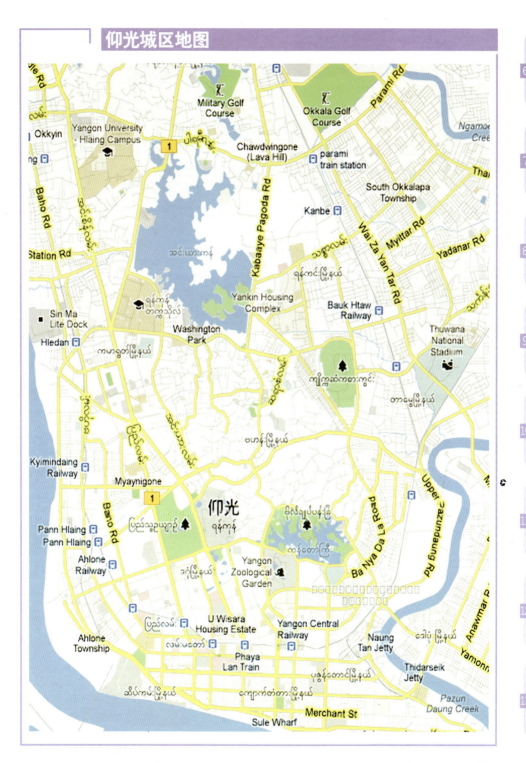

6 普吉岛
7 巴厘岛
8 雅加达
9 马尼拉
10 金边
11 万象
12 仰光
13 信息补给站

仰光游玩前须知

什么时间旅游最适合

仰光位于亚热带，拥有肥沃的土壤，一年中较热的季节为3～5月，夏季温度维持在33℃左右，雨季在5～10月，较凉爽的季节为10月～次年2月，所以每年10月～次年2月是最佳旅游时间，气温在18～28℃之间。最好避免在雨季前往，每年7月、8月，这里常常会有瓢泼大雨，交通和出行均受影响。

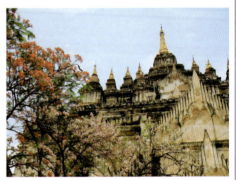

最IN风向标——旅游穿衣指南

因为仰光全年气温较高，所以游客着装以轻便、凉爽、舒适的夏季衣物为主。游客最好自备牙膏、牙刷、拖鞋及洗浴用品。女士可着裙装，但是不能穿短裤。前往密支那、茵莱湖的游客最好携带一件户外长衫，因为那些地方是缅甸高原，早晚温差较大。如雨季出行的话，建议游客携带雨具。

不可不知的生活点滴

当地货币先了解

缅甸通用货币为缅元（Kyat），纸币面额有1、5、10、20、50、100、200、500、1000、5000缅元。美元在当地也十分流通，交通、住宿等费用都可以用美元结算，需特别注意的是，缅甸人只接受干净而没有污迹的美元。缅元与人民币和美元的汇率分别为：1人民币元＝136.567缅元，1美元＝873.025缅元。

小贴士

　　缅甸人只用新版的美元，旧版的一般会被拒绝或在汇率上损失不少。比较褶皱的破旧美元在缅甸被视为废纸，不能兑换。

1缅元

5缅元

10缅元

20缅元

50缅元

100缅元

200缅元

500缅元

1000缅元

5000缅元

在仰光如何付小费

　　在仰光旅游一般不必给小费，如果司机或旅馆、餐厅服务员服务非常好可以适当给予，500缅元左右即可。在旅游景点，特别是佛塔附近，会有许多小孩、妇人讨钱，愿意的话，可以给一些零钱，20～50缅元即可，给与不给他们一般都不会纠缠。随身带一些糖果和圆珠笔等小礼物代替钱也可以。

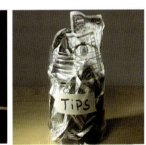

6 普吉岛

7 巴厘岛

8 雅加达

9 马尼拉

10 ·金边

11 万象

12 仰光

13 信息补给站

当地电压及插头

缅甸的电压是220~230伏特，插座仅一些酒店与中国国内的一致，无须转换，大部分酒店均需转换器，缅甸的插座普遍分为3种，所以一定要自备万能插头转换器。

第一种：三项扁头，一般高级酒店使用。

第二种：两项圆头（德标、欧标），普通或高级酒店常用 。

第三种：三项圆头（南非标） 。

当地风俗习惯全了解

由于缅甸是佛教国家，仰光的佛塔众多，在入内参观佛塔时，一定要穿拖鞋，这表示对佛祖的尊重。所以在仰光旅游，准备一双拖鞋是很有必要的。参观佛塔时请注意着装，男士尽量穿长裤，女士不要穿短裙和过于暴露的衣服。

仰光人不吃牛肉，他们对牛无限崇拜，敬若神明。不能对牛进行鞭打，更不可杀牛。路遇"神牛"，行人和车辆都要避让，还会拿出好吃的给"神牛"吃。逢年过节，还会举行隆重的敬牛仪式。

在仰光乃至整个缅甸，人们认为头部是一个人全身最高贵的地方，任何人不能随意触摸，否则会被认为是伤害别人的尊严。

普吉岛 6

巴厘岛 7

雅加达 8

马尼拉 9

金边 10

万象 11

仰光 12

信息补给站 13

> **小贴士**
>
> 　　缅甸依旧是个半开放的国家，除了中部的仰光、曼德勒、浦甘、茵莱湖和 Taunggyi地区以外，不跟团的外国游客要去其他地方旅行必须先申请旅行许可证（Travel Permit），否则会被视作违法。

实用信息一个都不能少

必须牢记的紧急联系方式

　　仰光没有开通全球通，所以国外手机在这里不能使用。打长途电话也不太方便，位于司雷宝塔东面200米的中央电话局提供国际长途服务，往中国国内打电话，电话费是3美元/分钟。

救护车：192

火警：191

警察局：199

红十字会：295 133

大使馆及领事馆

中国驻缅甸大使馆

🏠 地址：1 Pyidaungsu Yeiktha Road，Yangon

☎ 电话：00952-221 280，00952-221 281

不可不知的实用网址

　　该网站介绍缅甸仰光购物方面和各种用品的基本价格。

www.xpatulator.com/cost-of-living-review/Myanmar-Yangon_141.cfm

必须了解的医疗服务

缅甸医院分公立与私立两种：公立医院价格便宜，但药物缺乏，甚至只提供处方，药品由病人在药店自购。私立医院条件较好，就诊、药物费用普遍高于中国国内医院。在缅甸医院就诊程序与中国国内基本相同，外国人就医需支付美元或外汇券。

名　　称	地　　址	电　　话
Asia Royal Hospital	14 Baho Street, Sanchaung Township, Yangon	0095-1-538 055
Yangon General Hospital	54 Maharbandoola Garden Street, Kyauktada Township, Yangon	0095-1-252 205
Academy Private Hospital	335 Lower Kyee Myin Daing Road	0095-1-229 746

当地物价先知道

仰光是一个很特别的地方，一是这里的日常消费大多使用美元，二是这里的人均工资很低，但消费却很高。

↘ **餐饮类：** 中档餐厅价格为9美元，麦当劳用餐价格为 2.50美元。

↘ **食品类：** 本国啤酒价格为1美元/升，牛奶价格为2美元/公升，新鲜面包价格为3美元/斤。

↘ **水果类：** 苹果价格为2美元/公斤，橘子价格为3美元/公斤。

市区景点

景点 **①**

仰光大金塔

仰光大金塔（Shwedagon Pagoda）始建于公元前585年，是缅甸著名的佛教圣地。因为它供奉了四位佛陀的遗物，包括拘留孙佛的杖，拘那含牟尼佛的净水器，迦叶佛的袍和佛祖释迦牟尼的八根头发，被誉为"缅甸最神圣的佛塔"。大金塔底座围长432.8米，高99.4米，周围环绕着4座中塔、64座小塔，全塔上下通体贴金，共用黄金7吨多。在塔顶的金伞上，还挂有1065个金铃、420个银铃，上端以纯金箔贴面，顶端镶有5448颗钻石和2000颗宝石。主塔四周环墙，开南、北、东、西四处入口。南门设有电梯供游人使用，登70余级大理石阶梯，可抵达大塔台基平面。入口处还有售卖金箔、香烛、鲜花等祭祀用品及幸运符、佛像、书籍、伞子之类纪念品的摊位。仰光大金塔是缅甸人民智慧和古老文化艺术的结晶。

······ 典故解读 ······

相传一对兄弟收到佛祖的八根毛发，准备送到缅甸供奉。这对兄弟到了缅甸，在当地国王的帮助下找到供奉不少佛祖宝物的圣山。当八根佛祖毛发在两人的金匣子取出供奉时，一件不可思议的事情发生了，从发丝散发出来的光穿透天地，使盲人看见了东西，聋哑人可以听见声音并可开口说话。当时天空电闪雷鸣，地动山摇，须弥山也受到影响，宝石如雨滴般从天而降，深度可达一尺有余，连喜马拉雅山上的植物都受到了影响，即使不在开花季节的花草树木也纷纷开花结果，令人匪夷所思。

······ 玩家指南 ······

📍 **地址：** Shwedagon Pagoda Road, Yangon, Yangon Division, Burma

🚌 **交通：** 可乘坐37、43路公交车，或者乘出租车到达

🕐 **开放时间：** 5:00～22:00

💴 **门票：** 5美元

景点 ② 乔达基塔

到达乔达基塔（Chaukhtatgyi Paya），首先映入眼帘的是长20米，高5.4米的白色大卧佛。佛像四周没有围墙，也不是供奉于寺庙中，周围只用简单的护栏和铁皮制成的屋顶加以保护。佛像神态慈祥豁达，眼睛用玻璃制成，并由中国画家点出眼睛。佛的两只脚一前一后，舒适地以手为枕，双眼注视着盘跪在地的虔诚信徒，据说这种姿势是佛在休息，而非涅槃。足足有一人长的佛脚底上画有108个格子，每个格里表现了一种"六道轮回"中的形象。仔细观看天花板，上面还记载着捐献者的名字

与金额。卧佛也吸引着当地的年轻情侣来谈心聊天，可能是羡慕卧佛的悠闲自得吧。

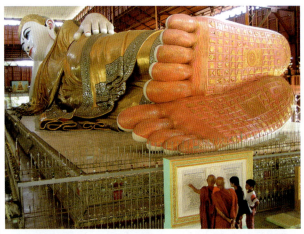

⋯⋯⋯典故解读⋯⋯⋯

"六道"为佛教世界观用语。指凡俗众生因善恶业因而流转轮回的六种世界。又称"六趣"，即地狱、饿鬼、畜生、阿修罗、人、天。其中，地狱、畜生、饿鬼称"三恶道，或三涂"。阿修罗、人、天称"三善道"。六道中若不含阿修罗，则为"五道，或五趣"。

⋯⋯⋯玩家指南⋯⋯⋯

📍 地址：Shwedagon Pagoda Road, Yangon, Yangon Division, Burma
🚌 交通：乔达基塔和仰光大金塔在一条路线上，如果从司雷宝塔乘公交车出发，可以到乔达基塔门口
🕐 开放时间：8:00～18:00
💴 门票：免费

普吉岛 6

巴厘岛 7

雅加达 8

马尼拉 9

金边 10

万象 11

仰光 12

信息补给站 13

景点 **3** ## 司雷宝塔

司雷宝塔（Sule）台基呈八边形，塔高46米，塔身镀金。佛塔周围围绕着许多雕像，最引人注目的是缅甸的生肖雕塑。生肖被缅甸人分成8个，从周一到周日各不相同，其中周三按上午和下午分成两个生肖。游客可以找到与自己出生年月对应的生肖膜拜，可以求得庇护。塔内还有仰光大金塔所在圣山的守护神司雷的神像。

······ 典故解读 ······

在仰光还有一座知名的宝塔，那就是波特涛塔（Botataung），又名千佛塔，它与司雷宝塔同时建成，在1943年曾被皇家空军炸毁，直到20世纪下半叶才得以重建。重建中发现了许多2000多年前的文物，现今这些文物存放在塔身内部的密室中，可供游客观赏。

······ 玩家指南 ······

⌂ 地址：Sule，Maha Bandoola Rd，Yangon，Yangon Division，Burma
🚌 交通：因为坐落在交通枢纽地带，乘坐大部分公交车都可以抵达
☉ 开放时间：8:00~18:00
¥ 门票：免费

景点 **4** ## 国家历史博物馆

缅甸国家历史博物馆（National Museum）从历史、宗教、工艺等多方面介绍缅甸的历史。一楼展示缅甸历史上历朝的珍宝，二楼展示各类佛教艺术品，三楼展出绘画为主的艺术品。除此之外还保存着历代高僧遗留下来的法器、舍利子和各种佛经。陈列丰富，对了解缅甸传统文化和历史很有帮助。

······ 典故解读 ······

"舍利子"印度语叫做"驮都"，也叫"设利罗"，译成中文叫"灵骨、身骨、遗身"。佛经上说，

舍利子是修行之人透过戒、定、慧的修持、加上自己的大愿力所得来的，十分稀有、宝贵。舍利子原指佛教祖师释迦牟尼佛圆寂火化后所留下的遗骨结晶体。

它跟一般死人的骨头完全不同，它的形状多种多样，有圆形、椭圆形，有成莲花状，有的成佛或菩萨状，其颜色有白、黑、绿、红，也有其他颜色。舍利子色泽有的像珍珠，有的像玛瑙、水晶，有的透明，有的光亮照人，就像钻石一般。

······ 玩家指南 ······

⌂ 地址：National Museum，Pyay Road，Yangon，Yangon Division，Burma
🚌 交通：可乘1路公交车到达
☉ 开放时间：8:00~18:00
¥ 门票：免费

景点 ⑤ 珍宝博物馆

仰光市内的珍宝博物馆（Gems Museum）是缅甸政府开办的，是专门收藏缅甸珍贵宝石的地方。馆内陈列了许多宝石及玉石极品，是珠宝爱好者的喜爱之地。内部共有82家宝石商店出售包括红宝石、蓝宝石以及玉石等在内的高质量纯天然的宝石和宝石制品，还有一处专门介绍玉石等级和分类的区域，可以让爱好者大开眼界。每年的珠宝交易会和玉石拍卖会均在此举行。

······ 典故解读

缅甸有一件国宝，那就是重达33吨的老坑玻璃种玉石，它就陈列在博物馆的南、北楼之间，当年缅甸政府动用大量官兵历经数月才将这块宝石从开采地运送至此。所谓的老坑玻璃种就是指玉石质地纯净、细腻、无杂质、裂纹、棉纹、敲击翠体音质清脆，颜色为纯正、明亮、浓郁、均匀的翠绿色。从内涵上讲，钻石代表着永恒与纯真的爱情，珍珠象征着高贵与坚贞，翡翠寓意富贵、吉祥。这些曾经被视为贵族专有的奢侈品，如今早已进入普通人的生活。

················ 玩家指南

- 📍 地址：Gems Museum Naypyidaw，Yangon
- ☯ 交通：从市区步行即可抵达
- ⏰ 开放时间：8:00～18:00
- ¥ 门票：免费

景点 **6** 卡拉威宫

6 普吉岛

7 巴厘岛

8 雅加达

9 马尼拉

10 金边

11 万象

12 仰光

13 信息补给站

卡拉威宫（Karaweik Palace）曾经是古代缅甸皇帝御用的水上餐厅，是市内的标志性景点之一，其外观很有特色，是一只浮于湖面的神鸟背驮着一座宝塔，据说象征着吉祥、安乐。外观采用大量金色装饰，白天整个卡拉威宫金碧辉煌，夜晚灯火开启，色彩斑斓。每天19:00起，卡拉威宫会举行隆重的缅甸歌舞表演，同时提供丰盛的自助餐。

┈┈典故解读┈┈

在缅甸这个佛教国家，乌鸦被认为是"大黑天神——玛哈嘎拉"的化身，传说它就像使者一样，帮助人们实现美好愿望。在缅甸还有一部分人信仰伊斯兰教，牛是伊斯兰教的圣物。

┈┈玩家指南┈┈

⊙ **地址：** The Yangon Royal lake

🚌 **交通：** 可乘1路公交车到皇家湖附近，再换人力三轮车到达

⊘ **开放时间：** 8:00～22:00

¥ **门票：** 白天300缅元/人，18:00以后10美元或12000缅元/人，包括自助餐和演出

景点

7

昂山市场

昂山市场（Bogyoke Aung San Market）是以缅甸"独立之父"昂山将军的名字命名的。市场历史悠久，商品种类繁多，是游客到仰光的必游之地。市场分为服装、手工艺品、宝玉石、海鲜果菜、家电等八大区域，有摊位近2000余个。想要全部逛完至少要花四五个小时。在这里，可以买到各种天然的宝石玉器、金银饰品和传统工艺品，可谓是一个购物天堂。

·······典故解读·······

昂山将军1915年2月13日出生于缅甸北部，自幼受家乡人民反英斗争的影响，入仰光大学后，思想上逐渐成熟，成为学生运动的领导人。1937年大学毕业后，被选为全缅甸学生联合会主席，并参加了"我缅人协会"，任该会秘书长。1947年7月19日，一直为争取缅甸独立而斗争的昂山将军和他的同僚在秘书厅召开内阁会议时被暗杀，其后不到一年，缅甸终于获得了独立。

·······玩家指南·······

🏠 地址：Bogyoke Aung San Road，Yangon
🚲 交通：乘坐人力三轮车、出租车均可到达
🕐 开放时间：8:00～18:00
¥ 门票：免费

景点 ⑧ 茵雅湖

茵雅湖（Inya Lake）是仰光最大的湖泊。茵雅湖湖水清澈明净，碧波荡漾，四周热带植物茂盛、风光旖旎，是度假休闲的好去处。其湖面上，面向仰光大金塔有一艘巨大的天鸟状皇家游船复制品，外观气势恢弘，北边有缅甸独立领袖昂山的陵墓，南边是动物园和国家历史博物馆。湖的入口处有许多餐厅和咖啡馆，看似简陋，但经常座无虚席，游客坐在这里边喝啤酒，边吃烧烤，边喝咖啡，边悠闲地享受湖边的优雅宁静氛围，小资情调十足。

⋯⋯ 典故解读 ⋯⋯

茵雅湖位于仰光市中心约10公里处，茵雅湖北临Parami路，西接Pyay路，东临世界和平塔（Kaba Aye Pagoda），西南靠茵雅路（Inya Road），南接大学街（University Avenue），交通十分便利，景色秀美，是当地市民休闲娱乐的好去处。

茵雅湖是由当时的英国殖民者所建的一座人工湖泊，始建于1882年，1883年完工，目的是向仰光供水。现在，在茵雅湖西南部的仰光大学（Yangon University）旁还修建了一座茵雅湖公园（Inya Lake Park），面积37公顷，公园内绿树成荫，鸟语花香，是仰光大学生经常约会的地方，而且这里还曾多次举办过缅甸著名的文化节（如小说节、电影节、歌唱节等），除此之外，游客还可在这里进行游泳、划船、练习帆船等活动。

⋯⋯ 玩家指南 ⋯⋯

🏠 地址：**Inya Road**
🚌 交通：乘坐51、52路公交车可到茵雅湖附近，然后步行抵达即可
🕐 开放时间：全天
¥ 门票：免费

周边景致

丁茵水中佛塔

丁茵水中佛塔（Kyauktan Yele Pagoda）在众多缅甸塔群中独树一帜，别具匠心。乘渡轮前往佛塔是唯一的交通方式，沿途可游览田园乡村景色、传统市场，以及横跨浩大的伊洛瓦底河、长达1.5公里的丁茵大桥。水中佛塔通体被镀上金色，建造精细，尤其木饰和石饰雕刻技艺十分精湛，壁画多姿多彩，尤为生动。你还会见到很多人给周围的野生鱼喂食，这里的鱼不怕人，你甚至可以在喂食中触摸它们。站在人工岛上，还能远眺掩映在绿树丛中的缅式高脚茅屋，别有一番风情。

┄┄典故解读┄┄

据说蒙王朝的突达那加国王出游锡兰（今斯里兰卡）时，锡兰国王赠送蒙王佛发数根和佛像27尊，这些佛发和佛像都装在多层金、银和木盒之内，每一层盒子都被紧紧锁住，突达那加国王不知盒中为何物，便广邀天下智者前来解答，智者们都说盒中之物与陛下无关，定为圣物，须建塔藏之，于是便在小岛上兴建了佛塔，把圣物供奉于塔中，并宴请108位高僧主持开光大典，众神借国王之口许下三个宏愿：第一个愿望是江水涨再高，小岛也不会被淹没；第二个愿望是不管岛上多么拥挤，都能容纳下所有到此来朝圣的人；第三个愿望则是在小岛上布施的人，来世一定能有美好的轮回。此塔至今从未被水淹没过，故有能随着潮水涨落而沉浮的神奇说法。

┄┄玩家指南┄┄

- 🏠 地址：位于仰光东南方向的丁茵小镇
- 🚗 交通：距仰光市内约1小时车程，可包车前往
- 🕐 开放时间：全天
- ¥ 门票：免费

仰光旅行攻略

如何抵达

到仰光旅游可以乘飞机、火车或汽车抵达，尽管仰光的航空和铁路系统不是很发达，但这丝毫不会影响人们的出行。

航空

仰光是缅甸重要的航空枢纽，每天从仰光飞往世界各地的航班有很多。仰光只有一个机场，所以肩负着国际航班和国内航班的重任。航班主要起降在敏格拉洞国际机场（Mingaladon Airport），即仰光国际机场。

敏格拉洞国际机场

敏格拉洞国际机场位于仰光以北30公里处，建于20世纪50年代，是缅甸最大、最重要的机场，主要通航中国、泰国、新加坡等国，也经营有飞往昆明、加尔各答、德里、达卡等城市的直航航班。在缅甸搭乘飞机需要提前72小时确认，否则在进入机场前如果没有你的名字，你将不能登机。一般缅甸国内的航班不是很多，而且机票价格昂贵，到曼德勒票价为80美元，到蒲甘为75美元，所以不建议乘坐国内航班出行。

从敏格拉洞国际机场前往仰光市内主要乘坐出租车。仰光的出租车很多，机场大门以外就可以搭乘，乘车之前要和司机讲好价钱，车费一般5000～7000缅元。

敏格拉洞国际机场电话：0095-1-62712

铁路

仰光的铁路运输不算发达，要比汽

6 普吉岛

7 巴厘岛

8 雅加达

9 马尼拉

10 金边

11 万象

12 仰光

13 信息补给站

车慢很多，火车大多陈旧，但特快列车比普快列车舒适得多。如果要购买卧铺票需要提前预订。

仰光火车站

乘火车从仰光到曼德勒，行程约14小时，车票36 000缅元，其中的29次和33次列车是新车厢，乘车环境比较舒适。仰光至蒲甘，行程约20小时，车票32 000缅元。仰光至茵莱湖，车票要提早预订，以免买不到票。

仰光火车站电话：0095-1-22407

公路

从仰光到达其他城市，乘坐长途汽车比较方便。仰光有三个长途汽车站，距离市区比较远，可乘坐出租车抵达，价格4000缅元。

Aung Min.galar Highway 车站

这个车站是仰光最大的车站，主要通往缅甸的北部城市，包括曼德勒、茵莱湖等，行程12～16个小时，票价为9000～12 000缅元。

Saw Bwar Gyi Gone车站

车站就在机场旁边，可以乘坐出租车抵达，费用为3000～5000缅元，通往蒲甘和勃固（Bago）等城市，行程1小时左右，票价为1000～2000缅元。

Dagon-Ayar Highway Bus Centre车站

车站在仰光的西面，主要运营发往西部的车，如勃生（Pathein）和昌达海滩（Chaungtha Beach），行程近8小时，票价6000缅元。

渡船

仰光河环绕着仰光市，河流运输是仰光市的一大特色。从仰光的码头出发可以到达勃生、卑谬（Pyay）、蒲甘和曼德勒等缅甸的各大城市。可以在Lan Thit St码头购买船票，买票后要确认自己从哪个码头出发。

MFSL Passenger Jetty 客运码头

MFSL Passenger Jetty 客运码头有通往实兑县、高东县的渡船，非常方便。码头地址：77/91 Sule Paya Rd，电话：0095-1-275 328

必须掌握的市内交通

公交车

仰光有40多条公交线路，开往仰光市的各个城镇。公交车有当地老旧的皮卡车和较新的空调车，票价5000～20 000缅元。

下面列举一些乘车线路：

51路、52路蓝色公交车和51路空调车主要线路是：司雷宝塔至Pyay路至机场。

37路、43路、46路公交车主要线路是：司雷宝塔至仰光大金塔。

43路、45路、51路、59路、96路公交车主要线路是：司雷宝塔至公路客运中心。

三轮车

三轮车是比较简单的出行方式，一般在亚洲国家比较流行。缅甸的三轮车是交通运输的一个重要部分。在午夜12点至次日早上10点，三轮车不允许在主干道上行驶。车票价格100缅元。

出租车

仰光的正规出租车会悬挂红色的牌照，每到00:00～10:00的时间段，三轮车禁止在主路上行驶，道路上的交通工具就只剩下出租车。仰光的出租车不打表，可以和司机议价，一般市区内的费用为2000缅元。出租车有包车业务，价格为12 000～15 000缅元。

租车

在缅甸租车旅行越来越受到游客的喜爱，不过缅甸是禁止国外游客自驾游的，所以在租车的时候也包括了司机的费用，仰光的租车价格在30 000～50 000缅元。可以委托旅游公司、饭店或旅馆代为办理，办理时记得签署合约并缴纳定金。

6 普吉岛

7 巴厘岛

8 雅加达

9 马尼拉

10 金边

11 万象

12 仰光

13 信息补给站

到仰光游玩必做的事

TOP1：体验禅修的境界

休闲游不同于观光游，而禅修游又不同于休闲游，后者讲究的是，在游山玩水时达到心情的愉悦和放松，而禅修游讲究的是修心的体验。当今社会进入高节奏、高竞争、高效益的现代化轨道，心理负荷日渐加重。选择到缅甸的

禅修中心短期出家，会是你一生难以忘怀的体验，这里有不同的文化氛围，有纯净的原始佛教传统，有安静的修行环境，有正直善良的人们，还提供免费的食物和住宿，为一个修行者提供该有的一切。

缅甸是佛教国家，对佛教徒而言非常值得一去。即使你是一位无宗教信仰者，来到这里也会被那些有坚定信仰、为内心的净化不断付出艰辛努力的人所感动，对信仰可能会有新的认识，理解古来的佛教圣者何以受到人们的敬仰。有很多国外的信徒，如日本人、韩国人也会来此短期出家。袈裟与钵都由居士专门供给。短期出家与有戒腊的比丘所受到的尊重都是相同的，所持的戒律也一样。短期出家可以一个月至三个月，其中缅甸的禅修中心对外开放，是理想的禅修之所。

TOP2：看一次令人着迷的日出、日落

"南朝四百八十寺，多少楼台烟雨中。"这一优美的诗句，来形容缅甸蒲甘再适合不过了，2000多座古塔和400多所寺庙，星罗棋布地散落在一片荒凉的平原上，斑驳的塔身，迷人的倒影，清晨的光，落日的红，牵动着每一位游客的心。

蒲甘的日出是东南亚最华美的日出，任何人都不应该错过。在清晨天未亮之时，借着残余的月光摸索而上，坐在佛塔上，任由清风拂面，耳边响起清脆的铜铃声。当天边开始露出曙光，太阳渐渐升起，阳光慢慢地洒在这块土地上，直到每一座佛塔，都被阳光照亮，荒凉的平原万籁俱寂，霞光万丈，远处有炊烟，烟雾缭绕，一派祥和的景象。

曼德勒乌本桥落日同样值得一看，这是世界上最长的柚木桥，乌本桥很长，约有1200米，无论是桥墩、桥梁、铺桥的木板均由珍贵的柚木构造，差不多要花去百万立方米优质的柚木。乌本桥还被缅甸当地人称为爱情桥，夕阳西下，光辉渐隐，暗红的落日被云彩环绕，透射出的光芒打在塔桥身，那种古典的华丽光泽让人终生难忘。

6 普吉岛

7 巴厘岛

8 雅加达

9 马尼拉

10 金边

11 刀象

12 仰光

13 信息补给站

TOP3："特纳卡"养颜护肤体验

刚到缅甸时，你会对这里的一种奇异现象困惑不解：缅甸妇女、小孩，甚至一些年轻男子，都在脸颊涂上一片黄粉。原因是缅甸地处热带、亚热带，一年之中异常炎热的时间约占3/4。缅甸老百姓在这种自然条件下，就地取材，创造了他们自己的防晒美容霜——黄香楝粉，缅甸人称之为"特纳卡"。用黄香楝树干研磨的黄香楝粉有清凉、化淤、消炎、止疼、止痒、防止蚊虫叮咬等作用。

缅甸人认为自己研磨黄香楝粉更划算，而且桨汁最纯，也最干净，用起来更放心。因此，无论贫富，家家都有一个像饭碗大小的石磨，这就是用来制作黄香楝粉的。早上起来，洗漱完后，他们先在小石磨上倒几滴清水，再用石磨把晾干的黄香楝树干加以研磨。

对绝大多数缅甸人来说，如果哪家的妇女、小孩早上起来没有在脸上抹黄香楝粉，会被认为太懒，早上没洗脸。因此，往脸上搽黄香楝粉，不仅是缅甸人保护皮肤的一种方法，也是缅甸人日常生活不可缺少的一部分。入乡随俗，你不妨也涂上黄香楝粉养颜护肤一番吧。

TOP4：乘船游览茵莱湖

茵莱湖，也有人称它为梦湖、奇幻湖，传说此湖是湖之仙子茵撒斯（Inthas）的家。这里的人世代生活在湖上，是名副其实的水上人家。这里湖水湛蓝，水天一色，沁瀚无边，沿途有一群群海鸥追逐迎宾，茵莱人那种独特的用脚划桨的方式令人惊叹叫绝。湖中散落着一个个岛屿，有大有小，岛上种植着庄稼和草木。透过绿荫，可窥见一栋栋农舍和塔寺。

TOP5：去看看大金石

反地心引力矗立的大金石（Kyaik Tiyo）是缅甸众多让人匪夷所思、又最为吸引人的景物之一。它矗立于一处断崖边缘上，这块贴有金箔的巨石据说是11世纪一位隐士捐赠佛祖头发的所在地，在巨石上方建有一座7.3米的佛塔，佛祖的头发就珍藏在里面。这里笼罩着神秘的光环，是一个充满奇迹的地方，至少这块大

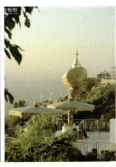

巨石这么多年来一直矗立在悬崖边上，没有掉下去，本身就是一个奇迹。

大金石吸引了成千上万的朝圣者，被缅甸人当做国宝，是缅甸人朝拜的圣地，也是缅甸最有仪式感的地方之一。这块看上去摇摇欲坠的巨大砾石，据说是神灵特意把它留在这个难以置信的佛教圣地的悬崖边缘。除雨季外，朝拜者每天都如潮水般涌来。走在陡峭的山路上，不知不觉地你就会加入朝拜的人流中。有趣的是，只有男性可以穿桥而过，女性严禁通行，因为当地人认为女人会使石头失去神力。

人气餐厅大搜罗

缅甸人饮食以咖喱和米饭为主，具有辣味浓、油性大、油炸食物多的特点。在仰光的餐厅用餐一点也不用担心，这里的餐点选择很多，而且价格合理，受到游客的一致好评。

当地餐厅

Danupyu Daw Saw 缅甸餐厅

这是一家位于仰光市区的缅甸餐厅，餐厅主要提供缅甸菜，价格合理，受到当地人的欢迎。每天9:00～21:00营业。主打的特色菜有清蒸鲶鱼、蒸奶油菜豆。

🏠 地址：175/177 29th St.
📞 电话：0095-1-248 977
¥ 价格：鸡肉和羊肉为200缅元，竹笋要150缅元

Aung Thuka餐厅

这是一家缅甸的传统餐厅，餐厅装修得优雅而现代，为客人提供舒适愉快的用餐环境。这里的特色菜是咖喱虾，味道很棒，值得品尝。

🏠 地址：17A 1st St.
📞 电话：0095-1-525 194
¥ 价格：600缅元

Yakinku Japanese Barbeque Restaurant

这是一家自助餐厅，供应午餐和晚餐，食材的种类丰富齐全，可以烤肉或烤鱼片，来这里用餐的人都赞不绝口。

🏠 地址：357 Shwe Bontha St.
📞 电话：0095-1-274 738
¥ 价格：烧烤1000缅元

中餐厅

Singapore's Kitchen 中餐厅

这是一家位于仰光的中餐厅，设有开放式厨房，客人可以一边用餐一边参观厨师工作。每当天气好的时候，餐桌摆在人行道上，可以在室外用餐。

- 地址：524 Strand Rd.
- 电话：0095-1- 225 143
- 价格：除了用餐费用外，加收12 %的服务费

西餐

Pizza Corner餐厅

这是一家比萨饼店，餐厅内装修成美国餐厅的风格。餐厅内的餐点极为正宗，除了比萨饼，还有意大利面和烤鸡。

- 地址：Scott Market
- 电话：0095-1-254 730
- 价格：比萨饼2000 ～ 2800缅元

50th Sreeet Bar & Grill餐馆

这是一家欧美人经营的餐馆，在这里不仅可以用餐，还可以享受餐馆为客人准备的台球桌、外国报纸等休闲方式。

- 地址：9-13 50th St
- 电话：0095-1- 298 096
- 价格：比萨饼7000缅元，可乐2000缅元，工作日午餐半价

靠谱住宿推荐

仰光的住宿条件多样，无论是高级酒店，还是普通旅馆都会让来到这里的人找到适合自己的住宿环境。这里的住宿不仅价格合理，出行也很方便。

高级酒店

茵雅湖酒店（Inya Lake Hotel）

茵雅湖酒店坐落于仰光市区，交通便利，环境优雅，是理想的住宿酒店。酒店的设施先进、现代，设有酒吧、餐厅、游泳池、健身房等休闲场所。客房

6 普吉岛
7 巴厘岛
8 雅加达
9 马尼拉
10 金边
11 万象
12 仰光
13 信息补给站

351

的布置简单舒适，提供空调、电视、浴缸等设施。

🏠 地址：37 Kaba Aye Pagoda Road, Inya Lake / Yankin, Yangon

☎ 电话：0095-1-662 866

¥ 价格：高级房 62 000～158 000缅元，豪华房70 000～180 000缅元

东方大酒店（East Hotel）

东方大酒店是一家三星级酒店，位于仰光的中心地带。酒店提供了先进的设施，包括停车场、电梯、洗衣服务、咖啡店、餐厅等。客房布置得舒适温馨，配备有电影点播服务、吹风机、书桌等完善的现代化设施。

🏠 地址：234-240（1）Quarter, Sule Pagoda Road, Kyauktada Township

☎ 电话：0095-1-352 498

¥ 价格：豪华房 32 000缅元

国贸酒店（Traders Hotel）

国贸酒店地理位置优越，交通极为便利。酒店装修豪华，设施极具现代化，为客人提供舒适的住宿环境。客房干净整洁，配备了吹风机、保险箱、宽带上网、洗衣服务等。 此外还有健身房、按摩、旋涡按摩浴池等供客人休闲活动。

🏠 地址：223 Sule Pagoda Road, G.P.O. Box 888, Yangon City Center

☎ 电话：0095-1-242 828

¥ 价格：豪华房220 000 缅元，高级房 257 000 缅元

家庭旅馆

塔玛达旅馆（Thamada Hotel）

塔玛达旅馆位于仰光市区，旅馆设有洗衣服务，商业中心、咖啡店等。客房配备了电视、免费瓶装水、空调、宽带上网等。旅馆的环境优雅，舒适，交通极为便利。

🏠 地址：5 Signal Pagoda Road, Dagon Township, Yangon

☎ 电话：0095-1-243 639

¥ 价格：高级房40 300缅元，高级双床房50 000缅元

青年旅舍

Motherland Inn II 旅舍

　　此青年旅舍位于市中心以东1公里处，是背包客的首选。三排房间，带有公用浴室，带有电扇或空调。房间简单而干净，每天提供两次往返机场的班车。

🏠 地址：433 Lower Pazundaung Rd.
📞 电话：0095-1-291 343
💴 价格：单人间7000～9000缅元，双人间 9000～13000缅元

White House Hotel

　　这是一家适合背包游客的旅舍，可以为客人提供接机服务和提供旅游信息服务。旅舍的房源充足，价格优惠，受到游客的好评。

🏠 地址：69/71 Konzaydan St
📞 电话：0095-1-666 900
💴 价格：20人的房间1100缅元，带浴室的双人房3000缅元

Garden Guest House旅舍

　　旅舍为客人提供了优质的服务和干净的房间，让每位客人住在这里都有宾至如归的感觉。价格便宜且住宿条件多样，可让客人自主选择。

🏠 地址：441-5 Mahabandoola St.
💴 价格：带公用浴室的单人房2400缅元，带专用浴室的单人房4200缅元，双人房4800～7500元

Central Hotel

　　这家旅舍位于昂山市场的东侧。客房宽敞明亮，打扫得很干净，为客人提供舒适的住宿环境。价格合理、交通便利，楼下就有货币兑换商。

🏠 地址：335 - 357 Bogyoke Aung San Rd.
📞 电话：0095-1- 241 001
💴 价格：单人间180 000缅元

6 普吉岛
7 巴厘岛
8 雅加达
9 马尼拉
10 金边
11 万象
12 仰光
13 信息补给站

特色酒店

总督官邸酒店（The Governor's Residence Hotel）

总督官邸酒店服务周到、细致，是仰光的热门酒店之一。酒店设施一流，包括保险箱、洗衣服务、酒吧、商业中心，此外还有花园、室外游泳池等设施。客房装修得优雅舒适，配备了禁烟房、空调、熨衣板、浴袍等供游客使用。

- 🏠 地址：35 Taw Win Road，Dagon Township
- ☎ 电话：0095-1-229 860
- ¥ 价格：豪华园景房 300 000缅元，豪华房395 500缅元

斯特兰德酒店（The Strand Hotel）

斯特兰德酒店位于仰光市中心，是商务型酒店。酒店拥有32间客房以及齐全的现代化设施。客房装修得简单、舒适，配备了迷你吧、有线电视、烫衣板等现代化的设施。此外酒店还提供洗衣服务、24小时客房服务、SPA服务等。

- 🏠 地址：92 Strand Road，Yangon City Center
- ☎ 电话：0095-1-243 377
- ¥ 价格：超级套房210 000缅元，豪华套房 240 000缅元

萨伏依酒店（Savoy Hotel）

萨伏依酒店是一家五星级酒店，四周的环境优雅，交通便捷。酒店的服务一流，设有餐厅、酒吧、商店、健身房、游泳池等设施。客房配备了书桌、电影点播机、保险箱、吹风机等完善的现代化设施。

- 🏠 地址：129 Dhammazadi Road
- ☎ 电话：0095-1-526 289
- ¥ 价格：豪华房 113 500缅元

小资情调初体验

仰光和其他城市一样有酒吧、电影院、咖啡厅、剧院等多种娱乐场所。人们的娱乐活动比较丰富，无论是在酒吧听音乐，到咖啡厅品咖啡，还是去看场电影，都会是不错的体验。

酒吧

Mr Guitar Café 酒吧

这是一家传统酒吧，每晚都有现场音乐表演，酒吧的啤酒味道不错，受到游客的欢迎。

- 🎧地址: 22 Sa Yar San St.
- ☎电话: 0095-1-550 105
- ⏰营业时间: 20:00～凌晨1:00

50th Street Bar & Grill酒吧

这是一家受当地人欢迎的酒吧，各种舞蹈或音乐节目每晚在这里上演。

- 🎧地址: 9-13 50th St.
- ☎电话: 0095-1-298 096
- ⏰营业时间: 17:00～凌晨2:00

电影院

Nay Pyi Daw Cinema电影院

这家电影院每晚都会上演欧美电影，还会有搞笑的政府宣传片。

- 🎧地址: Sule Paya Rd.
- 🎫门票: 800缅元

咖啡馆

Mr. Guitar Café 咖啡馆

来这家咖啡馆，除了可以品尝美味的咖啡，还可以欣赏缅甸的传统舞蹈和表演，受到当地人以及游客的喜爱，每天从19:00至午夜12:00营业。

- 🎧地址: 2 Sayasan Lan
- ☎电话: 0095-1-550 105

购物狂想曲

仰光是缅甸的购物天堂，这里可以买到各种手工艺品，包括珠宝、首饰、翡翠以及传统服装。具有当地特色的手工编织品也很受欢迎，可以购买送给友人，非常不错。

昂山市场（Bogyoke Aung San Market）

昂山市场已有70多年的历史，是仰光最主要的购物场所，有近2000家商铺入驻，商品囊括了食品到服装，首饰到电器以及人们日常所需的所有用品。来到仰光

6 普吉岛
7 巴厘岛
8 雅加达
9 马尼拉
10 金边
11 万象
12 仰光
13 信息补给站

的游客都会到这个有名的市场逛一逛，买一些特色旅游纪念品。昂山市场很大，如果要细逛，需要4～5小时。

🎧 地址：Scott Market
🌐 交通：昂山市场位于仰光市中心，乘坐人力三轮车、出租车均可到达
⏰ 开放时间：周二至周日8:00～18:00

不可不知的仰光特产

缅甸是一个佛教国家，当地的工艺品以佛教为主题。仰光地区除了工艺品之外，还有许多当地的特色服装和首饰。

特产1：黄香楝粉

黄香楝粉是缅甸的一种护肤用品，可以美容、养颜、治疗粉刺和痤疮。做法是将当地的黄香楝树的树枝烘干，并磨成粉末后加水调制而成。黄香楝粉是纯手工制成，而且不添加任何的化学成分，男女老少人人都可以使用，深受当地人喜爱。

特产2：罗衣

罗衣也叫纱笼，是将一整块棉布围在腰间。这种缅甸人的传统服装分两种穿法：女性穿法叫"特门"，将棉布向左折，再绕回腹部，掖入腰间；男性的穿法叫"笼基"是在腹部打个结。这样的服装简单舒适，缅甸人很喜欢。

特产3：翡翠

缅甸是著名的玉石产地，这里的翡翠和玉石成色足，颜色均匀，价格合适。这里的玉石颜色有很多，紫、红、黄、黑、青、灰，从透明、半透明到不透明的都有。

特产4：木偶

木偶是按照人的比例制作，非常华丽逼真。制作木偶的材料有柚木、滑石粉和罗望子果实，有时木偶的头发是采用真人的头发。控制木偶时采用五条主线和许多可以控制手指、膝盖、脚踝甚至眉毛的小线，甚至可以控制到眉毛。如此精细的木偶怎么能不受到喜爱呢。

信息补给站

常用语对照表

英语

入境

中 文	英 语
你从哪个国家来?	Where did you fly from? /Where have you come from?
我能看你的护照，好吗?	May I have your passport , please?
您访问的目的是什么?	What is the purpose of your visit?
我来探亲。	I'm visiting my relatives.
你打算在这里待多久?	How long are you planning to stay?
你会在哪里停留?	Where will you be staying?

酒店

中 文	英 语
嗨，我预订了房间要办理入住。	Hi, I have a reservation and I am checking in.
我明天什么时间可以办理退房?	What time do I have to check out tomorrow?

餐饮

中 文	英 语
欢迎光临，你有预订餐位吗?	Welcome to ···. Do you have a reservation?
喝点什么?	Can I get you a drink? / Would you like to order a drink now? / What would you like to drink?
我喝杯水。	Water will be fine /Can I have a glass of water?
有什么喝的。	What kind of drinks do you have?
你是否还想要点别的?	How is everything?/Is everything ok?/How is your dinner?/Do you need anything else?
结账	Can I have my check? / I would like my check please.

购物

中 文	英 语
需要些什么?	What can I do for you? / Can I help you find something?
我只是看看。	I'm just looking around.
有小号衬衫或牛仔裤吗?	Do you have this shirt in a smaller size? /Where are your blue jeans?
我可以试一下6/7号的这种鞋吗?	Can I try this shoe on in a seven? / Can I get this in a size six?
在哪里能找到······	Where can I find ···? / Do you sell ···here?
试衣间在哪里?	Where are your fitting rooms?
是否能刷卡?	Can I pay by credit card?
确认衣服是不是打折	It's on sale, right?
请问邮局在哪里?	Excuse me, Do you know where the post office is?

6 普吉岛
7 巴厘岛
8 雅加达
9 马尼拉
10 金边
11 万象
12 仰光
13 信息补给站

357

泰语

中　文	泰　语
你好！	Sa-wa-di-ka！
你好吗？	Sa-bai-di-mai？
我还好！	Sa-bai-di！
您叫什么名字？	Kun-ci-a-lai？
你去哪里？	Kun-bai-nai？
再见！	La-gong！
祝好运！	Cuo-di！
谢谢你！	Kuo-kun！
对不起！	Kuo-tuo！
不要紧！	Mai-bian-lai！
不明白！	Mai-kao-zai！
你能帮我一下吗？	Kun-que-can-dai-mai？
我在找。	Can-ha-you r.
迷路了。	Mai-lu-za-tan.
我想去……	Can-ya-bai …
火车站	Sha-tan-ni-luo-huai？
公共汽车站	Sha-tan-ni-luo-mie
飞机场	Sha-nang-bing
酒店	Long-liang
学校	Long-lian
警察署	Sha-tan-ni-dan-luo
医院	Long-pa-ya-ban
洗手间	Hong-nan
不要	Mai-ao
要	Ao
不是	Mai-cai
是	Cai
不要怕	Mai–dong-gua
别担心！	Mai-dong-huan！
兄姐（泰国礼貌称呼）	Pi
弟妹（泰国礼貌称呼）	Nong
价格多少？	Laka-tao-lai？
便宜一点可以吗？	Tu -dai-mai！
贵了！	Pian-liao！
兑换钱	Lie-en
去哪里？	Bai-nai？
去海滩	Bai-ta-lie
去、走	Ba
电话	Tuo-le-sa
你真漂亮！	Kun-sui-jing-jing！
你真英俊！	Kun-luo-jing-jing！
几点钟？	Gei-meng？
三点了	San-meng-liao

马来语
问候

中　文	马　来　语
欢迎	Selamat Datang
你好吗？	Apa Khabar
我很好	Khabar baik

（续表）

我的名字是……	Nama saya...
你的名字是?	Siapa nama anda?
我	Saya
谢谢	Terima Kasih
对不起	Minta Maaf
早安	Selamat pagi
午安	Selamat petang
晚安	Selamat malam
我爱你	Ku Cinta Pada Mu
再见	Jumpa lagi

询问

中 文	马 来 语
你可帮我吗?	Boleh tolong saya?
如何去那里?	Bagaimana hendak ke sana?
多远?	Berapa jauh?
多久?	Berapa lama?
多少钱?	Berapa harga?
厕所在哪里?	Di mana tandas?
我的朋友呢?	Mana kawan saya?
可减价吗?	Boleh kurang?
为什么?	Kenapa?
几时?	Bila?
现在几点了?	Pukul berapa sekarang?

东南亚各国驻中国使领馆

新加坡驻广州总领事馆

地址：广州市天河北路233号中信广场办公楼2418室（510613）
电话：020-3891 2345

马来西亚驻广州领事馆

地址：广州市天河北路233号中信广场办公楼5305单元
电话：020-3877 3865

泰国驻南宁总领事馆

地址：南宁市金湖路52-1号东方曼哈顿大厦1-2楼（530022）
电话：0771-5526945-47

老挝驻北京大使馆

地址：北京三里屯东4街11号（100600）
电话：010-6532 1224

柬埔寨驻南宁总领事馆

地址：南宁市中国-东盟商务区桂花路16-1号
电话：0771-5672 351，0771-5672 352

缅甸驻南宁总领事馆

地址：南宁市中国-东盟商务区桂花路16-7号
电话：0771-5672 845，0771-5672 803

印度尼西亚驻广州总领事馆

地址：广州市流花路120号东方宾馆西座2楼1201-1223室
电话：020-8601 8772，020-8601 8701

菲律宾驻广州总领事馆

地址：广州市环市东路339号广东国际大酒店主楼706-712室（510098）
电话：020-8331 1461，020-8331 0996

359